本书系天津市教委社会科学重大项目

"优秀传统文化进入中小学课堂路径研究"（2018JWZD08）的研究成果。

优秀传统文化
进入中小学课堂研究

纪德奎 等 著

中国社会科学出版社

图书在版编目（CIP）数据

优秀传统文化进入中小学课堂研究/纪德奎等著 . —北京：中国社会科学出版社，2022.1

ISBN 978–7–5203–9082–8

Ⅰ.①优… Ⅱ.①纪… Ⅲ.①中华文化—教学研究—中小学 Ⅳ.①G633.302

中国版本图书馆 CIP 数据核字（2021）第 180264 号

出 版 人	赵剑英
责任编辑	马　明　孙砚文
责任校对	赵　洋
责任印制	王　超

出　　版	中国社会科学出版社
社　　址	北京鼓楼西大街甲 158 号
邮　　编	100720
网　　址	http://www.csspw.cn
发 行 部	010–84083685
门 市 部	010–84029450
经　　销	新华书店及其他书店
印刷装订	三河弘翰印务有限公司
版　　次	2022 年 1 月第 1 版
印　　次	2022 年 1 月第 1 次印刷
开　　本	710×1000　1/16
印　　张	20.5
插　　页	2
字　　数	316 千字
定　　价	108.00 元

凡购买中国社会科学出版社图书，如有质量问题请与本社营销中心联系调换
电话：010–84083683
版权所有　侵权必究

目　录

第一章　理论研究 …………………………………………………（1）
　第一节　价值取向与推进逻辑 ………………………………（1）
　第二节　课程化行动与突破 …………………………………（12）
　第三节　后喻文化视域中的递新与路向 ……………………（23）
　第四节　发展历程与未来图景 ………………………………（32）

第二章　教科书分析：部编版初中语文教科书中的传统文化 ………（43）
　第一节　内容选择 ……………………………………………（43）
　第二节　主题阐释 ……………………………………………（67）
　第三节　方式呈现 ……………………………………………（72）

第三章　课程支持：杨柳青年画课程开发 …………………………（78）
　第一节　需求分析与课程设计 ………………………………（78）
　第二节　组织实施与效果评价 ………………………………（104）
　第三节　实践反思与现实启示 ………………………………（125）

第四章　教师作为：传统文化教学创新 ……………………………（148）
　第一节　特征与价值 …………………………………………（148）
　第二节　形成与现状 …………………………………………（152）
　第三节　问题与对策 …………………………………………（174）

第五章　国内案例：羌文化进入小学课堂 ……………… (183)
第一节　价值与原则 ……………………………………… (183)
第二节　现状与问题 ……………………………………… (187)
第三节　方式与路径 ……………………………………… (211)

第六章　国外借鉴：英国、加拿大、澳大利亚、新西兰 ……… (217)
第一节　"绅士文化"（英国） …………………………… (217)
第二节　因纽特文化（加拿大） ………………………… (229)
第三节　土著文化（澳大利亚） ………………………… (241)
第四节　毛利文化（新西兰） …………………………… (250)

第七章　多维构建 ………………………………………… (263)
第一节　优秀传统文化教学的意蕴、困境与转向 ……… (263)
第二节　优秀传统文化进入中小学课堂的学科经验 …… (275)
第三节　优秀传统文化教育下中小学生国家认同建构 …… (282)
第四节　优秀传统文化视域中乡土文化教育的条件与路径 …… (294)
第五节　优秀传统文化视域中非物质文化遗产传承的师资素养探究 ………………………………………… (308)

参考文献 …………………………………………………… (318)

后　记 ……………………………………………………… (322)

第一章

理论研究

中国传统文化是中华民族的根脉和灵魂。传承发展优秀传统文化是新时代国家发展、民族振兴的基石。学校作为育人的重要场所，承担着传承发展优秀传统文化的重要使命。推动优秀传统文化进入中小学课堂已成为社会各界的基本共识，也是学校教育的应有之义。推进优秀传统文化进入中小学课堂要统筹兼顾，理论先行，面向新时代，描绘优秀传统文化教育的未来图景。

第一节 价值取向与推进逻辑[①]

2017年1月，中共中央办公厅、国务院办公厅印发了《关于实施中华优秀传统文化传承发展工程的意见》（以下简称《意见》）中，提出："把中华优秀传统文化全方位融入思想道德教育、文化知识教育、艺术体育教育、社会实践教育各环节。以幼儿、小学、中学教材为重点，构建中华文化课程和教材体系。"[②] 学校课堂是传承文化的主阵地，让优秀传统文化进入中小学课堂既是提升优秀传统文化教育成效的重要路径，也是让中小学生理解、认同、热爱、传承优秀传统文化的必然选择。因此，

[①] 郭文良：《优秀传统文化进入中小学课堂的价值取向与推进逻辑》，《现代基础教育研究》2019年第2期。

[②] 中共中央办公厅、国务院办公厅：《关于实施中华优秀传统文化传承发展工程的意见》，《人民日报》2017年1月26日第6版。

厘清优秀传统文化进课堂的基本意蕴，明确优秀传统文化进课堂的价值取向与推进逻辑，对于实现传承发展优秀传统文化、培育有灵魂的时代新人具有重要的时代意义和现实价值。

一 优秀传统文化进入中小学课堂的基本意蕴

优秀传统文化进课堂的前提性认识即是对其基本意蕴的理解。优秀传统文化进课堂包含两个方面的基本意蕴：一方面是优秀传统文化进课堂对课堂意味着什么；另一方面是优秀传统文化进课堂对于文化本身意味着什么。

（一）课堂成为优秀传统文化传承发展的主阵地

让优秀传统文化进入中小学课堂，首先意味着将课堂作为传承发展优秀传统文化的主场所、主阵地。时下，传承发展优秀传统文化已在教育领域掀起一股热潮，优秀传统文化融入教育全过程，贯穿教育各环节，在未来教育中将成为一种新常态。而不管优秀传统文化教育如何开展，其都绕不开课堂这一重要的学习场域。布迪厄认为，场域是一个相对独立的社会空间，也是一个充满竞争的空间，场域中存在着积极活动的各种力量，它们之间的不断博弈使场域充满活力。[①] 在充满活力的课堂场域中，各种复杂关系主体通过某种制度或规则以课堂活动的形式传承发展优秀传统文化。

优秀传统文化的传承发展离不开课堂。要让优秀传统文化教育更全面、系统、可持续，课堂是最好载体。[②] 任何一种文化的传承发展都必须具备传承发展文化的主体、手段和环境这三个基本条件。课堂作为传承发展文化的重要环境，是无法被其他环境替代的。课堂是一个有着多种结构的综合形态，是集教学和课程及与之密切相关的课堂文化、课堂关系、课堂组织与管理、课堂环境于一体的多种要素构成的综合体或

[①] ［法］皮埃尔·布迪厄、［美］华康德：《实践与反思——反思社会学导引》，李猛、李康译，邓正来校，中央编译出版社2004年版，第133页。

[②] 赵婀娜、杨宁、毛殷平：《优秀传统文化进校园，这样"圈粉"》，《人民日报》2018年4月18日第12版。

系统。[①] 课堂不同于教室，也不同于班级，其有多种价值。优秀传统文化的传承发展主要是通过课堂来落实。关于优秀传统文化的活动可能是一时的，而优秀传统文化进入课堂则更具长效性、持续性和连贯性。

（二）优秀传统文化成为课堂教学的重要内容

课堂充满着无限的价值意蕴，教育各主体正是在课堂空间中实现发展的。课堂不是孤立于社会的存在而存在的，其受到社会政治、经济、文化等各个方面的深刻影响。曾几何时，政治主导着课堂的发展，成为课堂教学的主方向。课堂成为服务政治的一种手段，各种口号和标语充斥在课堂之中。尽管这种课堂教学的主导方向对于社会政治的发展起到一定的促进作用，但其弊端也是显而易见的，其限制了课堂其他价值的生成。课堂教学改革过程中，也曾受到经济的深层次影响。尤其是在教育市场化的影响下，课堂成为一种"准市场"，进而扭曲了课堂的应有价值。随着课堂教学改革的推进，文化在课堂中的地位日益凸显，并逐渐成为课堂教学的重要内容，培养"文化人"逐渐成为课堂教学的主要目标。

课堂教学内容多种多样，选择合适的课堂教学内容是课堂价值实现的前提和基础。让优秀传统文化成为课堂教学的重要内容是基于文化对课堂教学的重要价值。可以说，文化是课堂教学的源泉和命脉，对以往课堂教学内容的梳理发现，其经历了从注重科学到注重人文再到注重科学与人文相结合的发展阶段。优秀传统文化具有浓厚的人文意蕴，理应成为课堂教学的重要内容。事实上，现代课堂教学中存在的诸多问题往往是缺少文化元素导致的。将优秀传统文化作为课堂教学的重要内容，不是排斥其他因素在课堂教学中的作用，而是在重视其他各因素的同时，突出优秀传统文化在课堂教学内容中的重要位置。让优秀传统文化成为课堂教学的重要内容，也是基于对课堂教学内容的深层理解。课堂教学内容不仅是知识点，更是知识背后所蕴含的文化，文化是课堂教学内容

[①] 纪德奎：《变革与重建：课堂优质化建设研究》，中国社会科学出版社2011年版，第22—23页。

的精髓。

二 优秀传统文化进入中小学课堂的价值取向

"什么知识最有价值"、"谁的知识最有价值"以及"如何实现价值"一直是课堂教学关注的核心议题。对于这类问题的回答实际上就涉及价值取向问题。所谓价值取向是指一定主体基于自己的价值观在面对或处理各种矛盾、冲突和关系时所持的基本价值立场、基本价值态度以及所表现出来的基本价值倾向。[①] 优秀传统文化进入中小学课堂的价值取向,是指教育主体基于一定的客观标准对优秀传统文化进入中小学课堂的价值判断,以及在价值判断的基础上根据自身的价值观念开展相关活动所表现出来的一种价值倾向。从价值哲学的角度审视优秀传统文化进课堂,其价值取向主要体现在以下几个方面。

(一)传承、发展与创新优秀传统文化

优秀传统文化进课堂的价值取向,首先是不断传承、发展、创新优秀传统文化。文化传承包含两个方面的意蕴,一是在时间上具有延续性,二是在代际间具有传递性。从实质上看,文化传承是一种基于一定标准的文化选择过程,即对某种文化内容进行不断选择和扬弃的过程。作为文化的精髓,优秀传统文化的传承需要通过教育来实现,而优秀传统文化进课堂是传承文化的最佳途径。优秀传统文化进课堂不仅意味着进入课堂本身,更意味着进入课程、教学、课堂活动等课堂的全过程之中。在课堂上,教师将优秀传统文化作为重要的课程内容,以丰富多样的教学形式传递给学生,实现优秀传统文化的传承。

优秀传统文化不仅需要传承,还需要不断发展。文化传承是文化发展的基础和前提,而文化发展则是文化传承的根本指向。优秀传统文化的发展体现为文化自身的繁荣,也体现为由优秀传统文化发展而带来的社会整体风貌的改变。优秀传统文化进入课堂,有利于优秀传统文化的发展。任何文化的发展都需要时间和空间来进行。从时间上看,优秀传

---

① 陈丽:《学校改进的特征与价值取向分析》,《教育科学研究》2010年第11期。

统文化的发展不是一蹴而就的，必然经历长时间的发展历练；从空间上讲，优秀传统文化的发展需要适宜的空间来进行。课堂是学校最核心的教学环境，集教育的各种优势资源为一体，在发展优秀传统文化上具有其他环境无法比拟的优势。

创新是优秀传统文化得以传承的根基，也是文化发展的不竭动力。文化的创新既是在文化发展中不断改造旧文化的过程，也是创造新文化的过程。优秀传统文化进入中小学课堂，能够促进优秀传统文化的创新。当优秀传统文化进入中小学课堂后，有利于培育出更具创新性的人才，并通过创新人才推动文化的创新。课堂中的文化交流与碰撞能够为优秀传统文化的创新提供契机和活力，文化创新正是在交流碰撞中得以产生的。

（二）增强国民优良品性，培育具有优秀传统文化素养的一代新人

教育的根本目的是传承文化，培养人才，促进人的发展。教育就是要大力弘扬这种优秀传统，让孩子们成为文化的传承人、文化自信的拥有者。[1] 优秀传统文化进入中小学课堂正是实现文化传承与人才培养的重要途径。而在人才培养方面，增强国民优良品性是优秀传统文化进入中小学课堂的重要价值取向。

国民性是一个国家或民族在长期的历史文化积淀过程中所形成的国民品性。国民性受到地域、宗教、民族、种族以及人的遗传、环境和教育等多种因素的影响。[2] 其中，教育对国民性的改造起着重要作用。教育的重要使命就是发扬国民性的优点，改造国民劣根性。中华优秀传统文化历经大浪淘沙、去粗取精，立足当下，仍然展现着人性之美、思想之魅，蕴含着立德树人、可资汲取的宝贵智慧。[3] 优秀传统文化进课堂能够有效发挥出优秀传统文化改造国民性的功能，实现国民性的整体优化。

---

[1] 郑金洲：《新时代素质教育的新理念新要求》，《河北师范大学学报》（教育科学版）2018年第4期。

[2] 和学新、郭文良：《教育中政治仪式锻造国民性的可能与限度》，《西北师大学报》（社会科学版）2016年第1期。

[3] 张宏：《中华优秀传统文化与语文课程深度融合的路径探析》，《教育研究》2018年第8期。

中华优秀传统文化是中华民族共同培育民族精神的源泉。怎么培养我们的学生，我们下一代民族精神的培育要靠传承中华优秀文化。[①] 作为民族精神的集中体现，国民性的培育或改造要通过传承中华优秀文化得以实现。优秀传统文化进课堂实质上是让课堂充分发挥出其应有的育人价值，以增强国民的优良品性。

优秀传统文化进课堂在增强国民优良品性的基础上，旨在培育具有优秀传统文化素养的一代新人。首先，一代新人的基本诉求是做人，即具备做人的基本道德、伦理以及知识与技能等。优秀传统文化进课堂不能仅仅有培育"圣人"之高标，更要满足对于基本做人的培育，以文化育人，让人真正成为人。其次，一代新人要具有优良的文化品性。文化往往代表着一个人的基本标识，优秀传统文化进课堂有利于将中国文化标识印刻在每一位学生身上。最后，一代新人要具有现代意识、现代思想和现代文化等。当前，部分优秀传统文化教育走入迷途的重要原因即是未能将培育符合时代要求的一代新人作为其应有的价值取向，阻碍了教育应有价值的实现。

（三）打造中国特色基础教育新样态

打造中国特色基础教育新样态是优秀传统文化进入中小学课堂的重要价值取向。优秀传统文化进入中小学课堂所带来的重要变革是基础教育观念的深层变革。教育观念与文化紧密相连，教育观念的形成与发展正是各种文化尤其是优秀传统文化不断积淀的结果。优秀传统文化进入中小学课堂，进入的不仅仅是课堂场域，更是要进入教师与学生的观念，形成教育观念的新样态。现代社会的文化构成决定了教师持有并向学生传递何种文化，也决定了学生本身持有并接受何种文化。

优秀传统文化进入中小学课堂将带来教育内容的巨大变革，有利于形成教育内容新的样态。课堂之中"教什么"一直是教育关注的热点。优秀传统文化的引入为课堂"教什么"确立了方向，并提供了文化源泉。

[①] 顾明远：《文化是一个民族的根与魂——谈谈中华优秀传统文化教育》，《人民教育》2017年第23期。

中国传统文化源远流长，以其为主题的教育资源应该成为学校文化宣传的重点内容，① 也应该成为学校课堂教学的重要内容。在教育空间上，优秀传统文化的引入必然带来课堂空间的巨大改变，让课堂空间充满文化气息，焕发出学生的朝气与活力，形成教育空间的新样态。优秀传统文化进课堂所打造的基础教育新样态是带有中国特色的新样态。传统文化本身的"中国特色"决定了其对基础教育影响的中国特色，也决定了形成基础教育新样态的中国特色。优秀传统文化之中所蕴含的"天人合一""自强不息""贵和尚中"等思想，通过各种形式进入课堂，必然能够改变基础教育的"旧样态"，形成中国特色的基础教育新样态。

三 优秀传统文化进入中小学课堂的推进逻辑

科学推进优秀传统文化进课堂需要沿着一定的逻辑进行，在推进过程中需要结合时代背景、课堂实际、学生状况等，并努力做到优秀传统文化课堂常态化、整体化和全面化。审视优秀传统文化进入中小学课堂的全过程，一般是沿着优秀传统文化进课堂的目标定位、内容选择、方法推进、效果评估的推进逻辑进行的。

（一）目标定位：基于历史、参照现实

推进优秀传统文化进课堂，合理的目标定位是至关重要的，它决定了优秀传统文化进课堂的方向。所谓目标是指"人们想通过行动而达到的目的，指称由此而出现的任务，也指称发生在行动之后并且作为终点而表现出来的结果"。② 定位则是确定事物发展的方向。优秀传统文化进入中小学课堂的目标定位即是通过某种目标的设定以确定其未来发展的方向。而要确立科学合理的目标定位，需要基于历史、参照现实。优秀传统文化进入中小学课堂的提出，不是凭空提出的，而是基于历史的经验与现实的需求。目标定位要基于历史，即是需要从历史经验中提炼优秀传统文化进入中小学课堂的目标，参照现实则是参照教育的现实需要

---

① 王伟建：《优秀传统文化的精华及教育渗透》，《中国教育学刊》2017年第6期。
② ［德］沃尔夫冈·布列钦卡：《教育科学的基本概念：分析、批判和建议》，胡劲松译，华东师范大学出版社2001年版，第96页。

来确定目标。教育部《关于全面深化课程改革落实立德树人根本任务的意见》中明确指出，努力使学生具有中华文化底蕴、中国特色社会主义共同理想和国际视野，成为社会主义合格建设者和可靠接班人。① 国务院发布的《国务院关于基础教育改革与发展的决定》中规定，要使学生继承和发扬中华民族的优秀传统和革命精神，成为有理想、有道德、有文化、有纪律的一代新人。② 这些不仅为立德树人及基础教育改革指明了方向，也为优秀传统文化进课堂指明了方向，提供了确立其目标定位的依据。

据此，优秀传统文化进课堂的目标定位可以分为国家、学校、教师三个层面。从国家层面来讲，优秀传统文化进课堂的目标定位是树立文化自信，铸就中国灵魂，实现文化强国。作为推动中华优秀传统文化传承发展的重要举措，优秀传统文化进课堂的目标定位即围绕着国家的发展战略，通过树立文化自信，铸就中国灵魂，实现文化强国、民族振兴。从学校层面来讲，优秀传统文化进课堂的目标定位是凸显学校文化特色，实现文化育人。优秀传统文化进学校、进课堂，不能千校一面、千课一面，而应该形成各自的学校文化特色，根据学校自身特点，建立基于优秀传统文化，尤其是地方优秀传统文化的特色学校，真正实现在不同文化特色学校下的学生特色发展。从教师层面来看，优秀传统文化进课堂的目标定位是以学科核心素养为依托，培育理解、认同优秀传统文化，拥有理想人格且视野宽广的青少年。现代人格的养育离不开传统文化的滋养。③ 课堂是优秀传统文化的主阵地，教师则是优秀传统文化的主要传播者。将优秀传统文化进课堂的目标定位于课堂之中，定位于教学之中，定位于各个学科之中，定位于培养学生的具体文化素养之中。

（二）内容选择：注重规律、提炼精髓

推进优秀传统文化进入中小学课堂，在明确目标定位的基础上，选

---

① 教育部：《关于全面深化课程改革落实立德树人根本任务的意见》，《中国教育报》2014年3月30日第8版。
② 国务院：《国务院关于基础教育改革与发展的决定》，中国政府，2001年5月29日，http://www.gov.cn/gongbao/content/2001/content_60920.htm，2021年3月17日。
③ 严一平：《基于中国传统教育的现代人格培养》，《现代基础教育研究》2017年第1期。

择合适的内容是关键。中国传统文化博大精深，内容极为丰富，且有优劣之分。因此，让优秀传统文化进入课堂，需要对传统文化的内容进行选择与加工。法国社会学家涂尔干说："教育本身不过是对成熟的思想文化的一种选编。"[①] 教育传承发展文化的过程，不是对文化的全盘传承，更不是文化的复古，而是有选择的传承。中国传统文化的发展就是经过不断筛选、优化和扬弃的结果。课堂是教育的集中地，是传承发展文化的重要场所，传统文化要进入课堂这一重要的教育场域，必然需要经过慎之又慎的选择。

优秀传统文化进课堂的内容选择，首先要适合学生的身心发展规律，选用生动形象的各种材料，选取知识性和趣味性强的内容。在不同学段应选择不同内容。小学阶段侧重对优秀传统文化兴趣与启蒙，初中阶段侧重体验、理解与认同，高中阶段则侧重深化与践行。其次，优秀传统文化进课堂的内容选择要体现出优秀传统文化的精髓。在2014年教育部发布的《完善中华优秀传统文化教育指导纲要》（以下简称《纲要》）中，从爱国、处世、修身三个层次概括凝练中华优秀传统文化教育的主要内容。2017年《意见》中主要内容确定为核心思想理念、中华传统美德、中华人文精神三个方面。这些可以作为课堂内容选择的重要标准。

（三）方法推进：立足课程、活用技术

优秀传统文化进课堂的方法是为实现传承发展优秀传统文化，培育具有相应的文化素养的人而采取的手段、途径、步骤与行为方式等。根据文化传承发展的特点，推进优秀传统文化进入中小学课堂要立足课程、活用技术。具体而言，包括以下几个方面。

首先，增设专门关于优秀传统文化的课程科目，编写相关教材。目前我国中小学实行分科教学、分科考核，语文、数学、英语、政治等科目是中小学的主要课程科目，缺少关于优秀传统文化的独立课程科目，

---

① ［法］爱弥尔·涂尔干：《教育思想的演进》，李康译，渠东校，上海人民出版社2003年版，第23页。

这无疑在一定程度上影响了优秀传统文化的传承与发展。而将优秀传统文化作为独立课程科目，以相应的教材在课堂上进行传授，将会极大地促进优秀传统文化的传承发展。同时，要编写相关教材。单编传承中华优秀传统文化的教材，在教材内容上可参照《完善中华优秀传统文化教育指导纲要》中的相关规定。① 可以说，增设科目和编写教材将会成为优秀传统文化进课堂的重要方式。

其次，将优秀传统文化融入各科教学之中，修订相关教材。正如德育活动的开展，不仅需要有专门的思想品德课程，还需要融入其他各学科的教学之中一样，优秀传统文化的传承发展也不仅需要增设独立的课程科目，还需要融入课堂的其他学科教学之中。将传统文化融入学校完整而全面的日常教育教学中，使中华优秀传统文化贯穿学校的各种课程与各个环节。② 这就要求各科教师要提升自身的传统文化素养，并能够将传统文化与课程教学联系起来。同时，对其他各科教材进行修订，增加优秀传统文化在教材中所占的比重。

最后，活用现代教育技术推进优秀传统文化进课堂。新时代的学校课堂在信息技术的影响下，出现了翻转课堂、云课堂、慕课等课堂教学新样态。活用现代教育技术，借助各种信息技术平台和方法，有利于推进优秀传统文化进课堂，提高课堂的时效性。在技术的影响下，未来课堂将呈现出环境舒适、装备先进、操控便利、资源丰富、交互实时、教学灵活的功能特征，③ 这为推进优秀传统文化进课堂提供了极大的技术支持。

（四）效果评估：突出过程、指向素养

从优秀传统文化进入中小学课堂的评估方式和目的来看，进行科学合理的效果评估关键是要突出过程、指向素养。

---

① 温小军：《中华优秀传统文化融入语文课程：实践样态与改进路径》，《中小学教师培训》2016 年第 3 期。

② 吴文涛：《传统文化如何走进学校？——论学校传统文化教育的实践逻辑》，《中国教育学刊》2018 年第 3 期。

③ 邱峰、张际平：《未来课堂研究的价值取向与展望》，《现代教育技术》2015 年第 12 期。

突出过程即重点关注对优秀传统文化进课堂的过程进行效果评估，而不是仅关注结果，这也和优秀传统文化所蕴含的精神是一致的。只有在效果评估中突出过程，才会实现预定目标。突出过程意味着在优秀传统文化进入课堂的过程中全面审视其目标定位是否合理、内容选择是否得当、方法运用是否可行等，通过对整个过程的全面审视与评估，并不断进行信息反馈，有利于顺利开展优秀传统文化进课堂的各项活动，确保各项活动取得好成效。进入课程是优秀传统文化进课堂的重要方式，突出过程还意味着对优秀传统文化课程进行全面评估，具体包括对优秀传统文化课程目标、课程方案、课程标准以及课程实施过程的评价等。

指向素养则是指明优秀传统文化进课堂的效果评估方向，即指向对学生传统文化素养的评估。优秀传统文化进课堂的目的就是传承发展优秀传统文化，提升学生的传统文化素养。《纲要》指出，增加中华优秀传统文化内容在中考、高考升学考试中的比重，将中华优秀传统文化教育纳入课程实施和教材使用的督导范围，定期开展评估和督导工作。[①] 这无疑从政策方面为优秀传统文化进课堂提供了制度保障，也为进行优秀传统文化进课堂的效果评估提供了政策依据。效果评估指向学生传统文化素养意味着将学生的传统文化素养作为衡量优秀传统文化进课堂成效的重要指标。可以采用定量评价和定性评价相结合的方式开展效果评估。具体方式、方法的选择应根据学校、教师及学生的实际情况而定。定量评价的形式一般有书面评价、单元测试、模块总结性测验等；定性评价的形式一般有档案袋评价、表现性评价、行为观察、访谈法、情境测验法等。[②] 总之，推进优秀传统文化进课堂需要进行其效果的评价，只有加强对其效果的评价，加强各方面的监督与管理，才能真正实现优秀传统文化进课堂的总目标，才能真正培育出具有优秀传统文化核心素养的现代中国人。

---

① 教育部：《完善中华优秀传统文化教育指导纲要》，《中国教育报》2014年4月2日第3版。

② 连文达：《传统文化融入中小学课程的路径选择》，《教育评论》2016年第12期。

第二节　课程化行动与突破[①]

2017年中共中央办公厅、国务院办公厅印发《关于实施中华优秀传统文化传承发展工程的意见》，首次以中央文件形式专题阐述优秀传统文化传承发展工作，其重要任务之一便是将优秀传统文化贯穿国民教育始终。"课程是学校教育的核心中介，是学校育人目标和教育理念的重要载体。"[②] 要切实发挥优秀传统文化教育在建设社会先进文化和践行立德树人方面的重要价值，实现优秀传统文化在学校教育中的课程化是必然选择。

一　优秀传统文化教育课程化行动的特征

课程化过程涉及课程目标、课程内容和组织、课程实施与课程评价等因素。开发优秀传统文化课程时，学校应结合各基本因素分析课程的独特属性，以此为课程实践提供方向指引。考虑到课程评价的指标多源于课程设计和课程实施过程，本节拟从优秀传统文化课程的功能导向、内容体系、经验组织和呈现方式的视角进行特征分析。

（一）功能导向：强调工具性与人文性的辩证统一

优秀传统文化是中华民族不断深入探寻自身存在意义时所凝结的思想精华，彰显着中国人民几千年来积淀的知识智慧和价值观念。优秀传统文化的传承包含两个基本层次：第一是文化精神的传承，即从悠久文明的历史演进中沿袭中华文化精神的优秀成分；第二是文化形式的传承，即从渗透着文化价值理念的外部表现中挖掘优秀的文化传承形式。[③] 文化形式和文化精神相互依存，两者的双向建构铸就了优秀传统文化课程化行动的工具性与人文性辩证统一的鲜明特征。

[①] 纪德奎、张丽姣：《优秀传统文化教育的课程化行动选择》，《当代教育科学》2020年第6期。

[②] 孙宽宁：《我国课程知识研究70年的历程审思》，《课程·教材·教法》2019年第6期。

[③] 丁念金：《校本课程决策的文化使命》，《全球教育展望》2011年第1期。

优秀传统文化课程化行动的工具性主要指向承载着各类知识和技能的文化形式，强调工具性就是让学生充分掌握优秀传统文化的基本知识和技能；人文性则表现为正确阐释和弘扬以人为本的人文精神，轻视人文性就会使优秀传统文化课程沦落为枯燥艰涩而没有灵魂的流水操作。优秀传统文化课程化行动的工具性与人文性辩证统一的逻辑关系，主要体现为通过延伸文化的外在形式或重新解读文化符号本质的教育行为，反观个人价值体系、整体精神结构和民族文化内蕴等，从而促使文化形式的精神价值超越使用价值，发挥培育学生家国情怀、道德品质和人格修养等教育作用。另外工具性是人文性的重要载体，人文性才是工具性的本质追寻。文化的精神层面是其核心和实质所在，对于优秀传统文化课程而言，最根本的是文化精神价值的传承。因此，无论是侧重于经典文本类或历史类等"道"的文化学习，还是倾向于传统工艺或节庆习俗等"器"的文化接触，均不应只停留于知识和技能层面，其背后蕴含的人文精神才是课程的根本旨归。但是这并不意味着可以忽视课程工具性的重要作用，文化精神必须依托一定文化形式才能呈现，只有在工具性的配合下人文性才得以完整揭示。

(二) 内容体系：寻求历史性与现代性的和谐共融

课程化行动的历史性主要指向在中华民族长期发展过程中沿袭下来的思想文化和观念形态；现代性主要表现为顺应社会和文化发展规律主动选择、改造和创新优秀传统文化的动态过程；而和谐共融则是优秀传统文化在新的时代背景下、在现代教育体系中存在着的一种趋向和状态。

历史性与现代性和谐共融的深刻意蕴旨在通过课程化行动衡量中华传统文化原有价值体系与社会发展现实需求的关系，将优秀传统文化的传承放在人类文明发展的大视野中进行实践考察和育人思考，从而不断赋予优秀传统文化新的时代内涵，使中华民族精神和文化基因与时代发展相融合。在词源学上，历史与现代首先是一个时间概念，历史性与现代性的和谐共融也可通过不同时间节点具体展开。在优秀传统文化教育内容体系中主要体现在三个层面，这三者之间是相互关联、密切结合的，但每个层面又有不同的地位和特点。第一，指涉"历史"，这是历史性与现代性的内容体系和谐共融的首要前提，即面向悠久文明历史精选优秀传统文化，促使内容体系承载传统文化中具有积极意义和当代价值的思想内容；① 第二，结合"当下"，这是历史性与现代性的内容体系和谐共融的关键环节，即立足于中国特色社会实践审视优秀传统文化形态，将诚意正心、修身齐家和治国平天下等文化资源，积极转化为与社会主流意识形态相契合的文化内容；第三，面向"未来"，这是历史性与现代性的内容体系和谐共融的持久保障，即内容体系的建构还应着眼于世界与未来，以正确的态度对待优秀传统文化和多元文化的关系，在文化交流碰撞中不断融合吸收外来文化的有益成分，创造民族文化发展新模式。

（三）经验组织：重视个性化与稳定性的适切转化

古德莱德（J. I. Goodlad）曾将课程划分为五种不同样态，其中领悟的课程强调教师对课程的理解与把握，是教师基于自身经验基础，进行教育目标解读、知识内容掌握和儿童现状剖析后的综合性产物。教师领悟课程的过程其实也是知识内容重新组织的过程，是教师通过个性化与稳定性的适切转化，将知识内容重构为符合学生当前认知且易于融入课堂环境的实践创造过程。

优秀传统文化课程化行动重视个性化与稳定性的适切转化，个性化主要指向教师结合学生、教材和环境等因素对知识内容进行独特性整合的教育行为；稳定性则强调教师重组知识内容时能够进行整体设计和统筹规划的优良状态。促使个性化与稳定性适切转化知识内容的核心要素，是教师正确的课程意识和相应的课程能力，其中课程意识直接支配着教师的教育行为，课程能力则是教师行动创造的根本保障。因此，课程化行动时教师一方面应当具有个性化与稳定性转化知识内容的课程意识，认识到自身作为课程开发主体进行个性化课程设计的重要意义，理解文化传承创新的时代使命和深刻价值，并且甘于花费较多的时间和精力研究课程，有意识地将整合课程资源和组织课

---

① 杨翰卿、李保林：《论中国优秀传统文化的当代转换》，《中国社会科学》1999年第1期。

程内容作为常态化的教学工作。另一方面应当具备个性化与稳定性转化知识内容的课程能力，主动参与到优秀传统文化课程改革之中，以学生为中心进行有计划、系统化的教育规划和设计，将知识内容重构为符合学生认知经验和发展规律的文化载体，为学生提供连续性和交互性的课程内容，促使学生将外在文化知识转化为个体文化图式从而影响学生道德品格和行为习惯等。

（四）呈现方式：倡导多样化与完整性的优化组合

多样化与完整性优化组合的呈现方式是打造优秀传统文化高品质课堂的现实基点，也是静态化文化内容灵活置于动态化教学情境中不容忽视的基本策略。影响优秀传统文化呈现方式的关键因素包括教学手段和教学环节，根据教学内容特性优化组合多样化教学手段和完整性教学环节，是充分发挥优秀传统文化课堂育人功效的重要举措。

优秀传统文化教学手段的多样化强调借助图片、视频和模型等物质化媒介，或者表情、声音和动作等非物质化媒介，以直观、生动的多种形式呈现教学内容，提高学生优秀传统文化的感受力与理解力。教学环节的完整性主要体现在通过文本认知、实物展示或情景创设等各环节间的协作教学，来沟通实体文化知识与学生特殊经验。优秀传统文化教学手段与教学环节的优化组合，具体表现为：在文本认知环节，可综合运用语言艺术、肢体动作乃至微观表情等，传递能够反映文本内容的核心元素，带领学生切实掌握文化基本知识和思想内涵，同时可借助图片、模型或真实事物等引入课程内容，通过设置实物展示环节使学生获得接触物质文化的实际感受，加深民族文化的集体记忆；也可遵循"始而疑之，继而思之"的教学思路，使用多媒体或黑板放大具有层次性和启发性的问题，引导并聚焦学生的文化认知，帮助学生正确地理解文化内容。在进入情景创设环节时，可采用理论联系实际的方法，以学生身边熟悉的文化为切入点，通过情景再现等方式外化教学内容，促使学生感知民族文化的真实存在。此外还可设置专题调查环节，让学生在社会实践、人物访谈和游学参观等过程中，感悟民族文化的传承意义和精神力量等。

二 优秀传统文化教育课程化行动的困境

（一）工具性与人文性的目标衔接发生断裂

人文性是优秀传统文化课程的本质追寻，工具性则是课程的重要属性，人文性与工具性的辩证统一是优秀传统文化课程实施的基本要求。然而，目前我国优秀传统文化教育仍普遍存在"重知识讲授、轻精神内涵阐释的现象"，① 教育价值取向的失衡表现出工具性与人文性目标衔接断裂的现状。这种断裂主要体现为两方面：第一，工具理性优秀传统文化教育的"独断"，学校课程化行动受到工具理性支配，以知识内容的掌握作为文化教育的根本追求，将知识视为教育的目的，单纯着眼于学生认知因素的发展，淡漠道德、情感和价值观等人文性目标的实现；第二，价值理性优秀传统文化教育的"失语"，学校挖掘和丰富人文底蕴的主动性行为缺失，文化阐释停留于文本表面或作者原意上，而未建构性地拓展原有语句的积极意义和适用范围，富有时代教育价值的文化元素被边缘化，冷落人文性的教育行为加剧了工具理性强势而难以突破的现实局面。

工具性与人文性目标衔接发生断裂的主要原因为：在国家政策引导与行政部门规范下，优秀传统文化进入中小学，文化教育推行时，行政性行为未能顺利转化为学校主动性行为，为迎合"传统文化热"的发展趋势，学校直接在行政逻辑驱动下开展课程教学活动，而未深入思考文化教育的育人导向、核心价值理念以及学校应达到的育人目标等问题，致使学校课程化行动缺乏人文精神支撑和价值理性引导，并且受到应试主导的文化范式影响，认知目标的拟定因客观性和便捷性受到我国文化教育的青睐，学校根据"认知目标模式"设置文化教育目标，为凸显教育成果而一味追求知识和技能培养，由于违背文化教育人文性的根本旨归，优秀传统文化教育陷入工具理性偏执的误区之中。

---

① 教育部：《完善中华优秀传统文化教育指导纲要》，《中国教育报》2014年4月2日第3版。

(二) 历史性向现代性的内容转化品质欠佳

优秀传统文化进入现代教育体系时，极易出现历史性向现代性的内容转化品质欠佳问题。主要表现为三种倾向。第一，课程内容的复古倾向。[1] 当前部分学校简单地将优秀传统文化教育等同于经典文本教育或历史教育，在内容选择上拘泥于历史传统范畴，直接依托古代文史典籍、古典诗词和童蒙家训等，导致课程内容带有浓厚的教育拟古色彩而与现代生活相脱节。第二，德性转化不充分倾向。学校使用优秀传统文化中蕴含的德育资源进行教学规划时，未能将课程内容中仁爱、勤俭、忠孝等基本观念有效与社会主义核心价值观进行紧密对接，[2] 弱化道德规范、思想观念和价值取向等的现代价值，加剧了过去与当代文化沟通纽带断裂问题。第三，文化多元性缺失倾向。当前文化教育中涉及各民族文化习俗的内容比重较低，其与现实生活中青少年接触外来文化频率越发上升的现状不相符合，文化类型的单一性不利于培养学生文化辨别能力和文化包容意识等。

历史性向现代性的内容转化品质欠佳，主要是由于优秀传统文化教育的课程化行动并未生成指涉"过去"、结合"当下"和面向"未来"的逻辑理路。具体而言，只着眼于过去选择优秀传统文化，采取简单的拿来主义方式，导致课程内容受到文化自身历史性特点的影响出现复古倾向；未充分考虑到文化内容的现代化要求，结合当下社会发展趋势挖掘一脉传承核心价值的相关举措缺失，造成课程内容单纯停留于伦理道德表层等，致使优秀传统文化中具有当代意义的价值取向无法真正转化为被学生接受和认可的话语形态；文化教育的保守性和排外性，导致学校优秀传统文化课程内容体系的建构欠缺格局意识，而未站在人类文明共存的视角宏观审视文化教育的长远价值，造成课程内容忽视他国不同的文化与历史。

---

[1] 杨启慧、罗珣：《中华优秀传统文化进校园的乱象及其破解》，《教学与管理》2018 年第 22 期。

[2] 纪德奎、张永健：《优秀传统文化教学的意蕴、困境与转向》，《课程·教材·教法》2019 年第 10 期。

（三）个性化与稳定性的经验重组整合乏力

在中小学优秀传统文化课程满意度的调查中发现，学生群体对课程的整体期待较高，但是感知质量的均值较低。[①] 此项结果表明优秀传统文化课程教学质量有待提升的同时，也映射着教师个性化与稳定性的经验重组整合乏力的事实，具体表现在两方面：第一，教师个性化与稳定性转化知识内容的课程意识薄弱。教师习惯使用传统或常态化的简单方式组织课程，安于课程准备的"舒适区"产生一定的教育惰性，而放弃个性化与稳定性地设计优秀传统文化课程的权利。第二，教师个性化与稳定性转化知识内容的课程能力不足。作为文化教育的实验者，教师缺乏过往学习经验以及教育经验的实际积累，无法充分把握优秀传统文化课程组织形式。当传统的依赖教科书、参考资料和考试大纲等进行备课的实践路径与文化教育不相适应时，教师因教学设计能力、学情分析能力和创新能力等的缺失，对于优秀传统文化教育全新理念和具体教学实施之间无从下手。

个性化与稳定性整合课程内容的意识缺失，一方面是当前我国并未统一优秀传统文化的课程标准要求，也未将优秀传统文化的教育任务落实到具体学科和相关教师身上，导致教师缺乏相应的课程责任意识。另一方面由于文化教育的育人成果难以用数值或百分比等硬性指标衡量，教师为提升工作政绩将知识教育放在首位，而选择忽视组织优秀传统文化课程经验。课程能力缺失主要由于教师并未接受过专业化与系统化的优秀传统文化课程培训，深入研究课程或全面设计课程的能力有限，对于教育领域的文化资源认知狭隘，同时教师并未根据教育发展新要求积极充实自己，加剧了自身优秀传统文化教学能力不足的现状。

（四）多样化与完整性的呈现方式配合不当

教学手段的多样化、教学环节的完整性以及两者间的优化组合是恰当呈现优秀传统文化教学内容的必要条件。然而，在优秀传统文化实际

[①] 宋晓乐、吕立杰：《传统文化校本课程学生满意度调查研究》，《教育理论与实践》2019年第35期。

教学中，教学手段运用方面容易出现单一化与简单化等问题。如部分学校直接将精品视频公开课或者数字化课件作为优秀传统文化课程常态化实施的基本途径，而未考虑不同区域和不同年级间学生的差异；教学环节创设方面不完整现象比较普遍。如在小学国学经典教学现状的调查中发现，教师很大程度上只是注重文本知识的传授。[①] 完整的教学过程应由文本认知、问题引导或情景熏陶等环节相互连接和穿插而成，而国学经典的教学显然仅停留于文本讲解的认知阶段。

多样化与完整性的呈现方式配合不当时，教学手段和教学环节的选用以及两者间关系的处理方面也必然存在一定的缺陷。教学手段应然状态的多样化与实然状态的单一化、教学环节理想层面的完整性与现实层面的缺失发生冲突，教学手段和教学环节间的配合就会出现相对滞后性，致使呈现方式无法充分发挥辅助育人的潜在功效。这种滞后性主要源于教师并未充分掌握实施优秀传统文化教育的教学手段、并未充分了解与文化教育相关的各个教学环节，导致在优秀传统文化课堂实践中无法综合运用教学手段和教学环节。优化配置教学手段和教学环节的经验不足直接造成教师难以提供多形式、高品质、生动性的教学内容，不利于提高学生知识理解力与学习效率。

三　优秀传统文化教育课程化行动的突破

（一）倡导价值理性回归，正确审视对待工具理性，促使工具性与人文性的有机结合

工具理性与价值理性的冲突使得优秀传统文化教育片面重视知识讲授，学生对优秀传统文化的情感认同和价值观念认同备受挑战。平衡知识讲授和精神内涵阐释两者间的关系、协调工具理性偏执和价值理性弱势的状态，成为优秀传统文化教育课程化行动当下面临且必须解决的问题。

---

① 李录琴、常宝宁：《小学国学经典教学的现实困境与推进策略》，《当代教育科学》2018年第1期。

优秀传统文化课程化行动最为重要的初始步骤便是教育目标的明确，教育目标在实际育人过程中直接发挥着调节和控制教育行为的作用。倡导价值理性回归首先应从目标入手，将工具性与人文性有机结合的理念贯穿于目标设置的始终。具体而言，可借鉴新课程改革中主次分明而又具体清晰的三维目标设置方法，结合学校实际现状创设多层级的培养目标。然而三维目标是将"知识与技能"放于首位，对于优秀传统文化教育而言，更加注重学生人文素养和民族精神等的培养，因此可将情感、态度和价值观的育人导向置于目标的核心位置。通过目标的创设彰显工具性与人文性有机结合的理念，其实这是一种倾向于隐性渗透的间接方法，还可通过显性宣传的形式促使教师正确审视对待工具理性。宣传的核心要义主要指向"宣传什么"，[1]一方面要立足中华人文精神，大力弘扬优秀传统文化的人文价值，号召教师对优秀传统文化资源进行充分分析和深入解读，通过把握文化知识丰富的人文思想和情感表达、挖掘基本技能的传承意义和当代价值等，切实理解优秀传统文化教育人文性和工具性有机结合的具体表征；另一方面要立足"以人为本""素养为重"等基本理念，传播具有正确性、先进性的优秀传统文化教育主张，矫正优秀传统文化教育工具理性的偏执，号召教师基于知识和技能的传习，更加关注学生情感表达和价值诉求，致力培养学生文化知识理解力、文化价值传播力及文化发展创造力等。

（二）运用整体分析方法，继古开今重构文化传统，推动历史性与现代性的互通互融

历史性向现代性的文化内容转化品质欠佳，动摇了学生构建民族文化认同和文化自信的根基。优秀传统文化的"转化"主要表现为前后相传和时代相继具有根本性的思想文化朝向，符合现代化文化建设需求的方向转化。而转化的关键在于全面认识历史性文化内容，基于对优秀传统文化科学分析，再现与重构文化传统、实现优秀传统文化的现代

---

[1] 万光侠：《中华传统文化创造性转化创新性发展的哲学审视》，《东岳论丛》2017年第9期。

转型。

就优秀传统文化教育内容体系的建构而言，应以继承为基本追求、以转化发展为优势、以文化和时代的互通互融为旨归，集中体现了三个方面的实践路径。第一，以优秀传统文化的继承为追求。继承的前提条件是全面认识文化本身，而整体分析方法正是审视历史性文化内容的重要手段。因此应将优秀传统文化看作一个整体过程，面对其中任何一种优秀传统文化元素时，均应从历史的整体观念出发，结合历史背景差异探寻局部文化以及整体和局部文化的内在关联等，在对优秀传统文化形成整体的、正确的认知基础上选择性继承文化传统。第二，以优秀传统文化的转化发展为优势。"继古"仅是学校传承优秀传统文化最基本的层面，更为重要且更具价值的是"开今"，这是学校实现提升超越的重要环节。需要学校结合主流意识形态发展方向，放大优秀传统文化中具有普遍意义和精神价值的规范性文化和先进性文化，拓展与新时代个人、社会和国家文化再生产相适应的民族精神标识。第三，以优秀传统文化的有机融合为旨归。内容体系的构建并非为了传承而传承，而是使优秀传统文化具有鲜活生命力融入现代社会形态之中。[①] 为实现历史性与现代性的互通互融，学校应以开放的眼光和视角对待文化内容，根据社会和时代发展趋势不断调整和充实内容体系，促使表达方式与当代文化相适应、与社会发展相协调。

（三）强化教师课程意识，结合经验整合课程内容，完成个性化与稳定性的适切重组

个性化与稳定性的经验重组整合乏力，对于适切性设计和改造课程内容以提升优秀传统文化课程质量造成一定影响。整体把握和领悟优秀传统文化课程时必须要强化教师课程意识，促使教师结合自身经验和学生经验适切整合课程内容。学校可通过"破""立"结合的方式发挥教师预设优质课程的主导作用，提高教师个性化与稳定性重组优秀传统文化

[①] 万光侠：《中华传统文化创造性转化创新性发展的哲学审视》，《东岳论丛》2017年第9期。

课程内容的意识和能力。

具体而言，一方面要"破"，即破除循规守旧、封闭狭隘等课程观念，优化教师个性化与稳定性适切重组课程内容的意识。学校可通过构建民主、开放的教师文化教育评价体系，引导优秀传统文化课程观念的正确走向，鼓励教师个性化与稳定地开展文化创造活动。同时教师要自觉与同事分享课程构想过程和课程开发困惑，在合作互助的教研环境中发现并及时纠正自身开展文化教育活动时存在的相对落后的课程观念；要主动与学生进行沟通交流，聆听学生内心的文化需求，通过师生对话的形式打破"教与学"信息闭塞局面，清晰地认识到自身个性化与稳定性适切重组课程内容对于文化传承和学生发展的重大意义。另一方面应致力于"立"，即设立教师专业发展支持平台，强化教师个性化与稳定性适切重组课程内容的能力。邀请与优秀传统文化教育相关的高校专家学者、一线高级教师和文化传承人等，[①] 专门讲解理论层面与实践层面的文化知识和手工技能，提升教师文化素质和专业学科素养，并为教师提供广泛的优秀传统文化教育课程资源，方便教师科学有效地开展课程学习与研究，从而逐步提升个性化与稳定性适切设计课程的能力。

（四）创新教学呈现方式，"手段+环节"双向延伸，实现多样化与完整性的优化配置

多样化与完整性的呈现方式配合不当使得教师难以生动灵活地呈现教学内容，削弱学生对优秀传统文化的认可度和理解力，长此以往将割裂文化内容与文化育人的内在联系。因此，在优秀传统文化教育实践中，教师应积淀教学手段力求多样化，完善教学环节追求完整性。通过"手段+环节"的双向延伸，实现多样化与完整性的优化组合。

具体而言，第一，积累使用教学手段的经验。教师必须紧密围绕文化教育培养目标，不断尝试使用图片、声音和动作等物质化或非物质化

[①] 纪德奎、张永健：《优秀传统文化教学的意蕴、困境与转向》，《课程·教材·教法》2019年第10期。

教学手段，并留心观察使用不同教学手段时学生的课堂反应与学习情况，将产生良好课堂效果的教学手段保留下来，对于未吸引学生文化学习兴趣的教学手段及时进行反思，以此逐步积累多样化的教学手段。第二，多视角完善教学环节。优秀传统文化课堂教学仅通过文本讲解传授文化内容难以达到育人目标，教师必须主动了解实物展示、问题引导、情景创设和专题调查等与文化教育相关的其他教学环节，并明晰每一教学环节使用时的基本原则、注意事项和教学效果等，结合优秀传统文化教育实践有意识地进行完善。第三，合理配置教学手段和教学环节，通过多样化与完整性的双向延伸，充分发挥文化育人功效。在文化教育实践中，教师应提高教学手段、教学环节的利用效率，并根据课程属性和育人目标将两者组合在一起搭配使用，在反复选择与调试教学手段和教学环节的实践过程中，全方位探寻两者优化配置的最佳状态，促使文化教育达到理想育人效果。

第三节　后喻文化视域中的递新与路向

文化是一个民族的灵魂、血脉与根基，也是一个民族发展的精神支柱。党的十八大以来，习近平总书记多次发表有关如何继承和弘扬中华民族优秀传统文化的讲话。2017年1月25日，中共中央办公厅、国务院办公厅印发的《关于实施中华优秀传统文化传承发展工程的意见》中指出：实施中华优秀传统文化传承发展工程，是建设社会主义文化强国的重大战略任务，对于传承中华文脉、全面提升人民群众文化素养、维护国家文化安全、增强国家文化软实力、推进国家治理体系和治理能力现代化，具有重要意义。[①] 一个民族的文化与该民族的教育是一脉相承的，民族教育是民族文化传承的重要途径。[②] 因此，必须重视中华优秀传统文

---

① 中共中央办公厅、国务院办公厅：《关于实施中华优秀传统文化传承发展工程的意见》，中国政府网，2017年1月25日，http：//www.gov.cn/zhengce/2017－01/25/content_5163472.htm，2021年3月17日。

② 王鉴：《地方性知识与多元文化教育之价值》，《当代教育与文化》2009年第4期。

化传承教育。由于当今处于信息化、全球化、现代化的社会,传统文化教育仅靠现有的传递方式已经不足以应对新时代的挑战,因而需要根据新时代的发展来寻拓传统文化教育传递方式的新路径。

一 后喻文化的内涵及在传统文化教育中的现实诉求

(一)后喻文化的内涵

美国著名人类学家玛格丽特·米德将人类文化传递方式划分为三种形态:前喻文化、并喻文化和后喻文化。① 前喻文化是指晚辈向长辈学习的文化传递方式;并喻文化是指晚辈和长辈通过同辈之间相互学习的文化传递方式;后喻文化则是指长辈向晚辈进行学习的文化传递方式,其实质是一种反向文化传递方式。随着信息化时代的飞速发展,新事物以及新传媒的不断涌现导致年长者不再拥有对知识的绝对权威,因而出现了年青一代"反哺"年长者的"后喻文化"现象。后喻文化的到来使年青一代由传统的被教化者转变成了教化者,而年长者则由传统的教化者转变成了被教化者。② 这种角色的改变不仅顺应了当今社会信息化、多元化以及现代化的需要,也反映了当今社会发展中长辈与晚辈代际鸿沟的消弭与代际关系的重构,是当今急速变迁时代的现实诉求。

(二)传统文化教育对后喻文化的现实诉求

传统文化教育离不开文化土壤和历史积淀。③ 传统文化教育要传承和创新我国五千年历史中延绵下来的优秀物质和非物质文化。传统文化教育本质是一种道德教育、人格教育。它主要是以弘扬爱国主义精神为核心,以培养学生健全的人格、优良的道德品质为目标。④ 在当前的传统文化教育中,后喻文化所起的作用至关重要。

---

① Mead and Margaret, *Culture and Commitment: A Study of The Generation Gap*, New York: Natural History Press, 1970.
② 周晓虹:《从颠覆、成长走向共生与契洽——文化反哺的代际影响与社会意义》,《河北学刊》2015年第3期。
③ 姜纪垒:《立德树人:中国传统文化自觉的视角》,《当代教育与文化》2019年第1期。
④ 教育部:《完善中华优秀传统文化教育指导纲要》,《中国教育报》2014年4月2日第3版。

1. 后喻文化是传统文化教育现代传承的新方式

现有传统文化教育多以前喻文化作为传递方式对传统文化进行传承，但随着时代的发展，对于传统文化，并不是在没有任何选择的情况下直接进行传承，而是需要教育发挥其对文化的选择以及创造的功能。所谓创造，就是将传统文化结合时代特点推陈出新，使其符合新时代的需求，达到传承的目的。因此，传统文化教育需要能符合新时代要求的新传递方式以实现传统文化的现代传承。后喻文化作为一种反向文化传递方式，通过年青一代将传统文化知识赋予新时代的理解再反哺给老一代，其既是符合传统文化教育现代传承的新方式，又满足了传统文化传承的新时代要求。

2. 后喻文化是传统文化教育现代转型的重要保障

传统文化教育虽然是以传统文化为主要内容，但是作为现代教育的重要组成部分，其需要实现传统文化教育的现代转型。现有的传统文化教育的主要传递方式是通过晚辈向长辈学习有关传统文化的知识，多以长辈的意识形态为主。但很多长辈现有的传统文化知识已经与当今时代产生了巨大差异，与晚辈的思想存在着巨大鸿沟。而后喻文化正好弥补了传统文化教育一直以长辈向晚辈进行正向文化传递为主的缺陷。因此，后喻文化的到来不仅弥合了长辈与晚辈所产生的传统文化认同鸿沟，也是传统文化教育现代转型的重要保障。

3. 后喻文化是传统文化教育现代发展的新动力

在当下这种信息化、全球化以及现代化的新时代，传统文化教育的发展需要符合新时代内容的全新动力以继续推动传统文化教育的进步。后喻文化的到来，正是顺应了这一时代发展的需求，将符合新时代含义的传统文化内容进行反哺。如中国传统文化之"忠"和"孝"，在过去的"忠"常常指忠于帝王君主，而今天赋予其新的时代定义应该是忠于祖国、忠于人民；在过去"孝"多是一种愚孝，"父母在，不远行"，多希望子女一辈子留守在父母身边。当然这种孝道不是错误的，但是在当今时代，由于社会环境的不同往往很难做到这一点。因此，需要对"孝"赋予新时代的含义，现今社会的"孝"应该是对父母常怀感恩之心，即使远离父母也应该心里装有对父母的爱，用事业、工作的成就回报父母，与父母常联系。这些之前在长辈内心根深蒂固的传统文化观念，随着新时代的发展需要对其有新的理解以顺应时代发展的需要。因此，后喻文化的到来，无疑为传统文化教育增添了全新的动力。

二 后喻文化视域中传统文化教育传承的递新

传统文化教育中，长辈向晚辈进行文化传递的前喻文化模式仍占主导地位。随着信息化社会的高速发展和后喻文化传递方式的逐步重视，传统文化教育的传承方式正在发生变化以顺应新时代的发展。

（一）传递方式：由"正哺"转向"互哺"

随着信息化时代的到来，知识和技术不断更新，年青一代获取和掌握新信息和技术的能力也相较年长者更加快速与熟练，导致年长者获取和掌握新信息和技术的能力有所欠缺，这样不得不促使年长者向年青一代进行学习以获得更加符合新时代发展的信息与技术，因而出现了年青一代对年长者的"文化反哺"现象。后喻文化的出现并不是完全否定前喻文化以及并喻文化的存在，而是结合当今时代鲜明的特征，在它们的基础上形成一种新的适应时代发展的文化传递方式。在信息时代的背景下，年长者已经失去其对知识的绝对霸权地位，传统文化教育不再只是年长者向年青一代正向传授传统文化知识的"正哺"的过程，也是年青一代运用更新的互联网信息与技术向年长者进行反向传授传统文化知识的"反哺"的过程。教育反哺改变了原有传统文化教育的表现形式，长辈失去了绝对的知识权威，使晚辈在传统文化教育的活动空间得到扩大，从而赋予了传统文化教育新意义。[①] 因此，在信息化时代背景下，传统文化教育的传递方式由正向的文化传递转向了双向的文化传递，即由"正哺"转向"互哺"。借助后喻文化的帮助，年长者不再受制于新时代的束缚，由年青一代将结合时代特点的传统文化知识反哺年长者，这样的改变不仅顺应了新时代的要求与社会的发展，而且加强了两代人之间的对话，两代人

---

① 郑金洲：《教育反哺刍议》，《教育研究》2008年第5期。

需要建立对彼此的信任与尊重,从而共同探寻通向未来世界的钥匙。

(二)传递主体:由"前喻"转向"互喻"

随着全球化的不断深入,催生了世界多元文化的融合,加强了各国之间的交流和联系,促使多元文化成为当今全球化时代的重要特征,人们在多元文化的社会中也拥有更多的文化选择权。如何使传统文化教育在此背景下既拥有全球视野又保持本土的文化自觉是一项艰巨而重大的挑战。首先,在全球化时代的背景下,传统文化教育应该是多元化的教育,多元化的教育就需要教育主体多元化。在"前喻文化"中,长辈作为教育的主体,对晚辈进行文化传喻将教育信息传向晚辈,是教育活动的组织者、实施者与承担者。[1]而后喻文化的出现,使传统文化教育改变了单由年长者作为权威者的"前喻主体"时期,从而迎来了由年青一代作为引领者的"后喻主体"时期。年青一代作为"后喻主体",其在多元文化的熏陶下汲取其精华使传统文化内容呈现多元化,"后喻主体"的出现不仅满足了现代社会多元文化发展的需求,而且打破了现有传统文化教育主体单一的桎梏。其次,在当今全球化时代背景下,年青一代容易受到多元文化的影响,很多年长者对于传统文化的认知仅限于对自身乡土传统文化的认知,具有一定的局限性。因此,长辈需要更加谦虚的向年青一代学习更多乡土传统文化之外的其他优秀传统文化,这样不仅可以紧跟时代的需要,同时能够更新一些观念与认知。在多元文化的影响下,人们应该意识到单由年长者作为权威者的"前喻主体"过于单一,因而需要利用后喻文化以使传统文化教育同时拥有"前喻主体"与"后喻主体"并形成年长者与年青一代双主体的"互喻"模式,从而使传统文化教育主体呈现多元化。

(三)传递内容:由"传承"转向"互享"

随着现代化的发展,社会各个方面都随之发生着巨大变化。现代化的核心内涵是结合现代特点和优势合理优化以前的旧资源来顺应现代社

---

[1] 骆郁廷、史姗姗:《"三喻文化"视域下思想政治教育主体的多维透视》,《武汉大学学报》(哲学社会科学版)2012年第3期。

会的需求以及未来趋势。教育现代化是社会现代化的重要组成部分,实现社会现代化的前提必须使教育现代化,培养现代化的人才。顾明远认为,教育现代化就是指传统教育向现代教育转化的过程。其转化的过程是通过对传统教育的选择、改造、发展和继承来实现。① 由此可见,在社会现代化的背景下,传统文化教育也需要顺应时代的要求,将传统文化教育进行现代转型。而后喻文化的出现,就改变了这种现象,打破了现有传统文化教育内容只注重传承而忽视创新的桎梏。传统文化教育的现代转型需要其结合当今时代的特点,以年青一代向年长者传递符合时代观念的传统文化知识,将传统文化知识结合最新的信息技术与观念进行选择、改造、发展和继承,从而促进年长者与年青一代对传统文化的共同认同。因此,凭借后喻文化,年青一代将传统文化进行现代诠释,使其既符合新时代的发展,又能得到年长者的认同,让传统文化内容由"传承"转向"互享"。

三 后喻文化视域中传统文化教育的新路向

传统文化教育需要从学校教育、家庭教育和社会教育三个方面同时入手,基于前喻文化与并喻文化的传递方式,利用后喻文化这种新的传递方式来寻求传统文化教育的新路向。

(一) 冲突与共生:共建"互哺"型双向互动文化传递方式

学校教育是传统文化教育的核心力量,也是孩子获取传统文化知识的重要场所。作为新时代的学生,其思想都较为开放,很容易与教师在文化价值观念及其所形成的生活行为规范、文化心理上产生冲突。教师是代表着具有主流意识形态的社会文化,学生则代表着具有前卫、新颖特征的青年文化。就其表面而言,教师与学生的文化冲突都是源于各自生活经验以及所处阶段生理与心理需求的差异。后喻文化的到来,对师生传递方式在传统文化教育中也产生着巨大变化。当下的师生传递方式已经不再适应后喻文化社会的传统文化教育,现有的传统文化教育是扎

---

① 顾明远:《关于教育现代化的几个问题》,《中国教育学刊》1997 年第 3 期。

根于年长一代的生活环境，而当今年青一代急需寻求更新的生存模式以适应新时代的环境。因此，传统文化教育需要构建新型的师生传递方式顺应当下的后喻文化社会。就现有的传统文化教育师生传递方式而言，其在当下信息化、全球化、现代化的社会存在着很多弊端。首先，在信息化时代，教师的知识权威得到消解，很难再利用传统的知识结构和思维方式去给予学生正确的指导。很多教师对传统文化的认识也知之甚少，因而传统文化教育不再是以教师向学生单向传递文化知识的过程。其次，很多传统文化知识还停留在旧时代对其的定义中，很多教师对其的讲授也仅限于此，缺乏对传统文化知识的现代转化。如顾明远曾说过，在有些学校为了"国学教育"让一些学生穿着汉服、戴着官帽，摇头晃脑地读《三字经》，他对此非常不理解，认为是歪曲了传统文化教育的本真。而这类现象在当今社会比比皆是，弘扬中华优秀传统文化并不是在"复制"传统文化，也不是走形式，而是要将传统文化教育进行现代的转型，使其能适应新时代的发展，去其糟粕，取其精华。

由此可见，在后喻文化视域下，学校教育需要师生之间共同建立"互哺"型双向互动文化传递方式以寻求传统文化教育中师生关系的"共生"。这里的"互哺"是指由于当代信息化社会的到来，学生拥有"信息富有者"的话语地位，因此，教师与学生之间在交往中形成一种相互学习、共同发展的师生关系现象。要建立"互哺"型双向互动传递方式应做到以下几点：第一，教师应该改变态度，重新定位自己的角色。后喻文化是一种反向性的、自下而上的文化传递方式，在这种文化传递方式下，传统文化教育中教师不再占有知识的绝对权威地位，学生在信息化时代更易通过网络获取更多的传统文化知识。因此，在后喻文化视域下，传统文化教育需要教师和学生建立对话交流的双向文化传递方式，教师要尊重学生的主体地位，虚心向学生学习。例如，翻转课堂的出现，就是传统文化教育在后喻文化社会的一种实施路径，即让学生利用网络的优质教育资源，在课下学习更多的传统文化知识，然后在课上对此进行交流，在互动的过程中也是对教师文化的反向传递过程。第二，针对传统文化教育，教师不能只停留在对原资料的"复制"中，而应该转变自己的思维方式与观念，使传统文化知识获得新时代的释义以适应当下学生对传统文化知识的需求，同时更好地发挥教师的正向传递功能。

（二）鸿沟与弥合：共构"互喻"型多元文化传递主体

家庭教育是传统文化教育的根本前提，其对传统文化教育有着重要的影响。由于当今社会信息化、全球化与现代化的发展，后喻文化势必会渗透和影响到每个家庭中去，以父母作为传统文化教育主体的单向文化传递方式也会因此改变。在现有的传统文化教育中，家庭教育一直是以单向度进行传递，父母时常占有绝对的主体地位，其对传统文化的认知、情感及行为将直接影响到孩子对传统文化的认知、情感和行为，这在很大程度上限制了孩子在传统文化教育中的主体性，从而使孩子丧失了自主选择权。大部分父母对传统文化的认识多停留于自己对乡土传统文化的认知范围，这在一定程度上影响了孩子对传统文化的认知范围，导致大部分孩子只能在父母建构的传统文化认知中去认识和了解传统文化，缺乏对传统文化认识的全面性。同时，由于社会各方面的发展，不少家庭父母与孩子之间对同一事物的认识产生了偏差，很多家庭出现了"文化鸿沟"现象。如，父母认为的"孝道"是子女对其必须言听计从，不听父母话的孩子都被视为"不孝"。这样对传统文化认识就完全阻碍了子女对父母的沟通，使父母在家庭教育中拥有绝对的话语权威。

针对上述问题，在后喻文化视域下，家庭教育需要父母与子女共同构建"互喻"型多元文化传递主体以弥合传统文化教育中父母与子女的文化鸿沟。这里的"互喻"是指父母与子女互为文化传递主体，将各自了解到的传统文化知识进行相互传递。要构建"互喻"型多元文化传递主体应做到以下几点：第一，在当今信息化时代，子女对于传统文化的认知早已不再限制于从父母的传统文化认知去获取，他们可以通过更加快速与便捷的网络去了解和认识更多的优秀传统文化，其范围大大超过了父母对传统文化的认知。因此，年青一代在传统文化教育中的主体地位应该被父母认可，其应该成为传统文化教育的传递主体。第二，一味强调子女的"反哺"能力容易产生"矫枉过正"的倾向，因此，不应忽视父母的正向文化传递能力。子女对于传统文化的认识也会存在很多不足甚至是过度解读,这就需要父母及时的引导,子女应该葆有文化中尊老的传统,倾听长辈的生活智慧。

(三)矛盾与认同:共创"互享"型新时代文化传递内容

社会教育是传统文化教育除学校教育与家庭教育之外的重要补充与延伸。随着社会的不断发展与进步,人们更加追求一种现代化的生活方式及更新潮的文化,从而忽视了传统文化在社会结构中的重要价值。社会的发展离不开对传统文化的继承,唯有在继承的基础上进行适当的"扬弃",才能结合时代发展需求对传统文化进行完善与再创造。而后喻文化正是结合时代发展的特点,利用年青一代对新技术的掌握能力来对年长者进行文化反哺的一种新的传递方式。因而传统文化教育需要利用后喻文化改变现有的单向文化传递的方式,以发挥年青一代的自身优势。在当下一些传统文化的社会教育中,也显现出一些问题。例如,年长者缺乏和时代交流,导致其对传统文化的理解只能局限于他们当时所处的生活时代,因此在向下一代进行传承的过程中,由于观念与方法的陈旧无法激发年青一代对传统文化的兴趣。除此之外,在很多传统文化知识的认知上,年长者与年青一代由于时代的不同容易产生较大差异,引起文化矛盾。

由上可见,在后喻文化视域下,社会教育需要年长者和年青一代共同创建"互享"型新时代文化传递内容以促使两者对传统文化的相互认同。这里的"互享"是指父代与子代相互传递各自认同的传统文化知识,并对传统文化形成一种共同认同。要创建"互享"型新时代文化传递内容应该做到以下几点:首先,长者应该转变自己对一些传统文化的陈旧观念。如旧时代的传统文化要求女性"三从四德",时至今日这样的观念在很多年长者心里都根深蒂固。但随着时代的发展,人们早已对此有了新的定义。当今时代的"三从四德"是指从世界、从爱、从己;文德武德、言娴淑德、品学兼德、修身立德。相较旧的"三从四德"传统文化,年青一代根据时代发展需求对其做出了新的解释,不仅继承了传统文化,而且顺应了社会发展的需要。其次,年青一代应利用现代信息技术,积极搭建长辈与晚辈之间的信息共享平台,例如,运用网络媒体、手机媒体、数字电视等新媒介，让长辈与晚辈之间能进行及时的对话与交流，从而形成对传统文化共同认知。

第四节　发展历程与未来图景[①]

优秀传统文化教育研究作为提升育人质量的重要环节，近年来备受学界关注。全面概观我国优秀传统文化教育的研究成果，对探寻优秀传统文化教育的内在规律尤为必要。鉴于此，基于 CiteSpace 知识图谱的分析，旨在考察我国优秀传统文化教育的发展轨迹，挖掘研究问题与研究热点间的深层关系，并分析其热点主题和研究走势。

一　数据来源与研究方法

基于"CNKI 全文数据库"，首先，确保文献选取的科学全面，以"优秀传统文化"为核心关键词，以"优秀传统文化"并含"教育"或者"课程"或者"课堂"或者"教学"或者"教材"作为关键词进行主题检索，时间不做限定，将文献限定为核心期刊和 CSSCI。其次，着眼于高质量的研究成果，将期刊来源类别限定为核心期刊和 CSSCI。最后，剔除会议信息、大会综述、图书评论、征稿启事，以及重复发表文献、人物介绍等非研究型文献，最终获得 936 篇有效文献，其中文献的年份区间为 1991—2019 年。本节以所获得的 936 篇有效文献为基础，基于 CiteSpace 呈现我国优秀传统文化教育研究的知识图谱。

CiteSpace 主要基于"共引分析理论（co-ciation）和寻径网络算法（path-finder）等，对特定领域文献（集合）进行计量，以概观学科领域演化的总体趋势"，[②] 在数据处理之前，优先设置参数：将 CiteSpace 视窗中的时间分区（time slicing）设置为 1994—2019 年，时间切片（years per

---

[①] 郭子超：《中华优秀传统文化教育研究的发展历程与未来图景——基于 CiteSpace 知识图谱的分析》，《教育理论与实践》2020 年第 22 期。

[②] 陈悦、陈超美、刘则渊、胡志刚、王贤文：《CiteSpace 知识图谱的方法论功能》，《科学学研究》2015 年第 2 期。

slice）设置为1年，其他参数采用默认设置。之后，在CiteSpace的功能界面的节点类型（Node Types）中依次选关键词（Keyword），点击"GO"开始处理数据。本书通过对关键词共现知识图谱、关键词聚类知识图谱等进行可视化分析，探寻我国优秀传统文化教育研究的发展规律与热点主题，进而预测其研究走势与未来图景。

二 中国优秀传统文化教育研究的发展历程与政策文本考察

在发展历程上，通过考察关键词共现时区视图，对我国优秀传统文化教育研究进行全面分析。数据来源时间跨度为1991—2019年，单个时间分区为1年，概为25个时间分区。在"Layout"里选择"Timezone"按钮，得出关键词共现时区视图1-1。选择"Timezone"后，Citespace根据首次被引用的时间，将节点定位在以横轴为时间的二维坐标中。在图1-1的时区视图中，直观地展示出一个自下而上、从左到右的知识演进图，表示时间分区的研究热点。

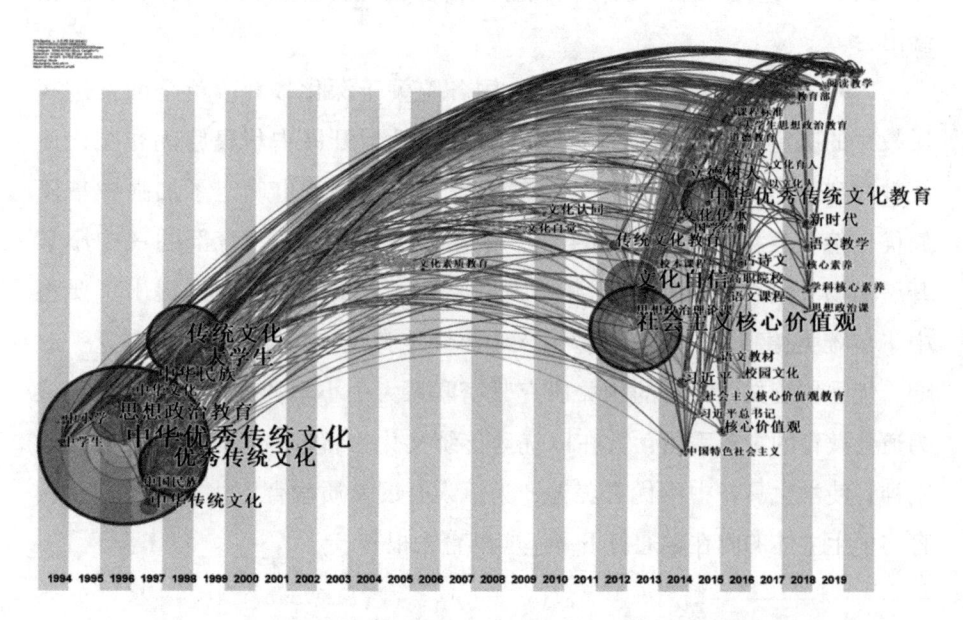

图1-1 中国"中华优秀传统文化教育"关键词共现时区视图

在文献检索时，以"优秀传统文化教育"作为主题词研究的最早的文献刊出是在 1994 年。据此，尝试将我国优秀传统文化教育研究的热点主题及其发展历程分为以下三个阶段。

（一）初级起步阶段（1991—2004 年）

1991—2003 年是我国优秀传统文化教育研究的初级起步阶段，德育工作和民族精神培养始终与优秀传统文化教育密不可分。根据图 1-1 显示，1991—2003 年间共现了"中华优秀传统文化""中华民族""思想政治教育"等高频关键词。在这一阶段，研究成果数量较少，且较零散。一方面，从育人视角对传统文化教育渗透的重要性与必要性进行初步研究，认为对中小学生的培养进行优秀传统文化教育应"把重点放在弘扬中华民族优良传统上";[①] 另一方面，从民族性上认为优秀传统文化是维系一个民族共同价值观的精神纽带。[②] 各学者对在不同学段下如何弘扬中华优秀传统文化、彰显现代价值等问题上做出了初步探索，为后续优秀传统文化教育的深入研究打下了坚实基础。

进入 21 世纪以来，教育领域呈现诸多变化，各项相关的教育政策相继出台。

1999 年 6 月出台的《中共中央国务院关于深化教育改革全面推进素质教育的决定》中，明确提出了要有针对性地开展中华民族优秀文化传统教育和革命传统教育，新一轮基础教育课程改革也确定了加强中华民族优良传统教育的内容，2004 年，中共中央宣传部、教育部的《中小学开展弘扬和培育民族精神教育实施纲要》正式颁布，并明确提出了要将中华传统美德和革命传统教育纳入中小学培育民族精神的重点。在这一时期，优秀传统文化教育的相关研究紧密联系大中小学的德育工作，日益成为道德教育的主要手段，旨在以优秀传统文化为纽带培育本国公民的民族精神，使学生具备中华优秀美德，为深入开展素质教育下优秀传统文化教育与学生主体的内在融通打下了坚实的育人根基。

[①] 孙殿忠:《在中小学弘扬中华民族优秀文化传统的几点思考》,《思想政治课教学》1994 年第 6 期。

[②] 潘懋元、张应强:《海外华文教育与弘扬中华优秀文化传统》,《教育研究》1996 年第 6 期。

(二) 内化融合阶段 (2005—2010 年)

2005—2010 年是我国优秀传统文化教育研究的内化融合阶段，在素质教育的号召下，开始就如何对学生主体进行全方位关注。这一阶段，与主体相关的"文化素质教育""文化认同"等文献大量涌现，主要探讨如何以优秀传统文化为纽带，"增强本民族的文化认同感和民族凝聚力，建设本民族共有的精神家园，提升国家和民族文化软实力"，[①] 实现在学生主体上的素质提高，并提出利用"文化引领，环境熏陶，素质养成"[②] 等方式提升学生的文化素养。这一阶段，各研究者就优秀传统文化如何内在的融入学生个体世界里展开了多种路径探索，但相关成果仍然较少，且方向相对较为单一。但是，该阶段在主体意识与素质教育的培育方向下，探讨了诸多关于主体层面的内容，为后续的深化拓展埋下了种子。

21 世纪初期，关于优秀传统文化细化的实施文件也陆续出台。教育部在 2010 年的工作要点中，明确提出了要在中小学中广泛开展中华经典诵读活动，体现了在国家层面上对优秀文化传统教育的高度重视。在这一阶段，优秀传统文化教育的相关研究，与三点内容建立了联姻：一是当前素质教育开展的融合方式；二是学生主体的精神价值；三是民族精神的内在诉求，从而为素质教育的有效开展提供了新的方法。

(三) 深度拓展阶段 (2011—2019 年)

2011—2019 年是我国学界对优秀传统文化教育研究的深度拓展期。根据图 1-1 可知，从 2011 年开始，由初级起步阶段的"思想政治教育""中华民族"，以及内化融合阶段的"文化认同"等关键词的节点向上延伸出很多线条，随着"社会主义核心价值观"与"文化自信"的提出，又重新整合成了大节点，总体而言，线条另一头的节点显示出来的高频关键词主要有"中国特色社会主义""立德树人""社会主义核心价值观教育""语文教材"等。优秀传统文化视域下的"思想政治教育"与

[①] 纪宝成：《弘扬中华优秀传统文化 建设民族共有精神家园》，《教学与研究》2008 年第 4 期。

[②] 钟樱、周刚：《培育儿童中华优秀传统文化素养路径探究》，《中国教育学刊》2010 年第 4 期。

"素质教育"都得到了纵深开发与实践应用,并与新政策背景下的如立德树人、社会主义核心价值观等深度结合起来,赋予了全新的德育价值。

这一阶段从国家的教育方针上看,出台的关于优秀传统文化的相关政策向更深处不断拓展与迈进。从2014年到2017年,国家陆续出台了关于中华优秀传统文化教育的指导纲要、传承发展工程等重要政策,对当下如何传承中华优秀传统文化做出全面部署与科学规划,并详细规定了中华优秀传统文化的主要内容与重点任务等。2019年,旨在提高教育质量的《关于深化教育教学改革全面提高义务教育质量的意见》文件中继续阐释了新时代开展中华优秀传统文化教育的必要性。由此可见,优秀传统文化与不同领域之间的深度融合已成为新时代教育教学发展的重要方向与必然使命。

三 中国优秀传统文化教育研究的热点主题与未来图景

本节基于 CiteSpace,通过自动抽取产生的聚类标识,将检索的整体文章进行自动抽取关键词,最终形成反映该领域研究热点的聚类图,得出图 1-2,根据研究需要,去除用于检索的核心主题词"中华优秀传统

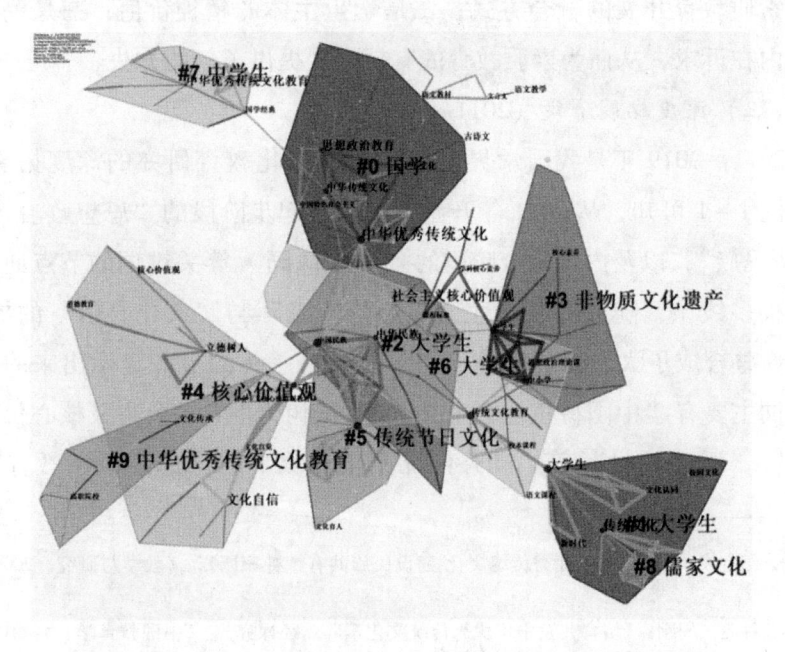

图 1-2 中国"中华优秀传统文化教育"研究的聚类视图

文化",得出表1-1和表1-2。结合图1-2、表1-1、表1-2中的关键词频数,并仔细判读相关文献,继而得出我国优秀传统文化教育研究的热点主题,并提出未来发展的图景。

表1-1　　中国"中华优秀传统文化教育"研究的高频关键词

序号	频次	中心性	关键词
1	109	0.07	社会主义核心价值观
2	79	0.45	大学生
3	77	0.03	文化自信
4	66	0.11	思想政治教育
5	64	0.11	中华优秀传统文化教育
6	32	0.12	立德树人
7	19	0.12	文化传承
8	16	0	古诗文
9	15	0	语文教学
10	14	0.11	中小学
11	12	0.23	中学生
12	12	0.03	思想政治理论
13	12	0.08	语文教材
14	12	0.06	高职院校
15	11	0	语文课程
16	10	0.17	国学经典
17	10	0.01	校园文化

表1-2　　中国"中华优秀传统文化教育"研究的突现词

Key Words	Strength	Begin	End	1994—2019 年
文化素质教育	2.5297	2000	2014	
大学生	1.0735	2008	2011	
思想品德	1.9281	2012	2016	
文化强国	1.1073	2013	2014	
中华优秀传统文化教育	1.1614	2014	2015	
社会主义核心价值观教育	2.1891	2014	2015	

续表

Key Words	Strength	Begin	End	1994—2019 年
传承文化	1.0417	2014	2016	
七年级	1.1557	2016	2017	
学校德育	1.1557	2016	2017	
理想信念	1.2333	2016	2017	
国学教育	1.9292	2016	2017	
文化育人	1.3851	2017	2019	

（一）中国优秀传统文化教育研究的热点主题分析

1. 优秀传统文化教育与社会主义核心价值观培育

从图1-2和表1-1、表1-2可以看到，在优秀传统文化教育的演进过程中，"社会主义核心价值观"在频次表中位列第1，频次109，中心性0.07，成为最大的、持续的研究热点主题，与此相关的研究主题有"文化自信"（位列第3）、"立德树人"（位列第6）。可见，优秀传统文化教育与社会主义核心价值观互相融合成为目前的热点主题之一。主要体现为树立国民的文化自信，培育和提升学生的中华优秀传统文化素养，最终目的在于培育社会主义核心价值观。有学者提出："社会主义核心价值观与中华优秀传统文化的契合是对后者进行双创转化的过程"，[①] 中华优秀传统文化为社会主义核心价值观提供文化土壤，且正确认识二者的相关联系，同样也成为积极弘扬社会主义核心价值观的内在要求。[②] 可见，当前对中华优秀传统文化教育研究的热点主题，始终秉持马克思主义的指导和"双创"原则，在相关政策文本的指引下，以"核心思想理念"为主干、"中华传统美德"为依据、"中华人文精神"为脉络，并逐步实现利用文化育人，培育学生社会主义核心价值观的新型育人方略。

---

① 王新刚：《论中华优秀传统文化与社会主义核心价值观的内在契合》，《思想理论教育导刊》2018年第12期。

② 马金祥：《中华优秀传统文化与社会主义核心价值观内在逻辑管窥》，《思想教育研究》2016年第7期。

2. 优秀传统文化教育与高校思想政治课改革

结合图1-2和表1-1可知,"大学生"在关键词出现频次中排名第2,中心性为0.45,由此可见,通过高校思想政治课改革实现对大学生综合素养的培育成为优秀传统文化教育研究的另一热点主题。当代大学生作为祖国的未来与民族伟大复兴的希望,在纷繁复杂的时代冲击下,培育其牢固的文化自信观显得尤其重要。在高校思想政治理论课改革过程中,通过对中华优秀传统文化中所蕴含的价值理念与现代意义加以挖掘和阐释,能够形成重要的教学资源,并且,"其道德教化思想及方法可以为思想政治理论课教学提供方法论的启迪与借鉴",[①] 所以应力求综合各门课的基本特点,明确传统文化的观念性与根源性作用。[②] 因此,中华优秀传统文化作为一种追本溯源的寻根方式,既成为高校思想政治课改革的重要方法,又成为当下研究的热点问题。

3. 优秀传统文化教育与语文学科传承

从图1-1和图1-2中可以看出,与语文学科相关的"语文教学""语文教材""阅读教学""古诗文"继续共现在图谱上。从表1-2的突现词中呈现出近三年来国学教育大兴,尤其是对中华优秀传统文化教育的研究主要围绕语文学科如何传承的问题进行了一定程度的探讨。优秀传统文化作为语文学科的根与魂,与语文自身的学科特性有着天然的无缝衔接,有学者提出:"如何将中华优秀传统文化与语文课程进行思想与精神层面的互相融合,将成为语文课改面临的现实问题之一",[③] 因而,在近年国家的相关政策与部编版语文教材的引导、支持下,优秀传统文化教育与语文学科传承成为当下研究热点。语文学科在继承与发扬中华优秀传统文化方面具有不可替代的优势,影响着文化血脉在人类社会的延续。语文学科始终是在时代的不断跃迁下传承中华优秀传统文化,以

[①] 李国娟:《中华优秀传统文化融入高校思想政治理论课教学研究》,《思想理论教育》2014年第7期。

[②] 黄岩、朱杨莉:《中华优秀传统文化融入高校思政课的思考》,《思想政治教育研究》2019年第1期。

[③] 张宏:《中华优秀传统文化与语文课程深度融合的路径探析》,《教育研究》2018年第8期。

保持后者的活力，实现当代价值，从而促成下一代对这一文化秩序的认同。对于语文学科传承一个民族的精神文化问题，有学者认为："必须充分体现汉民族语言文字的特点，努力符合中华民族的心理结构和思维习惯。"① 因此，中华优秀传统文化教育与语文学科的传承成为当下亟须解决的时代命题。

（二）中国中华优秀传统文化教育研究的未来图景

1. 立足"一引、双创、三进"的基本观念，实现对中华优秀传统文化的立体化传承

首先，通过社会主义核心价值观的理念引领，实现优秀传统文化的时代价值。社会主义核心价值观是实现文化软实力和中华民族伟大复兴的关键之所在，而中华优秀传统文化源远流长，孕育了深刻而丰富的价值观念，为践行社会主义核心价值观提供了深厚土壤和精神源泉。在立德树人背景下，社会主义核心价值观的培育与中华优秀传统文化的传承有着对应的逻辑关系：其一，国家层面的"富强、民主、文明、和谐"，与中华优秀传统文化传承的富国方略、民本思想与和合理念等价值观遥相呼应；其二，社会层面的"自由、平等、公正、法治"，与中华优秀传统文化传承的兼爱取向、义利准则、公道法治等价值观水乳交融；其三，个人层面的"爱国、敬业、诚信、友善"，与中华优秀传统文化传承的爱国情怀、仁爱观念与笃厚精神等价值观密不可分。因此，这对耦合关系会产生更多相关的研究成果，并有望以社会主义核心价值观培育为契机，进一步增强跨学科融合的研究，使中华优秀传统文化教育研究枝繁叶茂。

其次，坚持创造性转化、创新性发展的原则，进一步明确优秀传统文化教育的研究方向。习近平总书记曾在多次会议中强调"中华优秀传统文化的创造性转化和创新性发展是坚持文化自信的坚实基础"，因此，中华优秀传统文化教育研究的未来图景应确定一个基本方向，便是按照新时代的要求和特点对中华优秀传统文化汲取精华，取精去粗，推陈出新，激发其内在生命力，目的是要使"中华优秀传统文化和传统美德与

---

① 倪文锦：《语文教材编制与民族文化传承》，《语文建设》2015年第16期。

当代文化相适应，并使其为文化大发展大繁荣、为建设社会主义文化强国服务"。[①] 因此，中华优秀传统文化教育的未来应紧密结合时代需求，以实现文化育人的教育观。

最后，挖掘优秀传统文化"进课堂、进教学、进课程"的深化路径，把握文化育人的实然脉络。教学内容的选取与资源开发向来都是各研究者着重关心的内容，中华优秀传统文化如何"进课堂、进教学、进课程"，如何把握文化育人的实然脉络，从而将其真真正正地落实落地，便成为一个进行时的命题。未来的研究应全方位贴近微观的教学实践，探索优秀传统文化与校本课程、综合实践活动课程、课堂教学等学校场域要素之间的实然关联，以及与此相适应的教师专业发展方向、教师核心素养等师资问题。

2. 通过"双导工程"的方法转型，提升中华优秀传统文化教育的精准服务

"双导工程"是在教育信息化 2.0 背景下的一种面向未来的方法转型，即"智能引导、数据导向"，基于"人工智能+大数据"的新型现代信息手段，精准提供学生关于中华优秀传统文化内容的优质资源。从目前大量的文献上看，关于信息技术与中华优秀传统文化教育相结合的研究较少，未来的研究趋势仍是考虑二者如何进行有效结合。

一方面，通过智能手段，提升优秀传统文化教育的教学方式与学生的沉浸式体验。如基于人工智能（AI）的认知计算与个性化学习、虚拟现实（VR）等，探索新型智能手段如何以中华优秀传统文化作为载体进行使用，赋予老师更有效的教学方式，给予学生更强烈的具身体验，将成为重要命题。另一方面，利用数据驱动，研究建设优秀传统文化数据库。规划数据库的内容、检索方式与储存方式等，开展需求分析、数据采集、数据建模与平台建设，形成数字化资源，以数据思维拓展优秀传统文化教育研究的视域。

[①] 杨威、刘宇：《习近平总书记关于中华优秀传统文化科学论断的理论视阈与思想维度》，《学术论坛》2016 年第 9 期。

3. 构建"全息博雅型"的思政课程体系，深度对接三全育人的协同路径

"全息博雅型"的思政课程体系是基于优秀传统文化的思政课程资源整合形态，并周期性地全面服务于整个学生的各培养阶段中，使学生能够立体化、多样性、高密度的获取优秀传统文化中关于道德伦理等的思想政治内容，"全息"是指对培养过程的全覆盖，"博雅"是指将优秀传统文化作为思政课的一种重要资源，使师生对其进行广泛涉猎。优秀传统文化蕴含着丰富的思政课资源，提炼其中的思想观念、审美情趣、伦理道德、习俗规范等文化内容，将自古以来流淌进中华民族血液中的思想性价值彰显出来，树立文化自信，促进耳濡目染与文化传承，间接实现思政课培养德智体美劳全面发展的社会主义接班人之目的。目前的研究，在思政课与优秀传统文化之间初步建立了桥梁，但囿于宏观考察，较为弱化对中华优秀传统文化资源与培养过程、培育阶段等细化环节之间的研究，因而，未来的研究趋势将会聚焦于面向中华优秀传统文化的思政课资源配置、课程体系构建等方面。

2017年11月，教育部下发通知指出"要切实把党的十九大精神转化为推动各项工作创新发展的强大动力……开展'三全育人'综合改革试点，形成全员、全过程、全方位育人格局"。因而，中华优秀传统文化的教育研究与实践开展要把努力培养创新人才作为首要目标，考虑如何深度对接"三全育人"的服务范围，例如，中华优秀传统文化教育的区域协同平台建设、基地建设、项目研发等，使"全息博雅型"的思政课程体系，深度对接"三全育人"的协同路径，处理好理论研究与育人问题间的内在关系，基于中华优秀传统文化的资源优势与育人服务范围扩大的时代需要，在和谐共生中找寻优秀传统文化教育研究真正的价值诉求与路径建构方向。

第二章

教科书分析：部编版初中语文教科书中的传统文化

　　教科书作为传承优秀传统文化的重要载体，肩负着文化育人的担当。部编版义务教育语文教科书由教育部组织编写，是落实党的十八大提出的"立德树人"教育根本任务、体现社会主义核心价值观和注重中华优秀传统文化教育的重要路径。分析部编版义务教育语文教科书中中华优秀传统文化内容选择和教育主题，总结其呈现样态，提出优化建议，正是加强中华优秀传统文化传承和深化爱国主义教育所亟须研究的课题。

第一节　内容选择

　　对优秀传统文化进入中小学课堂的教科书分析，首先需要了解部编版初中语文教科书中传统文化的内容选择的原则，这是必不可少的环节。其次，需要对语文教科书中的传统文化内容类目进行统计和数据分析，通过统计与分析较为全面地了解部编本初中语文教科书传统文化各要素在各年级的分布情况。最后，语文教科书中传统文化内容文本透视以更深入地分析。

一　选择原则

　　基于研究者对语文教科书选文原则的宏观论述及部编本语文教科书选文的实际标准，结合义务教育阶段语文课程标准中对传统文化内容的要求，部编版初中语文教科书中传统文化内容的选择遵循以下原则：经典性与时代性相统一的原则、量力性与发展性相统一的原则、科学性与趣味性相统一的原则、思想性与人文性相统一的原则。具体内容论述如下。

（一）经典性与时代性相统一的原则

经典性的价值取向表现为：是优秀民族文化的代表，其中涉及的传统文化知识相对较多并具有持久影响力的典范性作品。部编本语文教科书中传统文化内容选择的经典性特征主要表现为增加了古诗词的数量及类型，减少了一些尚未经历沉淀的时文，适当降低外国选文比例。相较于人教版，部编本初中语文教科书古诗文选文是124篇，占总选文的半数以上，增加了经典作品如诸葛亮《诫子书》和《论语》十二章等。同时，增设了"名著导读""课外古诗词诵读"环节，力图拓展学生的知识面，使学生在潜移默化中感悟经典，内化传统文化。

当然仅仅保留经典作品是狭隘的，为了使传统文化在现今的历史潮流中最大化的发挥其价值，教科书传统文化内容选取须依据现今社会发展及学生身心发展需求进行恰当的遴选和创新。部编本选取的传统文化内容不仅加入了一些结合时代特点及学生当下语文生活的选文作品，体现出时代性的选取原则，还迎合了社会主义核心价值观，将传统文化进行创造性转化，将和谐、友善等这些公民个人层面的基本道德规范有机融入其中，以塑造学生良好的人格。在八年级下册主题为《以和为贵》的综合性学习栏目中，以中国传统文化"和"为中心，探寻"和而不同"并引领学生思考在当下有何意义，探讨如何利用"和而不同""和为贵"解决学习和生活中的摩擦。这样的编排，充分体现部编本教科书遵循传统文化与时俱进的理念。

（二）量力性与发展性相统一的原则

所谓量力性原则，聚焦于选文的教学境遇，指的是选文内容的可接受性。具体表现为在教学和学习进程中满足客观现实的需求，要求选文能够符合学生身心发展规律，观照教师教学实际情况，主要体现在内容难易度适当。依据维果斯基"最近发展区"理论，若选入教科书的内容过于简单，对学生思维和阅读能力达不到提升作用；若过难，则不利于学生学习。因此，教科书中传统文化内容应是经过学生仔细思考，在教师的指导下能给学生带来一些有益启示的选文。如部编本七年级《陈太丘与友期》一文，言简意赅又富有意趣，通过记录陈太丘之子与客人之间的对话，使学生通过思考品味出陈太丘之子的聪颖明智及不矜不伐的态度，通过有趣的对话形式教给学生为人处世的道理，符合初一年级学生的接受心理。

另外，部编本语文教科书传统文化内容选择非常关注学生不同阶段的发展需求。教育部在《完善中华优秀传统文化教育指导纲要》中对初中学段学生传统文化教育目的有明确规定，指出着重点应放在增强学生对传统文化的理解能力上。[①] 因此，中华优秀传统文化教育的主体和重点内容应该是思想文化或精神文化，也就是以诸子百家为代表的塑造民族精神、决定价值判断、影响思维方式、规范行为准则，对人类和世界产生重大影响的经典的思想文化部分。[②] 部编本教科书不仅提高了古诗文的篇数和比例，也努力做到了体裁类型更加多样化。从西周初年的《诗经》、战国的《楚辞》到广为人知的唐诗宋词，再到元杂剧与明清小说，古代文学作品文脉绵延不息，类型广泛，向学生呈现出传统文学的辉煌成就，有利于学生从中领悟传统哲学思想及古代中国人民的思维方式、价值观念、行为方式等，进而实现增强学生传统文化理解力的目标。

（三）科学性与趣味性相统一的原则

部编本语文教科书在传统文化内容的选择上努力体现科学性。依据中国传统文化特征及属性，部编本教科书对包罗万象的传统文化进行选择。从文化属性角度看，中国传统文化具有明显的人文文化倾向。[③] 因

---

① 教育部：《完善中华优秀传统文化教育指导纲要》，《中国教育报》2014年4月2日第3版。
② 曲天立：《中华优秀传统文化教育内容选择的标准维度》，《教学与管理》2017年第28期。
③ 邹顺康：《论中国传统文化的特征》，《西南师范大学学报》（人文社会科学版）2002年第2期。

此，部编本在教科书内容选择上，依据传统文化内容样态特征，从传统文化中去粗取精，形成了以人文文化为主，兼顾科技艺术文化的内容体系，选取了有利于初中生身心发展的内容。通过对部编本语文教科书初步分析，其中传统文化内容主要涉及以下几类：伦理道德、汉语言文化、历史、民俗等，基本符合传统文化偏重人文性的特征。

此外，部编本语文教科书中传统文化内容遵循趣味性原则，对初中年龄段学生的兴趣、偏好等认知需求及心理需求都给予考虑，内容选择基本符合学生认知发展阶段及心理发展水平。部编本语文教科书充分利用插图、注释、课后思考探究等板块激发学生的学习兴趣，从而使学生学习动力持久化。以部编本八年级下册第一单元为例，本单元主题是"民俗"，主要介绍各地的风土人情及传统文化习俗。其中，阅读部分包含四篇主题相同但体裁、题材各异的选文，从小说、抒情散文到现代诗歌，全方位地展现传统民俗，并从社戏、腰鼓、灯笼等多角度介绍了民俗组成。此外，阅读部分还兼有插图补充介绍相关信息，使学生对民俗传统有直观性了解。

（四）思想性与人文性相统一的原则

《国家中长期教育改革和发展规划纲要（2010—2020年）》中提出"把社会主义核心价值体系融入国民教育全过程"[①]，意在培育学生优良的道德品质。中学语文凭借选文有目的地完成对学生政治观、价值观的灌输，潜移默化地使他们不断地、系统地接受社会主流所大力提倡的价值、态度、理想、行为、思想观念等，使学生群体能认同、传承并发展社会主流价值观。因此，语文教科书内容的思想性原则至关重要。突出表现在教科书选编的内容中有大量涉及国家、民族精神、政党、英雄人物等内容。比如，向学生呈现革命、政党、领袖、国家等政治内容，使学生产生国家认同感，增强对政党的归属感。例如，八年级下册的《回延安》

---

① 中共中央、国务院：《国家中长期教育改革和发展规划纲要（2010—2020年）》，中国教育部网，2010年7月29日，http://www.moe.gov.cn/srcsite/A01/s7048/201007/t20100729_171904.html，2021年3月17日。

一课"毛主席登上天安门；社会主义路上大踏步走；再回延安见母亲"等描述了作者对于一代革命者延安精神的歌颂及对于"母亲"延安的真情。通过诗歌将延安精神表现出来，借此歌颂革命精神与英雄人物，对学生的思想和行为加以影响。

人文性在语文教科书传统文化内容上侧重于选文的修辞表达、结构安排、遣词造句符合规范。在传统文化内容选择中的具体应用表现为：第一，用词遣句值得品味。比如，部编本七年级上册《世说新语》中有这样一句话，"未若柳絮因风起"，将雪比喻成柳絮，不仅关注到色彩洁白这个共同点，更抓住了形态轻飘这个特征的相关处，不仅用词准确，而且值得玩味。第二，语言上考虑学生的理解水平，尽可能具体生动。第三，音律和谐，适合反复吟诵。比如，《木兰诗》富有北方民歌特色，富有音律美、节奏美。

二 类目统计与数据分析

语文教科书不可能将博大精深的中华传统文化都囊括其中，也不可能均匀分配每一类传统文化要素。此时，通过分析语文教科书中选文及其他组成部分的内容选取，便能对当前社会对于传统文化的价值取向进行管中窥豹。因而，本节为了对部编本初中语文教科书传统文化的价值取向进行更加深入的了解，以及更加科学地思考其选编的优势及不足，对该套教材采取内容分析法进行研究。前文中，已经依据相关研究者的观点对传统文化进行类目内容框架的构建，因此本节将对部编本教科书中不同类型的传统文化的建构数量采用量化分析，既包含独立的选文，也包含在教科书其他板块中涉及、解释的所有传统文化要素，一个相关文化要素为一个计量单位（统计结果见图2-1、图2-2）。部编本教科书中不同类型的传统文化数量呈现以下特点：

为了准确把握选编数量，将出现频率较高的类目内容进行统计分析，见图2-2。

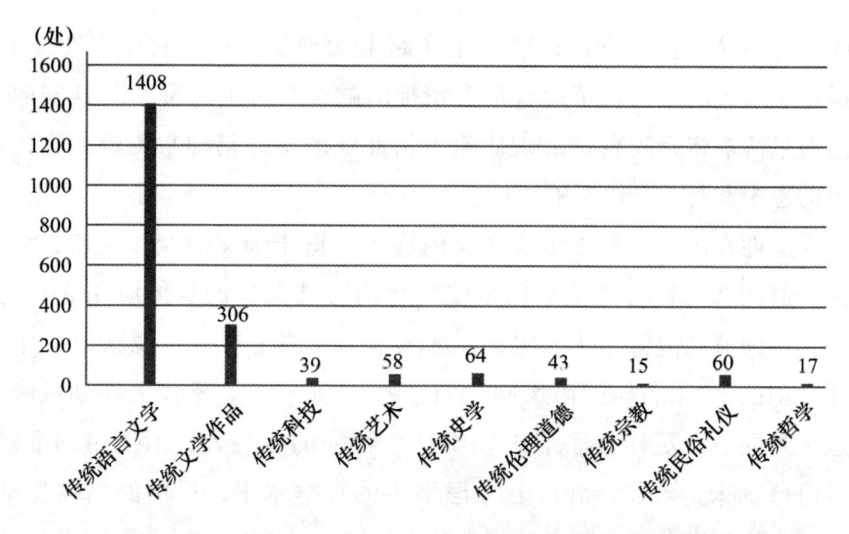

图 2-1 部编本初中语文教科书中传统文化类目分布概况

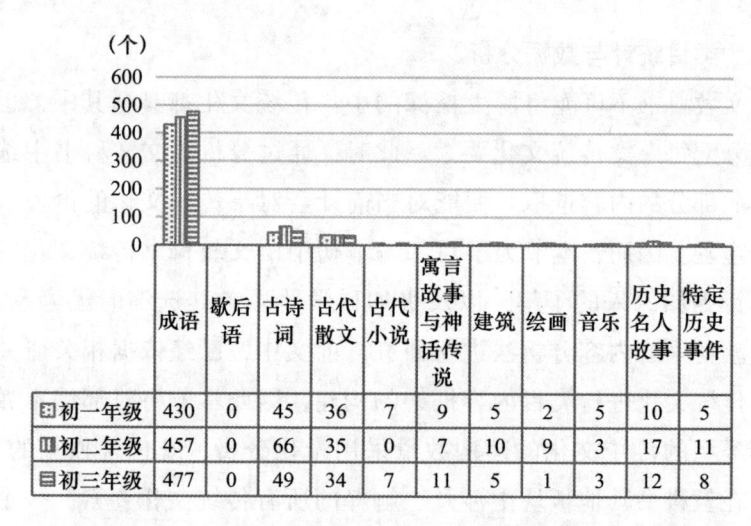

传统语言文字 1408
传统文学作品 306
传统科技 39
传统艺术 58
传统史学 64
传统伦理道德 43
传统宗教 15
传统民俗礼仪 60
传统哲学 17

	成语	歇后语	古诗词	古代散文	古代小说	寓言故事与神话传说	建筑	绘画	音乐	历史名人故事	特定历史事件
初一年级	430	0	45	36	7	9	5	2	5	10	5
初二年级	457	0	66	35	0	7	10	9	3	17	11
初三年级	477	0	49	34	7	11	5	1	3	12	8

图 2-2 部编本初中语文教科书传统文化内容构成分析

(一) 总体情况

1. 古代文学类作品选编数量多且内容丰富，彰显学科特色

部编本初中语文教科书中传统文化内容类型丰富多样，尤其是传统语言文字与传统文学作品两个类目的传统文化要素数量繁多，并广泛分

布。从图2-1可以看出,"传统语言文字"文化要素涉及最多,六本教科书共1408处。结合图2-2可以发现成语数量最多,共有1364个成语(包含成语的典故故事)在教科书中出现,而歇后语则较为空白,并没有具体涉及和呈现。涉及"传统文学作品"的传统文化要素共306处,其中古诗词与古代散文平分秋色,常以选文或引用形式出现,古代小说、寓言故事与神话传说相对占比较少。

部编本语文教科书在涉及传统文化内容时彰显语文学科特色。本套部编本教科书将成语、对联、谚语等融入进来,让同学们能真切感受成语文约义丰、形式整齐的特点。除了成语和对联,教科书中还编选了一定数量的民间谚语俗语,让学生切实体会到我国古代劳动人民朴实而不虚夸的口头表达。另外,学科特色更主要体现在"古代文学作品"的选择上,编者在最能体现传统文化内蕴精神的古诗词及散文上给予适当倾斜。入选的古诗词及古代散文,都符合文质兼美、经典性、时代性、典范性等标准,在篇幅长短、艺术手法、思想表达上都具备一定的梯度,基本符合初中生语文学习的规律及身心发展的阶段性特征。

2. 古代科技艺术类作品尚可且图文并茂,内容相对简略

部编本初中语文教科书中,共有39处介绍传统科技,并涵盖数学、医学、农学、天文历法、地理学、军事等多个方面,由此可见其编选内容的多元性和包容性。我国传统科技成果颇丰,教科书在选编时依据其科技类别对我国独特的创造成果进行了简要提及。其呈现方式主要为依据选文内容在课下注释部分对涉及"传统科技"的要素进行介绍和解释,如传统医学"望闻问切"的诊疗方法和天文学"大熊星座"的相关知识等。

现行的部编本初中语文教科书在传统艺术上的选编覆盖整个初中年级,形式多样,内容涉及多方面传统艺术文化,包括书法、建筑、绘画、音乐、民间手工等,使学生对传统艺术有全面的了解和接触。六本教科书共为58处,其中建筑、绘画、音乐较为凸显,介绍了我国对称的建筑特色、民族乐器及流传至今的曲艺文化等。其中涉及传统建筑的传统文化内容多以插图形式辅助呈现,利用照片或图画,使学生们对建筑的外

在表征有初步的认识，并引发学生阅读兴趣，再配上对建筑特征的文字介绍和解说，有利于学生对传统艺术文化的学习。

3. 思想民俗类作品选编数量相对较少且分布较为零散，具有内隐性

关于"传统史学"要素，出现的相关介绍共64处，历史人物故事选编频率高于特定历史事件。其中历史人物故事在选文及综合性学习部分涉及较多。所有选编的历史名人故事，均体现了古人良好的道德品质及行为，有利于学生正确世界观、人生观和价值观的确立和养成。而历史事件往往出现在课下注释中，这些历史事件可以让学生在了解、熟悉历史的基础上，以史为鉴，增强民族自豪感和历史使命感，是爱国主义及思想教育的良好途径。在"传统伦理道德"和"传统哲学"类目分布上，分别为43处和17处。部编本教科书对于传统伦理道德的核心"尚公""重礼""贵和"均有不同程度的涉及，主要体现在古代散文及古诗词选篇中，内容以"尚公"为核心。传统哲学在部编本教科书中主要通过古代文学作品进行传达，具体体现为天人之辩与动静之辩两方面的内容，其中天人之辩的选编频率略高于动静之辩。"传统宗教"类目仅出现15处，宗教文化内容集中在传统名著及典籍中，如《西游记》《庄子》体现了佛教、道教文化。

涉及传统伦理道德、传统宗教等思想内容的选编往往是内隐于选文中心思想或主旨句中的，需要学生反复阅读，在教师的指导帮助下理解文化思想的演化背景，逐渐理解传统文化的深层思想内涵，并结合课下注释、课前导读、单元主题等进行掌握，最终通过启发式教学使学生达成传统文化思想与现代价值观的关联、认同与内化。因此，这部分内容具有相对内隐性，需要深入挖掘。

（二）横向分析

1. 部编本初中语文教科书传统文化内容总量研究结果

从传统文化内容出现的频次总数分析，在初中六册教科书中共出现传统文化内容要素2010处，其中初一年级616处，初二年级690处，初三年级705处。具体到学习单元来讲，由于部编本每册教科书均有6个单元，合计36个单元。若将传统文化要素平均到每个单元，则每个单元的

第二章　教科书分析：部编版初中语文教科书中的传统文化　/　51

传统文化要素共110处左右。因此，从总量上看，部编本初中语文教科书传统文化内容的数量是很可观的。但从内容均衡性来说，成语这一文化要素总数为1364处，占总传统文化要素的67.86%，而古代宗教占比仅0.75%。因此，每册教科书中传统文化各要素均衡性这一问题，还有待在接下来的研究中做进一步思考与分析。

2. 部编本初中语文教科书传统文化内容广泛性研究结果

从传统文化内容广泛性视角着眼，以本书的分类框架来看，部编本初中语文教科书涉及了9个类目，除歇后语统计次数为空白外，其他均有涉及。因此，可以说该版语文教科书在内容选择上涉及语言、文学、民俗、艺术、宗教等多个传统文化领域，涉猎范围较广，内容多元。在部编本初中语文教科书中，对于传统科技，介绍了天文、历法、数学、农学等多种具体的文化知识。除此以外，在传统民俗礼仪方面，介绍了元旦、除夕等节日民俗，还涉及了苗族等少数民族的服饰民俗、中国特有的禁忌民俗等，总体来讲内容极具层次性，衣、食、住、行和社会生活等均有所体现，使学生不仅对多种民俗知识进行了了解，还加强了语文与生活间的联系。在介绍传统艺术时，更是将音乐、戏曲、建筑、民间手工等各方面都涵盖到，可谓做到了面面俱到。部编本初中语文教科书通过多元丰富的文化内容选编，引领学生了解中华民族灿烂文化，领略传统文化成就与风采，多样的传统文化内容与类别也满足了学生多元智能的发展需求，对学生语言智能、空间智能、音乐智能等的发展都给予了良性的促进作用。

3. 部编本初中语文教科书传统文化内容均衡性研究结果

从各个传统文化类目的数量比例来看，传统文化内容频次由高到低排列为：传统语言文字（70.05%）→传统文学作品（15.22%）→传统史学（3.18%）→传统民俗礼仪（2.99%）→传统艺术（2.89%）→传统伦理道德（2.14%）→传统科技（1.94%）→传统哲学（0.85%）→传统宗教（0.75%）。根据以上统计数据可知，初中部编本语文教科书比较倾向于传统语言文字这部分传统文化内容，其比例高达70.05%，其中成语占语言文字的96.88%，证明此教科书中含有大量成语需学生理解与应用。传统文学作品数量也相当丰富,在教科书各板块以独立文本形式出现的传统名篇多达 120 篇,结合引文、课下注释中出现的名句及寓言故事与传说等体裁文章,共计 306 处。而有关传统哲学与宗教的这两部分文化内容比例最少,不足 1%,并在各册教科书中分布不均。分析其内容的价值取向,可推断是语文学科特点所致。语文教科书是以选文作为主要呈现方式,古代文学作品自然不可忽视。另外,成语大多是有典故的、长期使用的语言表达方式,语言精练,内涵丰富,因此成语遍布教科书各个板块,数量极其丰富,占绝对比重。而传统哲学、传统宗教、传统科技等很难以故事、选文等形式呈现,往往以注释等形式体现,编排中体现的较少。这需要语文教科书进一步纳入传统伦理道德、传统哲学、传统宗教等文化内容,而如何纳入,值得教育界研究者进一步思考探索。

本书对各年级语文教科书不同类目传统文化要素所占比例进行统计,结果见表 2-1。

表 2-1　部编本初中语文教科书中传统文化内容要素及在各年级的比例

	传统语言文字	传统文学作品	传统科技	传统艺术	传统史学	传统伦理道德	传统宗教	传统民俗礼仪	传统哲学	合计	占比(%)
初一年级	442	97	10	14	15	8	4	23	2	615	30.60%
初二年级	471	108	14	27	28	12	6	15	9	690	34.33%
初三年级	495	101	15	17	21	23	5	22	6	705	35.07%

从部编本初中语文教科书传统文化内容要素在各年级的比例来看,传统文化内容在初一年级所占比例最低,为 30.60%;初二年级占比 34.33%;初三年级所占比例最高,为 35.07%。总体而言,初中一年级至三年级语文教科书中传统文化内容要素在各年级呈现逐步上升的趋势。其中,初一年级与初二年级相差较大,比例差距为 3.73 个百分点;而初三年级与初二年级差距相对较少,仅差 0.74 个百分点。这说明部编本初中语文教科书中传统文化内容的配置比例基本符合青少年认知发展规律,但略微增加初三年级传统文化内容设置比例,传统文化内容设置会更加

趋向于合理。

为了便于研究,将表2-1转化为百分比堆积条形图(如图2-3)。

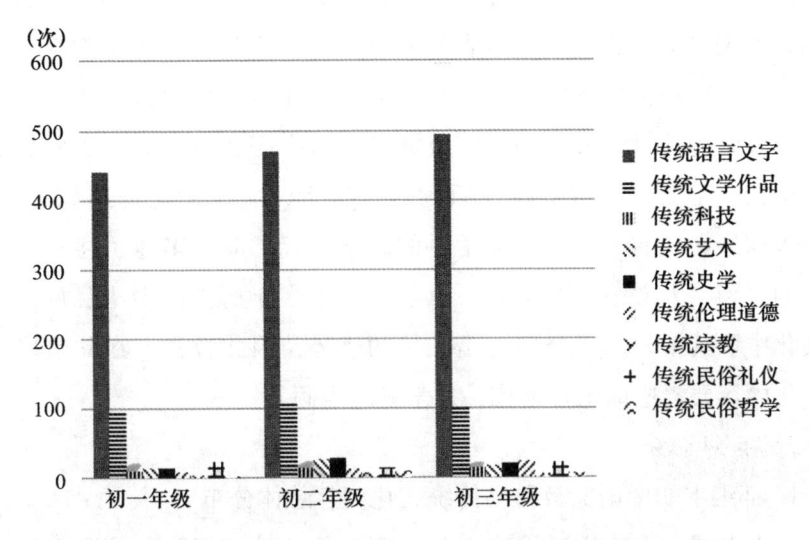

图2-3 部编本初中语文教科书中传统文化内容要素在各年级的比例

从部编本初中语文教科书传统文化内容在初中各年级均衡程度着眼,传统文化内容选择上应遵循阶段性原则。文化按其彰显的程度不同可以区分为表层的物质文化、深层的精神文化和处于中间层次的制度文化或政治文化。① 因此,学生学习初期,教科书应多编选能反映物质文化的内容;学习中期,选择一些制度文化对学习者进行教学,有利于其掌握社会的民俗礼仪及社会规范等;学习后期,应在文化背景中进行更多精神文化内容的学习,体悟哲学、伦理道德等精神成果。因此,在初中阶段,初一年级应多选编表层文化内容,初三年级则更多介绍深层文化,初二年级则为过渡阶段。但初一年级传统科技、传统艺术、传统民俗礼仪内容相加仅占初一年级部编本初中语文教科书的7.64%,与阶段性原则并不相符。要特别注意的是,艺术与传统文学作品密不可分,传统艺术内容比例看似合理性不足,但通过对教科书中插图、照片等进行统计分析

---

① 陈邵桂:《论中国近代化进程与文化传播的基本规律》,《求索》2007年第5期。

发现，其中涉及艺术元素并不少，只是不计入传统绘画中。"文字是一种极其静止的表征符号，但比较抽象；绘画插图能突出事物的特征信息，在讲授时，从插图入手，有时会收到意想不到的效果。"① 因此，有理由相信，部编本语文教科书的编者是有意识对中学生进行审美教育的，因而应加大其他相关内容的设置比例。而初三年级，作为传统文化学习的提升阶段，传统哲学仅占初二年级部编本初中语文教科书的 0.85%，甚至少于初二年级，也与阶段性原则相去甚远，应增加伦理道德、哲学、宗教等深层文化的设置。语文学科的教学目标，应更多地关注学生道德品质的熏陶，人文情怀的培养，对于有五千多年历史的中华民族，从传统文化中取其精华用于修身，是独特的优势，因此教科书在此阶段下传统文化内容要素应向伦理道德、哲学等适当倾斜。

（三）纵向分析

1. 部编本初中语文教科书传统文化内容总体分布

本书以课文为单位对传统文化内容进行统计分析，一篇课文为一个单位。凡是中国文学作品并涉及传统文化要素的则计数，外国作品由于价值取向的不同若仅有成语要素则不纳入统计，若涉及传统建筑、历史事件等其他要素，则计数。统计结果见表 2-2。

表 2-2　　　　　　初中初一年级到初三年级教科书传统文化内容比例

年级	涉及传统文化课文数	课文总数	百分比
初一年级	36	46	78%
初二年级	40	48	83%
初三年级	41	47	87%

2. 部编本初中语文教科书传统文化各要素在各年级的分布情况

从图 2-4 中可以看出传统文化内容在课文中的呈现情况。初一年级到初三年级课文总数基本持平，初二年级相对课文总数最多，初一年级

---

① 王相文、韩雪屏、王松泉：《语文教材研究》，高等教育出版社 1999 年版，第 2 页。

课文总数最少。涉及传统文化内容的课文数相对于课文总数的变化来说，呈现缓慢上升的趋势，其中初一年级至初二年级涉及传统文化的课文总数上升较明显。从图表整体看，传统文化内容的课文在教科书课文中分布较规律，呈上升趋势。

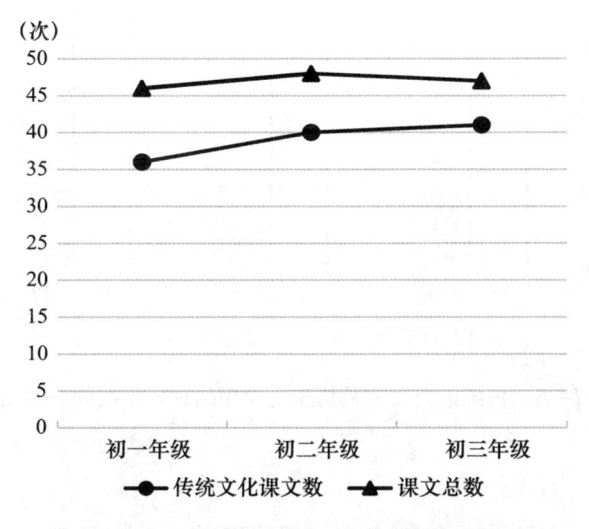

图 2-4 涉及传统文化要素的课文数比例

本书传统文化共分为九大类，不同类目的传统文化在各年级的数量分布情况有待明晰。下文依据传统文化的类别，对九类传统文化内容在初中各年级的分布情况用图表展现。

如图 2-5 所示，传统语言文字内容在初中语文部编本初一年级至初三年级的教科书分布中，初一年级教科书中传统语言文字的数量最少，初二年级其次，初三年级教科书中传统语言文字内容的数量最多。依据学生识记的难易度及自身接受能力的发展，汉语言文字知识呈逐步上升状态。

传统文学作品在各年级教科书中的数量分布较不均匀，初一年级至初二年级呈明显上升趋势，初二年级到初三年级转而呈显著下降趋势。传统文学作品中蕴含着丰富的思想观念、道德规范与人文精神，应依据学生发展规律，选编数量呈逐步上升趋势，因此教科书中的传统文学作

(次)

442　97　　471　108　　495　101

初一年级　　初二年级　　初三年级

□ 传统语言文字　☒ 传统文学作品

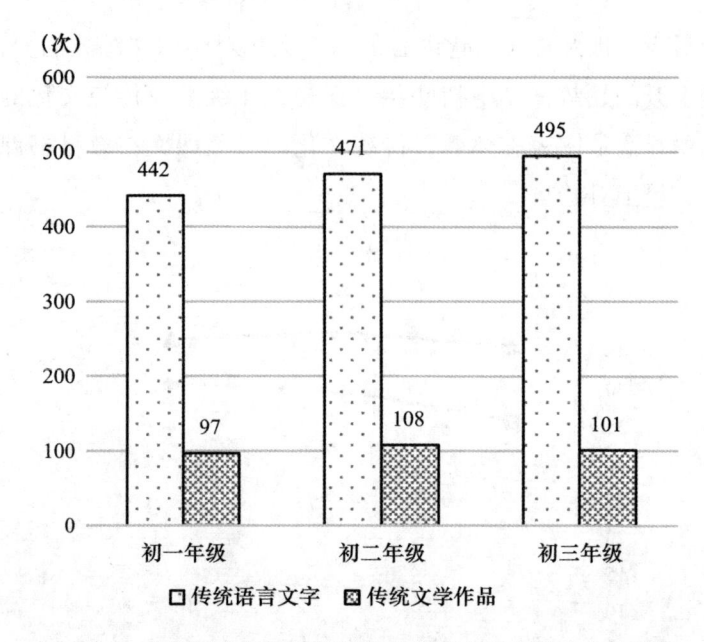

图 2-5　传统语言文字及传统文学作品在各年级的分布情况

品编排存在一定问题。

由图 2-6 可看出，传统史学在部编本教科书中呈现先上升后下降的

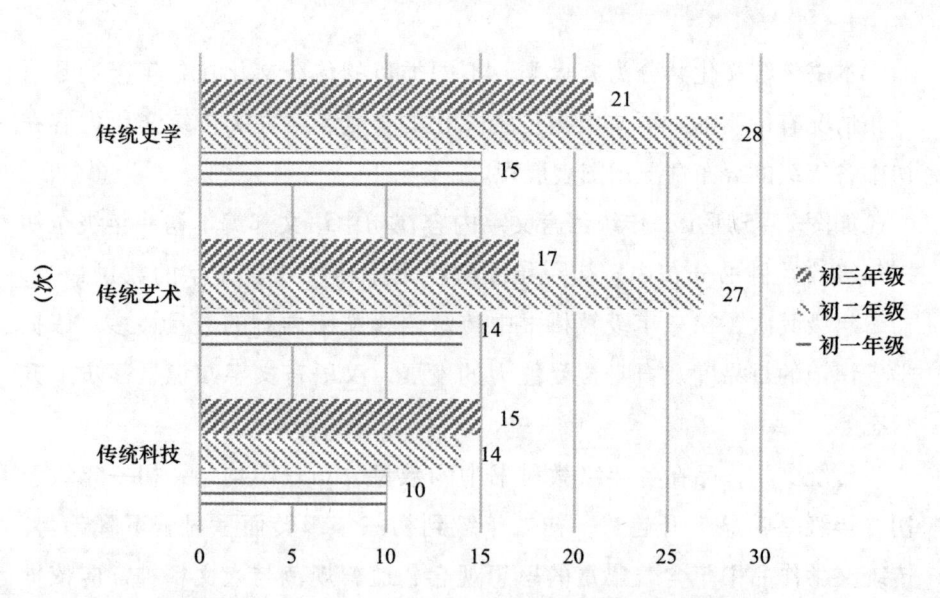

传统史学：21　28　15

传统艺术：17　27　14

传统科技：15　14　10

初三年级　初二年级　初一年级

图 2-6　传统史学、艺术、科技在各年级的分布情况

趋势，初二年级教科书中传统史学最多，而初三年级史学故事则最少，与初二年级相差数十次。

传统艺术在各年级数量分布也呈现不均匀的样态，初一年级到初二年级传统艺术激增，但到初三年级传统艺术在教科书中又迅速减少，总体而言，初三年级传统文化的艺术要素在语文教科书中最少出现。这是由于初一年级相较于初二年级，学生的美感发育还不成熟，因此主要采取渗透形式传达传统艺术。初二年级学生的审美能力得到充分发展，因此教科书中传统艺术要素显著增加，并出现了专门介绍传统艺术的选文，如中国石拱桥、苏州园林等，以增加学生对艺术的深刻感知。初三年级由于学生接受水平的增高，传统文化的选编由物质文化层面向精神层面转向，因此数量有所降低。

传统科技文化在初中阶段的数量分布呈缓慢下降趋势，初一年级呈现的传统科技内容最多，初三年级中相关内容最少，比较符合文化内容的学习规律，但总体而言，相对于艺术和史学，传统科技文化的选编数量较少。

由图2-7的饼状图可知，传统伦理道德在初三年级教科书中所占比例最大，约为53%；其次为初二年级教科书，所占比例为28%；最后为初一年级教科书，所占比例为19%。传统文化在初中呈上升趋势，并且初二年级到初三年级迅速增长，主要归因于学生的接受与理解能力的提升，因此初三年级精神文化的比例大幅增加。

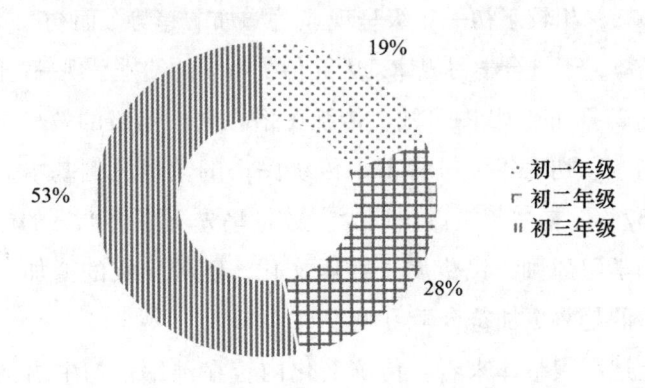

图2-7 传统伦理道德在各年级的分布情况

参照图 2-8 可知，传统宗教总体数量各年级相差不大，数据在各年级略有起伏，表现为先上升后下降的趋势。初一年级教科书中的传统宗教数量最少，初三年级其次，初二年级相比较而言数量最多。但总体来说，传统宗教呈现比较低的编排水平。

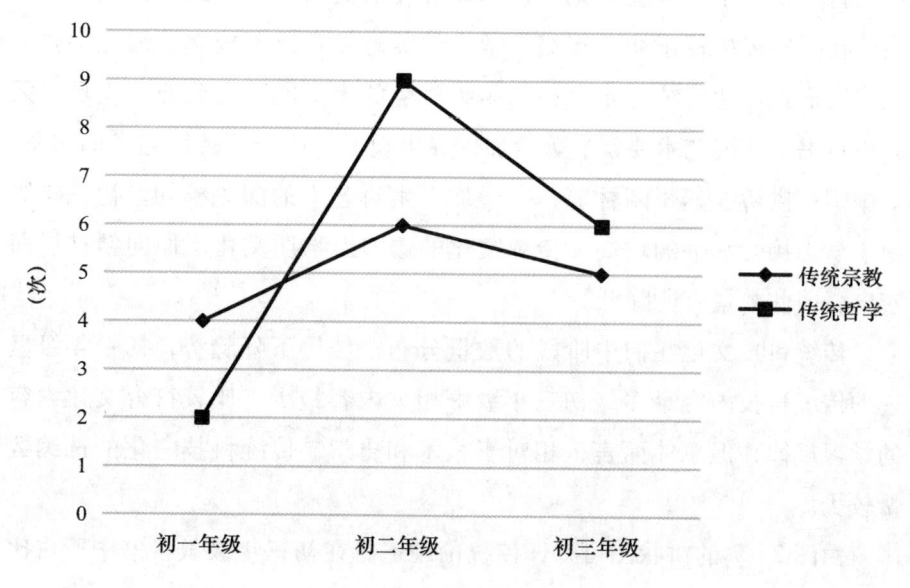

图 2-8　传统宗教和哲学在各年级的分布情况

传统哲学的相关内容在初中各年级数量分布较不均衡，初一年级教科书中由于学生理解哲学的难易度，因此传统哲学内容设置较少。初二年级数量达到顶峰，相较于初一年级呈现显著增加的趋势。而初三年级，却又呈现下降趋势，不符合学习规律，因此传统哲学的编排呈现一定问题。

通过图 2-9 的饼状图可知，传统民俗在初中年级的教科书中分布较为均衡，初一、初三年级教科书中传统民俗的数量比例基本一致，分别为 38% 和 37%，初二年级占比最少，数量呈先下降再上升的趋势。依据文化内容的学习原则，民俗属于物质文化，随着年级的增加，民俗应呈现逐步减少的趋势更加符合学习规律。

结合上述图表整体来看，传统文化内容在部编本初中语文教科书中分布较不均衡，不同类目的传统文化在初一年级至初三年级教科书中并

第二章　教科书分析：部编版初中语文教科书中的传统文化　/　59

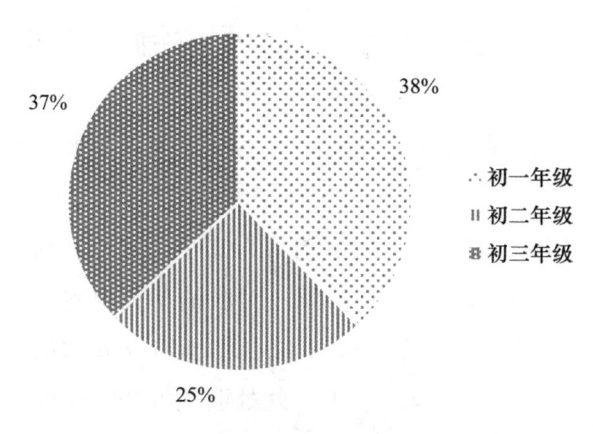

　　　　　　　　　　37%　　　　38%

　　　　　　　　　　　　　　　　　　·· 初一年级
　　　　　　　　　　　　　　　　　　|| 初二年级
　　　　　　　　　　　　　　　　　　※ 初三年级

　　　　　　　　　　　　25%

图 2-9　传统民俗礼仪在各年级的分布情况

不是居于稳定或逐步增加的，呈现出的趋势大多有升有降，这就揭示了部分传统文化要素的数量编排存在一定问题。

三　文本透视

传统文化是部编版初中语文教科书中最主要的内容，主要包括传统语言文字、传统文学作品、传统科技、传统艺术、传统史学、传统伦理道德、传统宗教、传统民俗礼仪、传统哲学 9 种不同的类型。传统文学作品又分为古代诗词、古代散文、古代小说、寓言故事与神话传说。对传统文化内容进行文本透视分析有助于更深入地了解部编版初中语文教科书中的内容情况。

（一）传统语言文字

传统语言文字是中国文化的代表性符号，也是中华民族最重要的交流工具，更是民族文化保存和传播的载体。本套部编本教科书将成语、对联、谚语等融入进来，成语绝大部分是从古代沿袭下来的，代表了一个典故或故事。它散见于教科书的各个板块，在选文本身就罗列着大量的成语，且在课后"读读写写"中，对本课的成语也会再次进行精选罗列。有的成语在课文中可能不太明显，则通过课后"积累拓展"部分予以强调，如七上《论语》十二章中课后不仅重复了"温故知新"等课文中出现的成语，还举例"后生可畏""当仁不让"等成语，并引导学生课外去搜集，丰富自己的成语积累。还有的成语是通过"写作""综合性学习"等板块来进行成语的编写，如九上综合性学习——君子自强不息，介绍了名人祖逖闻鸡起舞的故事，使学生对"闻鸡起舞"这个成语有了本源性认识。

对联是汉族特有文化，与中国语言、文字、修辞、社会观念紧密相关，反映了中华传统语言文学的特征。对联的相关内容主要出现在"综合性学习""写作"等板块，如七下综合性学习《我的语文生活》中编排了名联欣赏部分，如"山山水水，处处明明秀秀；晴晴雨雨，时时好好奇奇（杭州西湖联）"；九下写作部分在作品题目处引用了明代学者胡居仁撰写的对联"苟有恒，何必三更眠五更起；最无益，莫过一日曝十日寒"。这些对联读起来朗朗上口，能锻炼学生的思维与词语表达的能力，帮助学生理解我国对联文化的奥妙和独特魅力。

除了成语和对联，教科书中还编选了一定数量的民间谚语俗语。部编本初中语文教科书编选的谚语主要穿插在课文中，有以下几种类型：①与人长相装扮相关："人配衣裳马配鞍"（九上《蒲柳人家》）；②与为人处世相关："好狗不挡道"（九上《蒲柳人家》）、"言必行 行必果"（八上综合性学习）；③与季节时令有关："春雨贵如油"（七下《一棵小桃树》）；④与农业生产相关："阿公阿婆，割麦插禾"（八下《大自然的语言》）。

（二）传统文学作品

1. 古代诗词

部编本语文教科书中古诗词选编主要从完整的篇目选篇，课下注释的零散出现、综合性学习和写作、名著导读等板块及现代文中经典引用四种方式出现。古诗词频率在整本教科书中出现频率较高，平均每本教科书选编完整的古诗词十余篇。这些古代诗词，时间跨度大：上至春秋，下至清朝，数千年的诗作精华均有收录；体裁多样：古风、民歌、律诗、绝句、词曲等均有编选[1]。从题材着眼，诗词主题异彩纷呈，内容丰富多

---

[1] 温儒敏：《"部编版"语文教材的编写理念、特色与使用建议》，《课程·教材·教法》2016 第 11 期。

元。部编本教科书收录的古诗词主要有以下几类：思乡怀亲类，如《闻王昌龄左迁龙标遥有此寄》《次北固山下》《月夜忆舍弟》；山水田园类，如《钱塘湖春行》《望岳》等；临行赠别类，如《白雪歌送武判官归京》；爱慕相思类，如《无题》《蒹葭》；感怀情思类，如《观沧海》《行路难》《登岳阳楼》；战争疾苦类，如《春望》《过零丁洋》等。除上述列举的完整古诗词选篇外，部编本教科书还选编大量古诗词经典名句穿插在选文及其他板块中，作为传统文学作品知识的补充，以增强学生的积累。如八上《一着惊海天》中摘录了《钱塘观潮》中名句"声驱千骑疾，气卷万山来"。而在八下写作中则摘录了多达 14 首古诗词，来表现"雨"和"花"的主题，如"空山新雨后，天气晚来秋"（《山居秋暝》）。

2. 古代散文

部编本初中语文教科书是依据学生的接受能力及心理发展水平对古代散文进行编排的，主要表现为古代散文的编选遵循由易到难、由浅入深的规律。通过对教科书的实际分析，可发现从文章编排上来看，初一年级上下册古代散文是与现代文混编为主题单元，如《论语》十二章被编排在"童真之趣"单元中，七下《短文两篇》在"中华美德"单元。相较于初一年级，初二年级的文言散文数量有所增加，篇幅有所增长，难度有所提升，且多以单元的模式出现[①]。如八下"美好生活"单元中的《庄子》二则、《礼记》二则、《马说》，九上"自然之美"中的《岳阳楼记》《醉翁亭记》《湖心亭看雪》等。另外，与古诗词相近的是，古代散文在选编完整名篇的基础上，也渗透了大量的散文名句，如七下《最苦与最乐》中引用了《孟子》中的"君子有终身之忧"。从古代散文的类别看，部编本教科书依据我国古代散文的显著特征主要选编思辨类、山水自然类和言志类。思辨类以议论的方式为主，从简单的现象事物中思考古人的哲思和情怀，如《鱼我所欲也》通过鱼与熊掌不可兼得一事，来说明义的价值高于生命，人们应该有舍生取义的精神的深刻道理。山

[①] 岳利玲：《苏教版初中语文教材中的传统文化要素选编研究》，硕士学位论文，扬州大学，2016 年。

水自然类则以游记为主要形式,将对自然的热爱抒发出来,如《岳阳楼记》《小石潭记》《醉翁亭记》等。言志类散文则主要寄托作者的理想与志趣,如《爱莲说》《陋室铭》《桃花源记》。

3. 古代小说

部编本初中语文教科书以完整章节出现的小说有数十篇,大致可分为以下三类:一类是"历史小说",即记录帝王将相、民间英雄的功过成败,如九上的节选自《水浒传》的《智取生辰纲》及节选自《三国演义》的《三顾茅庐》;另一类是"世情小说",主要讲述悲欢离合、人情世故,如《刘姥姥进大观园》《范进中举》;最后一类是"神怪小说",主要记录神鬼怪异之事,以《狼》《西游记》为代表。部编本初中语文教科书古代小说主要集中在初一年级上下册与九年级上册,并且相互间存在递进性、关联性。七上的古代小说主要集中在课文《世说新语》二则、《狼》及综合性学习中《割席断交》的故事,另外还有名著导读中对《西游记》和《镜花缘》的讲解,内容都相对短小精练,情节简单生动,利于学生产生学习兴趣。而七下则同样在名著导读部分提及了《三国演义》《水浒传》《红楼梦》。因此,九上在学生们已经对四大名著有了解的前提下,选编了其中的著名章节,以供学生们了解古代小说常识、古代社会风貌、生活习俗、思想体系等,从中体悟为人处世的道理。

4. 寓言故事与神话传说

古代寓言故事在部编本语文教科书中建构情况如下:寓言故事篇幅短小,故事简单,但蕴含的道理却意味深长。本套教科书中出现的寓言故事大多选自《庄子》《列子》《吕氏春秋》。从内容主题来看,主要分为两大类:一类是以具体的人为主体,如七上《杞人忧天》《穿井得一人》、七下《卖油翁》、八下《庄子与惠子游于濠梁之上》;另一类以拟人化了的动物或其他事物为主,如八下《北冥有鱼》,借鲲鹏二者告诫世人视野受个人能力所限,自己的水平有限才是理解不了别人的真正原因。其中《愚公移山》《杞人忧天》等还涉及该成语的出处,是传统语言文字与传统文学作品两种文化形式的融合。另外,教科书还在"积累拓展"部分对《列子》中的其他寓言故事进行提及,如"鲍氏之子""詹何钓鱼"等,并创造性地利用寓言故事会的形式使学生合作学习寓言故事,讨论其蕴含的道理,体现了"做中学"的教育理念。

对于神话传说,部编本初中语文教科书的编选方式以渗透为主要方式,其中独立的选篇仅一篇,为七上《女娲造人》,目的是使学生了解汉民族对人类起源是如何展开神奇的想象的。其他神话传说或为了拓展学生的知识出现在课下注释中;或为了使文章更加丰富有趣而被引用在课文中;或是被安排在课外古诗词诵读、名著导读等其他版块中。如《屈原》一课中对"东皇太一""湘夫人"的解释;七上写作部分《五猖会》中融入了盘古开天地的神话故事;《水调歌头》中对月中仙宫的美好传说;《龟虽寿》中关于螣蛇的注解;等等。这些神话传说,是古代劳动人民非凡的想象力与审美能力的体现,蕴藏着他们美好质朴的生活夙愿,有利于学生们对传统文学作品进行进一步的拓展和延伸。

(三) 传统科技

七上《观沧海》中的"星汉灿烂,若出其中"、七下《土地的誓言》中的"北方的大熊"都是古人对地理学、天文学的初步探索;"丁卯年"(《叶圣陶先生二三事》)中让我们了解了干支纪年法的表述方法,对古代天文历法有了更加深入的认识;"荆川纸——一种薄而略透明的竹纸"(《从百草园到三味书屋》)是我国四大发明之造纸术的应用;九下《蒲柳人家》中则提到了"石印",是平版印刷的一种,同样彰显了我国的发明智慧;《论语》中"十有五"则让我们了解了"有"通"又",是古代计数的简单发明;《说和做》中提到了"望闻问切"——中医诊病的四种方法是我国古代医学的伟大成就,至今仍在使用;《梅岭三章》中介绍了古代军事科技——"烽烟",《浣溪沙》《赤壁》《周亚夫军细柳》等都让我们间接领略了古人的军事智慧;八下《大自然中的语言》介绍了许多自然现象、农谚及物候知识,都是我国古代劳动人民有关农学、动植物学、气象学等方面智慧的总结……古代科技文化的丰富内容,可以引发学生对科学的探索热情,激发学生的创新精神。

(四) 传统艺术

以完整文本形式出现的介绍传统艺术的课文集中在初二年级,分别为八上表现建筑艺术的《中国石拱桥》和《苏州园林》，表现绘画艺术的《梦回繁华》及八下体现民间手工技艺的《核舟记》。此外，在课文插图、课下注释、积累拓展等其他部分看出了传统艺术的缩影。例如，课文中出现的刘禹锡书的《陋室铭》、王安石所写《登飞来峰》、黄公望作《富春山居图（局部）》、都本基作《壶口瀑布》等书法绘画佳作。关于建筑，我们不仅从教科书中了解了东四八条胡同、黄鹤楼、卢沟桥等，还学习了我国古代建筑绝大多数是对称的艺术特色。同时，在音乐上，知道了玉笛、长啸等乐器，又了解了汉乐府曲名《折杨柳》《泊秦淮》等。对于戏曲部分，九下《枣儿》一课的拓展延伸部分介绍了昆曲、京剧、越剧等，并让同学们分小组搜集相关资料，并观赏戏曲演出，最终合作完成戏曲表演，进而加深其对戏曲文化的了解与热爱。传统艺术文化是增强学生审美能力、提升其文化自信的不二法宝。

（五）传统史学

在部编本语文教科书中，历史名人故事可以说是贯穿其中。作为独立课文选编的有初一年级《孙权劝学》《木兰诗》；初二年级《周亚夫军细柳》及初三年级《曹刿论战》《邹忌讽齐王纳谏》。除此之外，还有在教科书其他版块或现代文中被提到的，如八上综合性学习《人无信不立》中引经据典讲述了曾子烹彘、商鞅立木的名人故事；《生于忧患，死于安乐》中课下注释有对管仲被任用为相、秦穆公用公羊皮赎百里奚等故事的简单注解；《敬业与乐业》中有对佝偻丈人承蜩的简单说明；《变色龙》课后在引用习近平总书记讲话时提及名臣裴矩由阿谀逢迎转为忠直敢谏的故事。

关于特定历史事件，在教科书中主要穿插在正文叙述及课下注解中。如七上课外古诗词诵读部分《江南逢李龟年》中提到了唐代发生的安史之乱；七下《邓稼先》一课中讲到了百年前的甲午战争和八国联军侵华的沉痛历史；还有解放军南渡长江（《消息二则》）、一二·一事件（《最后一次讲演》）、五月渡泸（《出师表》）等等。

（六）传统伦理道德

部编本初中语文教科书对于传统伦理道德的核心"尚公""重礼"

"贵和"均有不同程度的涉及，主要体现在古代散文及古诗词选篇中。"尚公"是我国自古以来的传统美德，主要体现在反映战争疾苦、忧国忧民、壮志报国等古代文学作品中。如《十一月四日风雨大作》诗人在"夜雨"中抒发了感人至深的报国之志和忧国忧民的拳拳之心，《木兰诗》中花木兰牺牲个人利益替父参军报国同样是"尚公"的表现，还有《泊秦淮》《贾生》等。重礼则体现在语句细节中，如《陈太丘与友期行》中讲述父子之间"对子骂父，则是无礼"；《富贵不能淫》中则体现为夫妻之间的礼数"往之女家，必敬必戒，无违夫子"。而贵和，除了体现在《醉翁亭记》的与民同乐中，还体现在八下综合性学习"以和为贵"中，通过引经据典探"和"之义及选编清康熙年间大学士张英与邻居家"六尺巷"的故事让学生寻找"和"之用，使学生对传统思想"和"有自己的理解和认识。教科书中多渗透伦理道德内容，可以让美好品德扎根于学生心灵，启迪学生追求自身更高的道德修养。

（七）传统宗教

部编本初中语文教科书无论是对佛教文化还是道教文化，均有涉及和选编。七上在名著导读中推荐阅读《西游记》，人尽皆知，这部名著讲述的是师徒四人去西天取经的故事，其中大量渗透着佛教元素，如摘录的孙行者借芭蕉扇的选段，其中提及"罗刹"，原意是佛教中吃人肉的恶鬼。另外，教科书中还提及佛经、不二法门、慧能等佛教元素。道教文化则主要体现在《列子》《庄子》《老子》中，如九上综合性学习"君子自强不息"中引用《老子》中名言"胜人者有力，自胜者强"，还有在八下中提到了与佛教相关的作品《北冥有鱼》《庄子与惠子游于濠梁之上》。对于传统宗教文化的选择与编排有利于拓宽学生对于传统文化认识的宽度及延伸思想的深度。

（八）传统民俗礼仪

部编本初中语文教科书所选编的传统民俗文化，大致可分为以下几个类别：①节日民俗，如重阳节登高、饮酒、赏菊（《行军九日思长安故园》），除夕辞岁后从长辈那得到压岁钱、正月初一吃福橘说吉祥话（《阿长与〈山海经〉》），除夕要放鞭炮（《叶圣陶先生二三事》），"元宵节要张灯结彩、猜灯谜"(《灯笼》);②游艺民俗,如五猖会、迎神赛会、高跷、抬阁、马头等(《五猖会》);③装扮民俗"对镜贴花黄"(《木兰诗》)、"苗族女孩穿扳尖的鞋子"(《昆明的雨》);④禁忌民俗,如"饭粒掉在地上必须捡起来,最好是吃下去"(《阿长与〈山海经〉》)、"大庭广众夫妻不坐同一条板凳"(《台阶》)、"人死了要说'大去'"(《背影》);⑤迷信,如"台阶高,地位高"(《台阶》),"含着核桃做一个梦,梦到桃花开了,会幸福一生"(《一棵小桃树》);⑥另外,还提及腊八粥、荷叶饼、炒牛肝菌等饮食习俗。

除此之外,关于礼仪部分,我们可以从《富贵不能淫》中了解古时男子二十行成人冠礼;从《从百草园到三味书屋》中知道了古时私塾第一次拜孔子,第二次拜先生的礼节;从《〈世说新语〉二则》中学习了古代的敬称,如"尊君""家父"等。另外我们还可以从避讳和人的称谓中窥探一二。如古人的名、字、号、官等,常出现在古诗词和文言文中,如《送杜少府之任蜀州》;还有避君王讳、避长者讳等。编选传统民俗礼仪,可以让学生了解古人的生活习惯及文化讲究的细节,提升学生的文化素养。

(九)传统哲学

传统哲学在部编本初中语文教科书中主要通过古代文学作品进行传达,具体体现为天人之辩与动静之辩两方面内容,其中天人之辩的选编频率略高于动静之辩。关于天人之辩,如《杞人忧天》中"有人忧天地崩坠,身亡所寄"是对天人关系问题的忧思,"天将降大任于斯人也(《生于忧患,死于安乐》)是对天人之间关系及人在其中的作用的思考",《水调歌头》中"人有悲欢离合,月有阴晴圆缺"则是利用自然变化来讲述人的规律;而对于动静之辩,《答谢中书书》中"夕日欲颓,沉鳞竞跃"描绘出了一幅事物运动与静止的美好画面,蕴含了事物运动变化的观点,"昔人已乘黄鹤去,此地空余黄鹤楼"同样涉及动静的辩证观;《愚公移山》这个故事表达了量变与质变的转换,体现了"积累"的重要性。传统哲学的辨别与省思可以使学生们了解传统文化的具体知识,理解中国哲学的独特与价值。

第二节 主题阐释

《中华优秀传统文化教育指导纲要》中指出,"开展以天下兴亡、匹夫有责为重点的家国情怀教育;以仁爱共济、立己达人为重点的社会关爱教育;以正心笃志、崇德弘毅为重点的人格修养教育"。[①] 在2014年,教育部正式以《纲要》的形式指明了优秀传统文化教育的三大主题。语文教科书是传统文化教育的重要平台,也是实现三大主题教育的关键载体。本节拟通过对部编本初中语文教科书中传统文化教育主题内容的深入分析,阐释、归纳与总结教育主题,以期精准实现传统文化教育目标。

三大传统文化教育主题在部编本初中语文教科书中表现出不同形式的存在,可通过对文本内容主题、思想感情、象征意义等方面进行分析,来加以具体阐释和细化分类。

一 "天下兴亡、匹夫有责"的家国情怀教育主题阐释

家国情怀,是我国优秀传统文化的基本内涵之一。因此部编本语文教科书在选编课文时同样将学生家国情怀培养作为重中之重。通过对课文梳理和主旨思想归纳,主要将家国情怀分为热爱自己的祖国山河与家乡、忧虑国家和人民的前途命运以及国家的尽忠效力。

(一) 山河故乡之爱

在体现山河故乡之爱中,部编本语文教科书注重了多角度,避免单一地展开说教。第一,山河故乡之爱体现在"忧愤山河破碎,眷恋故土"。如,七下在以"家国情怀"为主题的单元中,《土地的誓言》用"她"指代故乡的土地,描绘了一幅幅家乡的动人画面,最后立下誓言:"我必须看见一个更美丽的故乡出现在我的面前——或者我的坟前,而我将用我的泪水,洗去她一切的污秽和耻辱。"抒发了作者对国土沦丧的压

[①] 教育部:《完善中华优秀传统文化教育指导纲要》,《中国教育报》2014年4月2日。

抑及对故土强烈的热爱之情。再比如,《春望》中首联"国破山河在,城春草木深"写出春日长安城破败凄惨的景象,全文表达作者国破之叹及思家之忧。

第一,山河故乡之爱体现在作者所抒发的山河美景中。山河美景,不仅是三山五岳、江河湖海的象征,更是国土及国家的代表。历朝历代都有文人墨客纵情于山水间,通过赞美祖国山川河流表达对祖国的热爱。部编本中有大量作品描绘了祖国秀丽风光,《三峡》(郦道元)、《答谢中书书》(陶弘景)、《钱塘湖春行》(白居易)、《望岳》(杜甫)等。《答谢中书书》采用动静结合的手法从一年四季"青林翠竹,四时俱备"和一日之景"晓雾将歇,猿鸟乱鸣;夕日欲颓,沉鳞竞跃"两方面将山水相映之美表现得淋漓尽致,表达出作者醉心山水的愉悦之情。还有郦道元笔下三峡的奇特壮丽、白居易笔下西湖的生机盎然、杜甫眼中泰山的巍峨高大……无不能令学生们通过优美的语言领略祖国各地大好河山的魅力。

第三,从表达思乡之情的角度来体现山河故乡之爱。从《夜上受降城闻笛》中的李益在夜晚登城见大漠似雪月如霜,本可体味大漠的宁静悠远,但突闻凄凉幽怨的笛声,绵绵不绝的乡愁在万籁俱寂的夜里不断蔓延,到杜甫的《月夜忆舍弟》中通过视听写出白露时节戍楼的鼓声及失群孤雁的哀鸣,联想到战乱中兄弟分散,是生是死,是苦是悲,恐怕只有天边的月亮才能知道,思念家乡亲人之情油然而生,再到苏轼在中秋团圆夜,将对兄弟的思念、不能团聚的怅惘寄托于明月之上,发出了"不应有恨,何事长向别时圆"的心酸感叹……无不体现着中国人根深蒂固的"家"的观念。

(二)忧国忧民之怀

忧国忧民一方面表现为为了国家的前途,以自己的智慧与胸襟对君王进行劝诫。《生于忧患 死于安乐》中孟子通过列举六位经过磨炼而成就一番事业的人的事例,接着从个人发展及国家兴亡进一步论证,最后水到渠成得出"然后知生于忧患而死于安乐也",劝诫君王治理国家一定要有忧患意识。《邹忌讽齐王纳谏》中邹忌面对家人的称赞和客人的奉承,并没有自我迷失,而是从"治家"中理性思考出了"治国"的道理,以自身经历进行类比道出"王之蔽甚矣"的事实,讽劝齐王纳谏除弊才能兴国。《出师表》诸葛亮开篇就对君王进行了规劝,"诚宜开张圣听;不宜妄自菲薄,引喻失义,以塞忠谏之路也""宫中府中,俱为一体,陟罚臧否,不宜异同",劝诫后主刘禅广泛听取他人意见、赏罚分明,全文言辞恭敬、恳切,竭忠尽智,感人肺腑。

另一方面表现在对国家前途的忧思上,想报效国家、建功立业,却壮志难酬的失意。如《贾生》中李商隐借汉文帝召还贾谊并虚心倾听一事为例,讽刺其"不问苍生问鬼神",以借古讽今,揭示晚唐统治者枉顾国计民生,沉迷求仙问道,也寄托了作者怀才不遇的愤慨。《别云间》是在诗人被清军逮捕的情况下写的一首绝命诗,诗人怕"山河泪""别故乡难",但仍慷慨赴死,表达出壮志未酬的悲愤。再如《破阵子》中辛弃疾想要回到军营去建功立业、奋勇杀敌,完成收复北方失地国家大业,但因"可怜白发生"只能借诗词以抒发心中壮志难酬之苦闷……这些诗词字字忠肝义胆,读起来令人感奋,令人悲怆。

(三) *雄心报国之志*

"雄心报国之志"是将为国家尽忠效力作为自己的志向与人生准则,在传统文学作品中大量体现,除了入选部编本教科书的《木兰诗》《过零丁洋》《雁门太守行》,还有现代选文《邓稼先》。《木兰诗》中的花木兰,女扮男装,替父从军,远行万里,投身战事,是个既有英雄气概又有儿女情怀的人物形象,体现了花木兰忠孝两全、深明大义、报效国家的刚健品质,在"思考探究"部分还设置问题"木兰的哪些品格最让你感动"来引导学生思考"家国情怀"是如何在花木兰身上展现的。从《过零丁洋》的文天祥,在国家前途危在旦夕的时刻,依旧挺身而出、舍生取义,以磅礴的气势喊出"人生自古谁无死,留取丹心照汗青"的不朽名句,到《雁门太守行》的李贺,在敌军攻城的危难时刻,为了报答君主的厚爱与赏赐,愿"提携玉龙为君死",投身悲壮惨烈的战斗,再到《邓稼先》中"鞠躬尽瘁,死而后已"为中华民族核武器事业甘于平凡、付出一生的邓稼先……这些课文都感人至深，拥有着震撼人心的力量。

二 "仁爱共济、立己达人"的社会关爱教育主题阐释

社会关爱是中华民族流传下来的美好道德品质，部编本初中语文教科书通过"社会关爱"的选编，着力引导中学生集体主义精神的培育。在部编本初中语文教科书中，依据主旨划分，发现社会关爱主要表现为以下两方面：一方面为不再局限于个人盛衰荣辱，而是为社会底层人民艰难的处境发声，关注百姓民生；另一方面则在古人对未来社会的美好构想及对世人的美好祝愿中有所体现。

（一）关注民生之情

部编本初中语文教科书通过对"社会关爱"内容的编排，体现了"居庙堂之高则忧其民"的深刻以民为本的精神内涵。诗人们往往对社会黑暗的现实进行抨击，借此表达对民生多艰的愤懑，以警示统治者"得民心者得天下"，应注重以民为邦本。《茅屋为秋风所破歌》中杜甫叙述了其茅屋为秋风所破、全家淋湿受冻的悲惨现实，但结尾却不拘泥于自身痛苦，而是希望"安得广厦千万间，大庇天下寒士俱欢颜"，体现了诗人温暖的忧国忧民、博大济世的情怀。白居易作为一届官吏，能勇敢地揭露当时黑暗腐败的社会现实，值得钦佩，在《卖炭翁》中通过描写烧木炭老人艰苦的谋生，反映当时"宫市"的腐败本质，鞭挞与抨击了统治者欺压人民的罪行，表达了对下层人民所受疾苦的深切同情。"兴，百姓苦；亡，百姓苦"，《山坡羊·潼关怀古》中作者一针见血地指明封建统治与百姓对立的现实，表达出作者民贵君轻的为民情怀，体现出对人民的深刻关怀与同情。

（二）美好祝愿之境

传统文学作品中蕴含着古代先哲们朴素美好的社会理想。一方面，"但愿人长久，千里共婵娟"，苏轼在《水调歌头》最后由自己与胞弟不能在中秋团圆的愁思，转而以超然达观的态度对全天下人们表达即使相隔千里，也能平安健康，共享美好月光的祝愿；另一方面，先贤们的社

会理想在古代散文中得以体现。如《大道之行也》描述了儒家的大同社会理想，可归纳为三方面：①人人都能得到社会关爱；②人人都能安居乐业；③货尽其用、人尽其力，这样才"是谓大同"。再如，《桃花源记》中陶渊明极尽所想，勾勒出了一个"土地平旷……黄发垂髫，并怡然自乐"的美好世界，人们安居乐业、与世无争，此"世外桃源"正是陶渊明对美好社会理想的一种寄托。古人们描绘出的美好社会愿景，有利于引发学生对当下社会文明与发展产生更加深入的思索。

三 "正心笃志、崇德弘毅"的人格修养教育主题阐释

人格修养，是关于人生命智慧的理解和成就，部编本初中语文教科书中通过选编人格修养的内容意在培养学生人生理想，赋予其更加丰富的人格内涵。通过对相关古诗词及文学作品的内容分析，发现人格修养主要表现为对高尚情操的追求及践行修身治学两方面。

（一）高尚情操之求

中国文人往往不是空洞地对人格理想展开高谈阔论，而是通过描写某种景色或寄托某种意象来表达人们的人格精神及高尚情感。关于借景抒情，如《题破山寺后禅院》中诗人在清晨漫步于古寺中，清幽的禅院、宁静的自然风光，"但余钟磬音"使作者内心的感悟随之飘荡起伏，体现出作者淡泊的情怀。又如"醉翁之意不在酒，在乎山水之间也"的欧阳修，被贬后依然有寄情山水、与民同乐的旷达胸襟。另外，还有古诗词是通过景色表达自己乐观豁达、积极向上的壮志豪情，如《秋词》中刘禹锡不伤秋反爱秋，通过"晴空一鹤排云上"的明丽秋景，体现其为理想而奋斗的高尚情操和开阔的胸怀。

对于托物言志，诗人们常从自然界万物生长来体味人生意蕴。从喜爱莲花的周敦颐，借莲花虽从污秽的环境中生长，却不受沾染，风骨依然，它的香气、洁净及"可远观而不可亵玩焉"的自尊自爱，来象征作者对洁身自好、安贫乐道的美好品格和对高洁傲岸君子风度的追求，到《赠从弟》的刘桢，将"山上松"与"谷中风""冰霜""罹凝寒"进行较量，道出松柏"劲"和"端正"的本性，以松柏为喻，勉励堂弟有坚

贞的志向及刚劲的品格。

（二）修身治学之行

在部编本初中语文教科书中，借助传统文化的名篇佳作将自古以来沿袭的"修身治学"的丰富内容将以表达，不仅在选文主题时给予明晰，更加强调对其中涉及"修身治学"内容的理解。在传统文学作品中，不仅有家书《诫子书》，诸葛亮在信中对儿子殷殷教诲，"静以修身，俭以养德""非淡泊无以明志，非宁静无以致远"都是教导儿子要修身立志的经典名句；在课后"思考探究"部分，还引发学生对"志"与"学"关系的思考。还有《论语》中"吾日三省吾身""学而不思则罔，思而不学则殆"等都是关于修身与治学的名句，值得学生仔细品读，课后同样提出关于体悟传统治学思想的要求。在现代文学作品中，同样有很多杰出人物修身治学的态度值得我们学习。如《叶圣陶先生二三事》中通过记录叶圣陶先生日常工作和生活的点滴小事，将先生一丝不苟、诲人不倦的治学态度一以贯之、宽厚待人的生活态度表现得淋漓尽致。教科书还选编了"做了也不一定说"的闻一多先生、"敬业与乐业"的梁启超先生等。可见，教科书利用古今结合的选文来诠释传统修身治学及其演变，更利于学生汲取有益的观点和思想，形成自己高洁自许、修身为本的人生价值取向。

第三节 方式呈现

文化的内容选择与呈现方式二者相互联系，不可能完全孤立存在，传统文化内容的呈现方式正是通过依托教科书的板块设置来再次反映传统文化的内容选择。因而，在对部编本初中语文教科书传统文化内容进行深入研究时，除了要对传统文化内容选择与教育主题进行探析，还要考察传统文化内容的呈现方式，即教科书是通过哪些板块怎样将所要传达的传统文化内容呈现给学生的。

一　模板设置介绍

部编本初中语文教科书的结构是采用"双线组织单元结构"，若干模块设置的环节交插安排在各个单元中。每个单元的共同之处是有单元提示、阅读、写作板块，每册教科书有两次课外古诗词诵读、两次名著导读及三次综合性学习。另外，初一、初二年级还设置有六次口语交际和四次活动探究。下表为部编本初中语文教科书具体模块设置的基本信息及主要功能。

表2-3 部编本初中语文教科书中具体模块设置的基本信息及主要功能

分布年级	模块名称	主要功能
初一、初二、初三年级	单元提示	具有高度概括性、文采俱佳的话语，对单元主题和主要学习内容进行解释，并提出对语文能力的要求
	阅读	为学生提供依据课程标准选入的"课文"，着重培养学生初步欣赏文学作品和阅读一般文章的能力
	写作	培养学生写作一般性文章与应用性文章的能力
	课外古诗词诵读	增加古诗文的比例，提高古诗词的课外阅读量，通常一册课外古诗词为8篇
	名著导读	采用任务驱动及阅读方法指导，增加学生的名著阅读量
	综合性学习	培养学生口语、写作等综合能力
初二、初三年级	口语交际	培养学生倾听、表达、交流的口语交际能力
	活动探究	与本单元课文主题相关的资料查找、调查运用与实践方面任务的布置，将本单元课文与学生实际生活相联系，有利于推动学生语文学习能力发展及扩宽课堂教学内容

阅读是部编本初中语文教科书的核心板块，主要功能为利用选文的形式培养学生初步欣赏文学作品和阅读一般文章的能力，通常由阅读提示、思考探究、积累拓展、读读写写构成，并时常以文字加插图的形式出现，为语文教学提供主要素材；写作和口语交际主要是对学生进行能力训练，培养学生撰写文章及倾听交流的技能；综合性学习、活动探究则是对学生综合能力的延伸，将语文学习与生活相关联；课外古诗词诵读和名著导读则是对初中生阅读量的有效拓展。通

过这七个模块的设置与编排,教师能够在语文教学中引导学生逐步掌握与熟练语言结构、表达与技能,同时能实施传统文化教学,让学生通过教科书的学习提升自己的文化素养。所以,这七个模块是部编本语文教科书中向学生传达传统文化知识的重要方式。而单元提示的讯息是对阅读部分的概述和具体总结,因此,本节主要从阅读、写作、课外古诗词诵读、名著导读、综合性学习、口语交际及活动探究七个模块开展数据研究。

二 外部结构层面内容呈现

为了将教科书中传统文化要素选编情况直观地展示,依据部编本初中语文教科书编排的板块设置情况,对部编本七个模块的显性编排结构进行统计分析,结果见图 2-10。

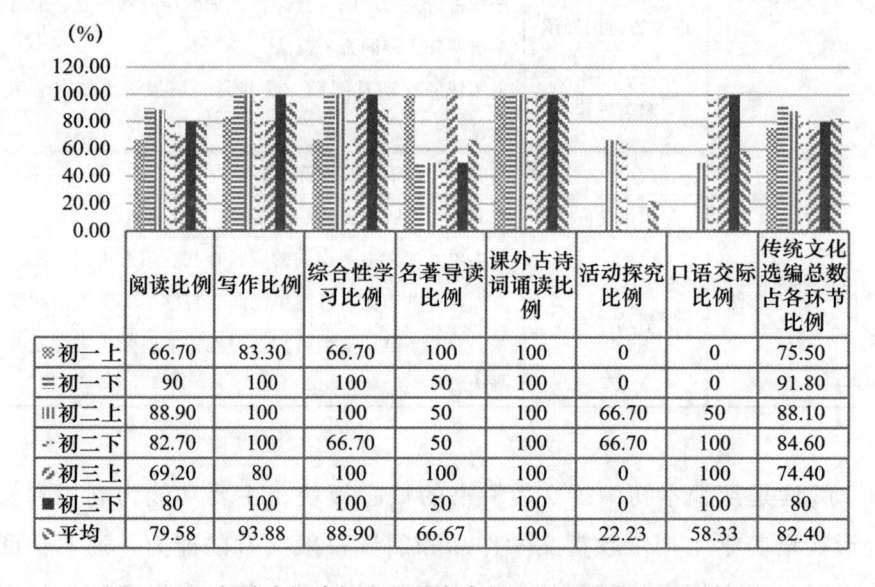

	阅读比例	写作比例	综合性学习比例	名著导读比例	课外古诗词诵读比例	活动探究比例	口语交际比例	传统文化选编总数占各环节比例
初一上	66.70	83.30	66.70	100	100	0	0	75.50
初一下	90	100	100	50	100	0	0	91.80
初二上	88.90	100	100	50	100	66.70	50	88.10
初二下	82.70	100	66.70	50	100	66.70	100	84.60
初三上	69.20	80	100	100	100	0	100	74.40
初三下	80	100	100	50	100	0	100	80
平均	79.58	93.88	88.90	66.67	100	22.23	58.33	82.40

图 2-10 部编本初中语文教科书中传统文化要素选编结构分析

(一)传统文化内容在六册教科书中分布较为平均

由图 2-10 的数据统计可知,部编本初中语文教科书中传统文化选编占六册教科书各环节总数的 82.4%。总体而言,传统文化内容的呈现在部编本六册教科书中以分布比较均匀，虽然有起伏，但平均在80%左右，总体趋势没有大的波动，较为稳定，说明部编本初中语文教科书在选编传统文化内容时遵循了系统性选编的原则。

（二）以古诗词诵读作为集中选编传统文化内容的主要呈现

从图2-10看，体现最多传统文化要素的教科书板块为"课外古诗词诵读"，其比例达到100%，依托古诗词内容的选编，主要呈现传统文学作品、传统伦理道德等要素。阅读部分是"文选型"教科书的主体，该套教科书中，体现传统文化要素的阅读篇目约占教科书总篇目的79.6%，涉及不同类目的传统文化。提及传统文化要素的写作约占总数的94%，但其中传统文化要素类型单一，绝大部分是对成语的单一涉及。综合性学习，涉及传统文化的占总数的88.9%，其中古代散文、古诗词、成语等语言文学类要素涉及较多，类型较为丰富。另外，以传统文化为主题的综合性学习数量尚可。

三 内部结构层面内容呈现

教科书内容的呈现方式应该是灵活多样，利于学生采用多种学习方式进行学习研究，激发学生学习的主动意识和进取精神。对部编本初中语文教科书内部结构层面传统文化内容呈现方式进行深入分析发现，其中存在三个便于学生进行探究、体验和实践的专题和模块。

（一）基于项目式学习的"传统文化"探究专题

基于项目式学习的"传统文化"专题探究实践是以"问题"为导向，注重学生探究创新与学生体验实践，侧重于编排动手操作与实践活动等练习项目，其一般环节为根据教师依据教科书专题中的主题帮助学生解读传统文化内容，然后依据教科书所设置的规划方案，以学生为主体进行项目实施与评价反思等。部编本初中语文教科书中每册都设置了与传统文化相关的探究活动，并选编了不同的探究专题进行分层次编排，以体现传统文化的丰富内涵。一方面，将传统文化的相关内容要素作为探究活动的对象。另一方面，传统文化要素是作为内容素材编排进入教科书的，目的是将其升华为传统文化主题，对其开展探究活动。传统文化在关于传统文化的专题探究活动中分为以上两种呈现形式，归结于二者不同的角色定位和目标指向。前者目的在于增进学生对"古代小说""对联"等传统文化内容要素的了解和认识；而后者则是以小见大，通过相关要素去理解传统文化主题。

（二）基于情境化教学的"传统文化"体验板块

基于情境化教学的"传统文化"情感体验创设，以领会传统文化内容为目标导向，在教学过程中通过具体情境的创设，增加学生对传统文化知识的熟识度，强化学生积极的情感体验。"所有的思维、学习和认知都是处在特定的情境脉络中的，不存在非情境化的学习。"[1] 以传统文化感受和情感体验为主体，意在令学习者在教科书创设的情境中感同身受，以一定的练习活动进行情感体验式学习。在部编本初中语文教科书中，亲身感受与体验传统文化被主要编排在"写作"及课后"积累拓展"两个板块，将语文中必不可少的写作训练与传统文化要素相关联、相融合，使得语文学科在开展传统文化教育上的优势发挥得淋漓尽致。此外，在课后积累拓展中往往也注重学生对传统文化内容的感受与体验，主要以"搜集资料"的形式出现。

（三）基于生活化体验的"传统文化"实践模块

基于生活化体验的"传统文化"实践模块将力图通过让学生依据当下的生活经验和社会现实来表达对传统文化内容的观点思考，通过采访、讨论等言语实践学习方式深入体悟传统文化在现今生活的影响，以实现对传统文化内蕴和当代价值的深刻领会，引导学生建构自己的文化观。"语文课程是实践性课程，应着重培养学生的语文实践能力，而培养这种能力的主要途径也应是语文实践"[2]，因此基于传统文化内容的语文学习必须借助学生积极主动的言语实践来促进传统文化的习得与认同。言语实践不只在"口语交际"中体现，在"综合性学习"、课后"积累探究"中都有所体现。如教科书在阅读教学中通过有意提出一些开放性的适合

---

[1] 戴维·H. 乔纳森：《学习环境的理论基础》，郑太年、任友群译，上海华东师范大学出版社2002年版，第66页。

[2] 教育部：《义务教育语文课程标准》，北京师范大学出版社2012年版，第2页。

学生讨论的观点性问题,引发学生思考杞人忧天究竟是对不必要担忧的讽刺还是忧患意识的表达,来引导学生依据"观点—探究—论辩"的逻辑,通过言语实践,完成基于证据从不同角度出发的合理辩论,帮助学生实现能动的认知过程。

第三章

课程支持：杨柳青年画课程开发

优秀传统文化融入学校课程体系，是扎实落实优秀传统文化教育改革的关键步骤，也是学校系统推进优秀传统文化教育教学的必然要求。杨柳青年画是我国民间艺术的瑰宝，是代代相传、用以迎新祈福的一种民艺形式。作为优秀传统文化的重要组成部分，杨柳青年画承担着教化育人的重要功能。本章以杨柳青年画课程开发为例，探究优秀传统文化进入中小学课堂的课程支持。

第一节　需求分析与课程设计

校本课程开发是一个持续推进的动态过程，决定并改进着课程的整个活动。当开发人员有意识地去识别课程存在实体的各种成分时，便意味着独立于"课程实施"的设计工作即将开展。精心的课程设计是课程开发必不可少的环节。

S小学是教育部首批命名的"全国中小学中华优秀文化艺术传承学校"，21世纪初就已开始了关于杨柳青年画课程的相关研究，经过近二十年来课程教学的探索，杨柳青年画传承工作已初见成效。《天津教育报》《天津教育》以及中央电视台科教频道等相继报道了S小学杨柳青年画传承活动，美国教育代表团、日本学访团、华北五省市等众多国内外教育团体先后到学校学习经验做法。

S小学依托区域文化资源，将年画文化的传承保护和学校课程体系建设有机结合起来，明确杨柳青年画课程育人目标、组织杨柳青年画课程内容等，进而基于顶层设计提高成功打造杨柳青年画特色课程的概率。

一 综合分析

研究一所学校的课程开发过程，首先应综合了解该校所处地区的文化环境以及学校发展的基本情况等，通过复杂性审视课程开发以保障研究结论的全面性。分析杨柳青年画课程开发的价值与初衷，有助于从整体上认识优秀传统文化课程开发的现实基础，从而深入理解杨柳青年画课程"是其所以是"的价值意蕴。经实践调研发现杨柳青年画课程是 S 小学综合考虑文化传承、学校建设、学生发展以及课程改革等多种因素后的一种个性化选择，也是学校创造性开展课程开发行动的开始。

（一）基于区域文化认同的价值选择

学校作为涵养地域文化特征的重要场所，承担着营造文化认同价值语境的教育职责。"当时杨柳青年画面临失传的危险，我们承担着继承和发展的任务，老师们聚在一起慢慢摸索、琢磨、完善。""其实是一种情感上的引入，以年画激发学生对家乡文化的热爱。"

S 小学之所以依托杨柳青年画课程奠定群体文化认同的现实根基，一方面源于校本课程开发对区域文化认同具有充分的价值正当性。具体而言，课程开发等系列教育实践活动，能够不断传递深层次的文化理念，使学生思考年画文化与当下、未来生活的关联，以此深入理解传承下来的文化传统以及人与乡土、国家之间的情感纽带关系，从而增强学生民族"身份"意识与国家归属感。另一方面源于致力区域文化认同的校本课程开发具有实践可行性。首先，杨柳青年画是 S 小学区域文化的象征性符号，年画文化早已深深根植于民众丰富生活之中，其为学校带来了课程资源选择的便捷性和资源运用的保障力；其次，区域文化具有易于学生接受与亲近的优势，在课程教学过程中能够有效减少因文化缺位而产生的价值观冲突和抗拒心理；最后，校本课程开发促使学校综合审视、慎重选择和精细加工杨柳青年画资源等，实现区域文化合理成分得以弘扬、局限因素及时摒弃的同时，推动家长、教师、学生等群体产生积极文化响应、认可文化存在价值等。

（二）基于特色学校建设的战略需要

校本课程是特色学校建设的重要载体，特色学校建设需要校本课程支撑，两者因具有共同的价值旨归，在有机整合中塑造着学校独特的文化基因和精神气质，"也是为了突出特殊性，使杨柳青年画成为学校的一个优势和亮点，展示出学校不同寻常的地方来"。

S小学之所以开发杨柳青年画校本课程以满足特色学校建设的战略需要，一方面充分认识到地域文化是学校特色选择的重要依据，发挥学校办学的主体作用，积极挖掘杨柳青年画这一独特的课程资源，落实学校特色办学理念，能够以局部特色促使学校整体综合特色发展，建构学校个性发展空间。另一方面是因为看到了校本课程开发与特色学校建设的内在联系。具体而言，首先校本课程开发与特色学校建设具有共同的前提条件，即基础教育课程改革扩大学校办学自主权，赋予学校宽松的办学氛围，为学校进行特色建设和校本课程开发提供了充足空间；其次，校本课程在学校特色发展过程中作为核心要素存在，学校特色校本课程的质量与其特色教育理念体系的一致性是衡量特色学校建设的重要指标；再次，特色学校建设是校本课程开发的基本旨归，[①]通过特色学科的带动作用能够影响其他学科建设乃至整个学校的发展。最后，在杨柳青年画课程开发应将"办什么样的学校以及培养怎样的人"等问题具体化，使学校凝聚出越发鲜明的文化样态和办学特色。

（三）基于人的全面发展的教育愿景

伴随着社会结构的深刻变革，人们对待事物的视点和处理问题的方式均发生了一定转变，其越发强调综合、全面的观物方式以及人的价值性存在。这也就意味着学校必须实施合时宜的全面发展教育，培养具有完整人格的多类型人才。

---

① 范涌峰：《校本课程与特色学校关系的断裂与重构》，《中国教育学刊》2018年第5期。

"人的全面发展"是我国教育目的的核心议题，同样也是S小学教育事业的核心价值追求。具体而言，"人的全面发展"思想包含两个层面的基本内涵：首先指向人的完整性发展，即各种基本素质和各素质内部均有丰富的内涵，并且获得不同程度的协调发展和多方面发展，同时指向人的自由个性发展，即强调人的发展具有独特性、自主性和个性化。深入贯彻落实"人的全面发展"教育思想，仅仅停留于满足国家课程基本要求是不足够的，需要学校以学生全面发展和个性发展的统一为导向，积极构建并完善课程体系。S小学通过拓宽校本课程开发门类的方式，力求在促使学生全面发展的过程中谋求学生的个性发展。因此，杨柳青年画课程建立在尊重学生差异化和多样化基础上，倡导为学生提供丰富多彩的教育活动，从而帮助学生探寻适合自己的发展道路。其与国家课程、地方课程是相互补充的关系，但在理念层面更加明确基于学生兴趣、需要和动机等培养学生特色化发展的重要性和必要性，更加强调尊重学生的价值主体地位，其实也是生存性教育向发展性教育转变的一种体现。[1]

（四）基于校本课程改革的纵深发展

2001年《基础教育课程改革纲要（试行）》印发，明确提出国家要实行三级课程管理体制。制度的变迁促使课程管理的权限划分更为科学合理，为学校构建多样化的课程资源提供广阔空间。

基础教育课程改革的渐进式深入，赋予S小学设置校本课程、选择校本教材的权利。基于此，S小学聚焦杨柳青年画教育资源，集中校内外优势力量，以纵深推进的方式实施校本课程开发。纵深推进的思维方式其实与校本课程开发纵深发展的必然趋势相一致，是推进校本课程开发向纵深发展的有效策略。具体而言，将纵深推进作为杨柳青年画课程开发的逻辑指导，对拓展课程开发的深度与广度具有奠基性的作用。第一，纵深推进的思维方式追求校本课程开发的精细化开展，其引导S小学充实杨柳青年画课程开发环节，其中包括资料收集、分类筛选、组织加工、课程设计、实施与评价等；第二，纵深推进的思维方式主张校本课程开

---

[1] 罗莎莎、靳玉乐：《新时代教育发展的特点与使命》，《教师教育学报》2019年第2期。

发由简到繁、由易到难、由单一到多样等，其指引 S 小学在杨柳青年画课程开发过程中，不断探寻教育供给充分化和教育结构均衡化的实践路径，逐步实现资源运用、内容组织、体系构建等方面的多维突破；第三，纵深推进的思维方式强调校本课程开发是一个不断调整、优化和改进的动态过程，其引领 S 小学在积极反馈中修订杨柳青年画课程，坚持问题导向完善课程开发，发挥校本课程开发的优势效应引动学校深远变革。

二　课程培养目标的双维构建

课程目标作为课程开发的核心指向，[①] 在课程理论与课程设计中占据重要地位，其不仅是衔接教育目的和教学目标的中介桥梁，还对课程类型选择、课程组织实施和课程效果评价等诸多环节具有引导和规范功能。2014 年教育部印发《关于全面深化课程改革 落实立德树人根本任务的意见》，指出要将学生发展核心素养具体化，根据学生终身发展和社会发展的需要，明确各学段学生应该具备的必备品格和关键能力。特别是基础教育阶段，将必备品格与关键能力的培养细化落实到学校课程目标之中，事关提升国民素质的基础性工程不容丝毫懈怠。

（一）关注必备品格，制定杨柳青年画课程总体目标

S 小学以美术课程标准为基本依据，以学生发展核心素养为基本指向，将杨柳青年画课程的总体目标凝练为：让年画之乡的孩子了解年画、爱上年画、绘制年画，使杨柳青年画这一非物质文化遗产得到传承，并培养学生的审美能力和爱祖国、爱家乡的美好情感。"小学开设杨柳青年画课程其实并不是为了要出多少精品来，小学的学习主要是一种情感上的引入。以前一提到年画，就算是当地人都不清楚杨柳青年画到底怎么回事。而现在，就比如刚刚毕业的这一拨孩子，都能给你讲出道道来，一提这个杨柳青年画就能夸夸其谈，基本上都能给你说出点什么来。""小学教育的最大优势就是让学生们爱年画、爱家乡、爱祖国，生在杨柳青备感骄傲、备感自豪，以至于以后也愿意画年画、并可以画好年画。"

---

① 刘启迪：《课程目标：构成、研制与实现》，《课程·教材·教法》2004 年第 8 期。

杨柳青年画是天津民间艺术四绝之一，也是我国民族艺术的宝贵财富。S小学开设杨柳青年画课程不仅要传承这一珍贵文化遗产，更重要的是激发学生热爱家乡、热爱祖国的深厚情感。

杨柳青年画课程总体目标的创设体现了文化传承与必备品格塑造相结合的特征，表明课程开发并非单纯意义上的一种文化传承，而是基于文化传承培养学生爱祖国、爱家乡的情怀以及国家认同与民族自信心等必备品格。具体而言，其实是将课程教学视为一种蕴含着积极体验的情感认同过程，通过展现年画符号丰富的形态变化，吸引学生自觉参与到年画绘画和推广之中，从而依托文化符号促使学生自主完成认知识别、情感寄托和自觉行动等，逐步把握年画传承背后深层次的文化内涵，以奠定文化身份认同和价值文化认同的根基。知识、符号的记忆随着时间的流逝会逐渐消退甚至淡忘，但从情感层面所完成的自我身份的明确以及群体归属感的形成却可以永久留存。因此，无论是个案学校杨柳青年画课程的开发，还是广大学校优秀传统文化教育的实施，均应关注必备品格的塑造，激发个体文化传承的使命意识，发挥积极效应大力弘扬中华民族精神。

（二）聚焦关键能力，明确杨柳青年画课程具体目标

S小学遵循学生身心发展规律，结合学生年龄特征和认知能力等，制定了与低、中、高三个学段分别对应的杨柳青年画课程具体目标。即一、二年级学生要求学会使用蜡笔、彩铅、油画棒彩绘年画；三年级学生要求采用蜡笔、水彩相结合的方法绘制年画，实现低年级向高年级绘画的自然过渡；四、五、六年级学生要求能够使用水彩独立完成简单的彩绘年画。"杨柳青年画的绘制难度比较大，所以根据孩子们的特点把年画拆分成适合各个年级的多个部分。每个年级的目标和要求各不相同，比如一年级教授的图案就比较简单，绘画手法也相对容易掌握；然后在二年级、三年级一点点增加难度，包括图案的复杂程度也是递进的。"杨柳青年画课程具体目标的纵向维度呈现出明显的阶段性特征，对基本绘画技法的掌握以及各种绘画工具的使用等提出了具体要求。而在课程具体目标的横向维度上，S小学又提出了五种关键能力的培养，即阅

读理解力、创新力、运动力、审美力和社交力。具体而言，杨柳青年画相关教材或资料的阅读以及年画知识的学习等，均可以有效提高学生的阅读理解力；创新力在杨柳青年画课程中主要表现为结合特定时代环境，以传统年画的创作模式为导向，提出有别于常规思路的独特见解；运动力是一种充沛体力、昂扬精神的能力，年画作品制作、年画主题歌舞表演等均与充实运动力息息相关；审美力主要在欣赏艺术线条之美、领略勾线技艺之妙等过程中潜移默化地形成；社交力是一种与他人相处和交往的能力，合作完成年画和展示年画作品等能够提升学生的社交能力。这五种关键能力的培养既无主次之分，也无先后之别，对于每一阶段的杨柳青年画课程教学而言都是十分重要的。

（三）将必备品格的塑造与关键能力的培养相结合

杨柳青年画课程目标呈现出以文化传承为基本、总体目标与具体目标相互补充以及自上而下不断具体化的趋势，既表现了杨柳青年画的独特价值，又体现了学校校本课程的价值追求。总的来看，必备品格塑造和关键能力培养统一于杨柳青年画课程之中，共同构成了杨柳青年画课程目标。

虽然杨柳青年画课程总体目标中关于必备品格的阐释更为明显，具体目标中关键能力的培养更为突出，但这并不意味着必备品格与关键能力相互分离。对于杨柳青年画课程开发而言，两者是不可分割的。S 小学明确指出，要将有助于培养学生品质的情感教育、道德教育，以及审美力、创造力和社会实践力等综合能力的培养融入杨柳青年画课程之中，体现出杨柳青年画课程致力于对学生必备品格与关键能力的培养。具体而言，必备品格塑造与关键能力培养相结合的逻辑关系主要表现为：延伸杨柳青年画的外在形式与重新解读杨柳青年画文化意蕴的教育行为，促使文化形式的精神价值与使用价值相互依存，进而帮助学生在勾描到彩绘较长时间的反复练习中，提升自身审美素质、实践能力和创新意识等，并且基于文化传承反观个人价值观体系，培育学生家国情怀、道德品质和人格修养等。

三 校本教材内容的编制策略

校本教材作为课程开发的现实物质载体，承载并传递着课程内容及其价值素材。校本教材的开发质量在一定程度上影响着课程目标达成、课程实施效果以及育人策略运用等。S小学杨柳青年画校本教材已经使用16年之久，虽然近年部分教材有所修订，但实际也是原有教材的一种延续和补充。本章主要对校本教材的内容进行具体分析，从内容选择、内容组织和内容呈现三个层面关注校本"教科书"内容，以期通过原始文本资料的研究得出相对真实客观的结论，提升校本教材开发的适切性和有效性。

（一）内容选择：融会三类知识，求解三大问题

《学习、教学和评价的分类学——布卢姆教育目标分类学的修订》一书，结合教育心理学理论完善布卢姆关于知识类别的具体指标，将知识维度划分为事实性知识、概念性知识、程序性知识和元认知知识四种水平。本节考虑到事实性知识与概念性知识均属于概念、事实以及原理等的学科基础性知识，因此将事实性知识与概念性知识作为本体性知识的下位概念，从本体性知识、程序性知识和元认知知识三方面对S小学杨柳青年画课程开发团队编制的《杨柳青年画知识读本》《杨柳青年画拓展类校本教材》两本校本教材的内容选择进行分析。并且，由于杨柳青年画校本课程内容涉及的领域较为广泛，因此为方便分析S小学校本教材的具体内容，本节引入"知识团"、"知识子团"和"知识点"三个基本单位，[①] 进一步探析各类知识内在的逻辑关系。

1. 本体性知识：探寻年画之是何

本体性知识主要回答某一学科"是什么"的问题，体现了一学科区别于其他学科的本质特征。在本体性知识中，事实性知识是学习者通晓某一学科所必须知道的基本要素，由术语知识以及具体细节和要素的知识构成；概念性知识是一种较为抽象、具有概括性和组织性的知识类型，

---

① 崔英梅：《课程组织的量化分析研究》，博士学位论文，东北师范大学，2014年。

由类别与分类的知识、原理与概括的知识以及理论、模式与结构的知识构成。[①] 具体来看，杨柳青年画校本教材中规定了两个领域的课程内容，每个学习领域由两个知识团构成，每个知识团包含 2—6 个知识子团，知识子团由若干具有内在关联的知识点构成，详细内容如表 3 – 1。

表 3 – 1　　　　　　　校本教材中的"本体性知识"

学习领域	知识团	知识子团	知识点（部分）
事实性知识	术语知识	名词类术语	民间木版年画、工艺美术、单色版、年画坯子等
		动词类术语	木版印制、木版套印、分版、点染、勾染、托裱等
	具体细节和要素知识	杨柳青年画历史	1. 明代崇祯年间杨柳青年画就已出现，清代光绪年间是年画发展的鼎盛时期； 2. 到抗日战争和解放战争时期，杨柳青年画随即搁置发展……
		杨柳青年画特征	1. 杨柳青年画笔法细腻、人物造型秀丽、色彩明艳、形式内容丰富多彩 2. 杨柳青年画采用木版套印和手工彩绘相结合的方法……
		杨柳青年画风格	1. 清乾隆后年画吸取著名画家陈洪绶、萧云从的人物造型风格； 2. 由于杨柳青靠近北京，同时受到清代宫廷画风的影响，如冷枚等人的版画风格……
		杨柳青年画取材	1. 杨柳青年画取材内容极为广泛，包括历史故事、神话传说、市井风情以及山水风景等； 2. 太平天国时期的年画，由于受到宗教信仰影响，多从花鸟鱼虫、走兽风景中取材，取材内容并不包括人物……

---

① 盛群力、褚献华：《布卢姆认知目标分类修订的二维框架》，《课程·教材·教法》2004 年第 9 期。

续表

学习领域	知识团	知识子团	知识点（部分）
		杨柳青年画题材	1. 古代历史人物故事、现代历史小说故事、生活中的妇女和娃娃等；（清朝康熙、雍正年间） 2. 嘉庆、道光年间，年画中的人物越来越多，并以民间戏剧、小说为题材……
		杨柳青年画构图	1. 康熙、雍正年间年画构图，为了突出主题人物往往只画人物上半身，以表现人物精神；而背景从简，杂物陈设却勾染得精细； 2. 到了晚清，杨柳青木版年画更注重画面的对称和平衡感，色彩鲜艳和谐，同时增加了山水、亭台、室内用具等补景方法……
概念性知识	类别与分类的知识	年画体裁类别	贡尖、板屏、炕围和门画、历画、灯画、斗方、缸鱼、窗花纸和格景、册页……
		年画用笔方法类别	用笔六法：蚕丝描、叶条描、紧衣描、兰叶描、柳叶描、钉头鼠尾描
		年画门画分类	1. 门画分类：门神、财神、门童； 2. 杨柳青年画十大种类：娃娃类、民俗类、时事类、故事类……
	原理与概括的知识	年画概念知识	1. 有些年画是贴在大门上，因此又称门画； 2. 年画是我国民间过年节时张贴的一种民间画类……
		年画种类相关概括知识	1. 娃娃类年画：全幅作品只有娃娃一种，一人或多人； 2. 故事类年画：以典故、先例为题材的作品，或者是故事性很强的作品……
		年画体裁相关概括知识	1. 贡尖：整张横幅粉纸印刷的画样； 2. 屏对：配于复单幅板屏两侧的条对……
		年画用笔相关概括知识	1. 蚕丝描：用狼毫尖笔勾画衣纹，描法要圆匀劲细； 2. 叶条描：用小画笔匿锋成藏笔，笔势婉转，秀润圆浑，忌首尾怒降，笔道肥壮……

从学习领域来看，本体性知识的选择覆盖了事实性知识和概念性知识两大领域，并集中于《杨柳青年画知识读本》中的"年画历史背景"和"年画知识简介"部分。在《杨柳青年画拓展类校本教材》中虽然也有所提及，但涉及内容较少，主要隐含于扇面画、金粉彩水画、版画等的简单说明之中；从知识团层面来看，事实性知识包括了术语知识、具体细节和要素的知识；概念性知识包括了类别与分类的知识、原理与概括的知识，而理论、模式与结构相关的知识在校本教材中没有明确体现；从知识子团层面来看，与杨柳青年画具体细节和要素相关的事实性知识占比最多。总体来看，杨柳青年画校本教材的本体性知识选择具有三个特征，即内容覆盖范围广、与总体目标中"了解年画"相契合、符合具体目标"阅读力"的培养要求。具体而言，"范围广"主要是指杨柳青年画的本体性知识以"是其所是"为主线，从发展脉络、特征风格、作品题材等多重视角展现年画具体样态与表征形式；本体性知识的选择涉及知识难度以及深度等问题。对于S小学而言，本体性知识首先是学生广泛了解年画的一种手段，因此学校选取的知识点较为基础，旨在帮助学生尽可能感触知识概念与内涵，奠定学生丰富认知基础；而阅读力培养是尊重学生精神成长需求的外在表现。本体性知识的呈现是学生获取间接经验的重要途径，故而S小学将本体性知识扩展到事实性知识和概念性知识的多个层面，以便于学生阅读了解杨柳青年画基本内容。

2. 程序性知识：把握年画之如何

程序性知识主要回答"如何做"的问题，相对于本体性知识而言，程序性知识更加强调动态化过程，重视操作方法的熟练掌握，以是否能做、会做什么等判断知识技能水平。本节基于S小学杨柳青年画必修课程与选修课程的类型划分，提出必修课的程序性知识和选修课的程序性知识两大学习领域。进而，考虑到程序性知识的划分虽然较为明确，即包含了具体学科技能和算法的知识、具体学科技巧和方法的知识、确定何时运用适当程序的知识，[①] 但

---

① 盛群力、褚献华：《布卢姆认知目标分类修订的二维框架》，《课程·教材·教法》2004年第9期。

这三种知识在杨柳青年画校本教材中未有清晰界限。因此，在知识团层面，结合课程具体目标中工具使用的规定以及校本教材中技法知识的介绍，凝练出必修课工具知识和必修课技法知识、选修课工具知识和选修课技法知识四个维度。其中，必修课工具知识和必修课技法知识均包含6个知识子团，主要根据年级任务划分形成；选修课工具知识和选修课技法知识同样包含6个知识子团，但其根据年画类型划分而成，详细内容如表3-2。

表3-2　　　　　　校本教材中的"程序性知识"

学习领域	知识团	知识子团	知识点（部分）
必修课程序性知识	必修课工具知识	《虎娃》	彩色铅笔：黄色、粉色、红色、赭石色等
		《四季花》	彩色铅笔：梅红色、粉色、酞青蓝、淡绿色等 油画棒：黄色、赭石色、黑色等
		《连有余利》	彩色铅笔：粉红色、蓝色、白色等 油画棒：浅黄色、白色、黑色等 水彩：绿色、黑色、大红等 蜡笔：红色、赭石色等
		《二甲传胪》	水彩：白色、红色、赭石色、朱磦、浅蓝色等
		《福善吉庆》	水彩：绿色、黄色、紫色、深墨等
		《春风得意》	水彩：粉色、黑色、赭石加朱磦等
	必修课技法知识	《虎娃》	饰品类：长命锁、虎头帽 动物类：老虎画法 娃娃类：出相子、染脸蛋等 服装类：设计图案、服装上色
		《四季花》	植物类：丹花画法、荷花画法、梅花画法等 娃娃类：染脸蛋、烘脸、出相子、染头筐等
		《连有余利》	植物类：莲花画法、莲蓬画法 动物类：鱼画法（鱼头、鱼鳞、鱼身、鱼尾等） 娃娃类：染脸、勾脸、头发、眼睛等

续表

学习领域	知识团	知识子团	知识点（部分）
		《二甲传胪》	植物类：芦苇画法、寿桃画法
			动物类：螃蟹画法
			服装类：兜兜画法
			娃娃类：上粉、染脸、烘脸、开眼等
		《福善吉庆》	饰品类：扇子、佛手
			动物类：蝙蝠画法
			植物类：叶子画法
			水果类：桃子画法
			娃娃类：染脸、勾脸、开眼等
			服装类：服装上色（染领口、袖口、裤子等）
		《春风得意》	饰品类：风筝、如意
			娃娃类：上粉、染脸、烘脸、开眼等
			植物类：牡丹画法
			服装类：设计图案、服装上色
选修课程序性知识	选修课工具知识	扇面画	空白团扇、画稿、彩色水彩、彩色铅笔等
		金粉彩水画	彩色铅笔、彩色水彩、水粉等
		版画	木板、木刻刀、油墨和颜料等
		年画剪纸	纸张、剪刀、刻刀等
		年画十字绣	布、线、针等
		泥塑	黏土、泥坯、棉花纤维、彩色染料等
	选修课技法知识	扇面画	拓稿、染脸、染头篦、烘脸、画服装等
		金粉彩水画	染脸、染头篦、烘脸、出相子、染头发等
		版画	绘画、刻板（刻、切、铲、凿、划等）、上磨等
		年画剪纸	选择图案、剪刻图案
		年画十字绣	选择图案、配色、绣制图案
		泥塑	选择泥土、捏制胚胎、阴干、上底粉、施彩绘

　　杨柳青年画必修课的程序性知识集中于《杨柳青年画知识读本》"年画技法"部分，选修课的程序性知识体现在《杨柳青年画拓展类校本教

材》不同类型年画的绘制技法介绍之中。通过程序性知识的分类整理与归纳分析发现：第一，必修课工具知识的选择与低、中、高三个学段的阶段性目标相契合。具体而言，一年级、二年级使用彩色铅笔、油画棒绘制《虎娃》和《四季花》；三年级在彩色铅笔和油画棒基础上使用蜡笔和水彩绘制《连有余利》；四、五、六年级使用水彩独立完成《二甲传胪》《福善吉庆》《春风得意》的绘制。第二，必修课技法知识的选择综合考虑年画题材的普遍程度以及学生认知的发展水平等。杨柳青年画种类虽多，但娃娃类年画是其中最重要的组成部分，是杨柳青年画的主体。并且，娃娃年画的绘制较为简单，易于小学阶段学生接受和掌握。此外，娃娃类年画的绘制涉及饰品类、植物类和动物类等多个领域，满足学生多样化需求。因此，每个年级中杨柳青年画必修课技法知识均涉及娃娃画法，但娃娃的具体姿势、面部形态、服装造型等不尽相同，难易程度也各有差异。第三，选修课中的程序性知识是必修课的一种巩固、拓展和丰富。如选修课工具知识中既有彩色铅笔、彩色水彩等的巩固运用，也有木板、剪刀等的全新补充。总的来说，校本教材程序性知识的选择能够体现出杨柳青年画课程总体目标"绘制年画"以及具体目标"传承年画创作手法"的规定，满足学校要求学生学习程序性知识、熟练掌握工艺技能的诉求。

3. 元认知知识：求解年画之为何

虽然学者们关于元认知知识概念的表述存在差别，但是元认知知识在促进学生认知发展以及能动性发挥等方面产生的作用却是毋庸置疑的。结合个案学校校本教材内容的选择，本节将元认知知识中"关于认知任务的知识"这一维度作为内容选择分析的一部分。关于认知任务的知识，在杨柳青年画校本教材中主要表现为主体认识到作品含义、图案寓意等因素会影响认知活动的进行或结果，比如知晓年画寓意更容易记忆并理解年画的构成结构。在"关于认知任务的知识"学习领域研究提炼出图案寓意和年画典故两个维度，并根据作品任务的不同以及作品类型的划分，分别概括出《虎娃》寓意等6个知识子团、故事类年画典故等7个知识子团，以回答年画为何产生、为何如此构图等问题（详细内容如表3-3）。

表3-3 校本教材中的"元认知知识"

学习领域	知识团	知识子团	知识点（部分）
关于认知任务的知识	图案寓意	《虎娃》	局部图案及寓意：长命锁、虎、娃娃
		《四季花》	局部图案及寓意：牡丹花、莲花、菊花、梅花
			整体图案及寓意：四季平安、繁荣昌盛等
		《连有余利》	局部图案及寓意：莲蓬、莲花、鱼
			整体图案及寓意：大富大贵、生活富裕等
		《二甲传胪》	局部图案及寓意：芦苇、螃蟹、寿桃、兜兜
			整体图案及寓意：学业有成、金榜题名等
		《福善吉庆》	局部图案及寓意：佛手、扇子、蝙蝠、娃娃
			整体图案及寓意：吉祥之意、万事如意等
		《春风得意》	局部图案及寓意：风筝、娃娃、如意
			整体图案及寓意：生活幸福、事业成功等
	年画典故	故事类年画典故	历史事件：《精忠报国》《三顾茅庐》《文姬归汉》
			民间故事：《孔融让梨》《五子登科》《孟母择邻》
			神话传说：《八仙过海》《利市仙官》《仝盟结拜》
		娃娃类年画典故	《居官高升》《连年有余》《子鱼卧莲》等
		仕女娃娃类年画典故	《托婴图》《金玉满堂》
		戏曲类年画典故	《盗仙草》
		民俗类年画典故	《瑞雪丰年》《合家欢乐大过新年》《老鼠娶亲》《加官进禄》
		时事类年画典故	《北京城百姓抢当铺》
		神类年画典故	《门神》《灶王》

杨柳青年画校本教材的元认知知识集中于《杨柳青年画知识读本》"图案介绍"以及"年画典故"部分。其中，"图案介绍"部分的内容选择主要具有两大特征：第一，"局部+整体"的双向组合，即图案介绍不仅涉及局部图案，还对整体图案进行说明。如年画《连有余利》由莲蓬、莲花、鱼图案介绍过渡至整幅年画具体论述。第二，"事实（构图）+寓意"的双重层次，即局部图案的介绍中包含了事实知识和寓意内容两种层次，整体图案的介绍中包含了构图知识和寓意内容两种层次。如局部

图案"长命锁"的介绍首先描述长命锁的概念种类，然后围绕主要寓意"保佑儿童健康成长"详细展开；整体图案《四季花》的介绍首先对整体构图（娃娃右手握莲花、左手举梅花，左右菊花牡丹相伴）进行说明，然后具体解读年画的象征意义。"年画典故"部分的内容选择包含了7大类型，并未涉及仕女类、佛类、风景类年画。根据典故将数量进行排序，故事类年画（9）＞娃娃类年画（5）＞民俗类年画（4）＞仕女娃娃类/神类年画（2）＞时事类/戏曲类年画（1）。总体来看，"图案介绍"以及"年画典故"能够展现年画符号背后的精神价值，使学生基于了解年画"是其所是"的外在表征，进一步理解年画"是其所以是"的深刻内涵，从而带着关于任务的理性认知用心、用感情、用情怀熔铸年画作品，真正地爱上年画、以生活在年画之乡而自豪、以祖国孕育着深厚传统文化而骄傲。

（二）内容组织：表层与深层组织的双向建构

校本教材是对课程内容精细化组织的产物，将内容各要素以科学、合理的方式组织起来，能够有效促使课程育人功能的发挥以及校本课程目标的实现。本节根据丁朝蓬关于教科书结构的表述，即"教科书是深层结构与表层结构的统一"，[①] 对杨柳青年画校本教材内容的表层组织框架与深层组织结构进行分析。

1. 采用三级组织形式，搭建表层组织框架

表层组织是赋予校本教材表现形式的重要步骤，为课程教学提供内容依托与知识框架。校本教材表层组织中功能模块的类型和形式是丰富多样的，现有校本教材采用单元、课文、子目等多种编排方式呈现内容。以教材的体例结构为基准，对杨柳青年画校本教材的表层组织进行分析时发现：《杨柳青年画知识读本》采用三级组织形式搭建表层组织框架（表3-4）。具体而言，第一层次为"学段"，第二层次为"子目"，第三层次为"框"。"学段"是本册教材的最大单位，由一年级至六年级所学

---

① 丁朝蓬：《教科书结构分析与内容质量评价》，《教育理论与实践》2001年第8期。

内容构成。每一学段下设五个子目,分别叙述年画历史背景、年画知识简介、年画图案介绍、年画技法、年画典故系列内容。"子目"这一层次下又设置了 3—13 个"框"内容,"框"是校本教材表层组织的最小单位,由杨柳青年画相关的知识点构成。总体来看,本册教材各学段既相对独立又具有一定相关性,方便教师根据学生情况和教学现状灵活调整内容的同时,也规范了教师重组与充实教学内容的行为,对准确理解与把握课程目标具有积极导向作用。

图 3-1 《杨柳青年画拓展类校本教材》表层组织呈现

《杨柳青年画拓展类校本教材》同样采用三级组织形式搭建表层组织框架。具体而言,第一层次为"篇",第二层次为"子目",第三层次为"框"。"篇"是本册教材的最大组织单位,由扇面画、金粉彩水画、版画、年画剪纸、年画十字绣、泥塑六"篇"构成。每一"篇"下设 1—3 个"子目"内容,"子目"是校本教材的主体部分,由年画特点、绘画技法、材料工具等内容构成。此外,"篇"中还包含了"学生活动""作品欣赏"图片展示部分(图 3-1)。"子目"这一层次下又设置了 2—8 个"框","框"是表层组织中的最小单位,"框"的内容既包括拓稿、选择图案、配色等动态化的技法知识,还包括剪刀、刻刀等静态化的工具知识。总体来看,虽然本册教材与《杨柳青年画知识读本》表层组织"学段""子目""框"的具体表述有所差异,但是两者的组织形式与结构是一致的。每"篇"同样单独呈现,并下设具有相似性的知识子目,每一"子目"由若干相关知识点构成。

表3-4　　　《杨柳青年画知识读本》校本教材的表层组织

	年画历史背景	年画知识简介	年画图案介绍	年画技法	年画典故
一年级年画	无"框"	无"框"	1. 长命锁 2. 虎 3. 娃娃	1. 虎头帽 2. 染脸 3. 服装 4. 出相子(娃娃画法)	《孔融让梨》《精忠报国》《八仙过海》《五子登科》
二年级年画	无"框"	年画十大种类	1. 牡丹花 2. 莲花 3. 菊花 4. 梅花 5. 娃娃 6. 四季花	1. 牡丹画法 2. 荷花画法 3. 梅花画法 4. 菊花画法 5. 娃娃画法 6. 画服装	《灶王》《老鼠娶亲》《瑞雪丰年》《居官高升》《合家欢乐大过新年》《孟姜女万里寻夫到长城》《托婴图》
三年级年画	无"框"	年画制作五步	1. 莲蓬 2. 莲花 3. 鱼(连有余利)	1. 莲花画法 2. 莲蓬画法 3. 鱼画法 4. 娃娃画法	《连年有余》《子鱼卧莲》《金玉满堂》《利市仙官》
四年级年画	无"框"	年画十三种体裁	1. 芦苇 2. 螃蟹 3. 寿桃 4. 兜兜(二甲传胪)	1. 上粉 2. 染脸 3. 染桃 4. 烘脸 5. 染衣服 6. 开眼	《孟母择邻》《三顾茅庐》《丹凤朝阳》《刘海戏蟾》

续表

	年画历史背景	年画知识简介	年画图案介绍	年画技法	年画典故
五年级年画	无"框"	用笔六法	1. 佛手 2. 扇子 3. 蝙蝠 4. 娃娃（福善吉庆）	1. 娃娃 2. 染脸 3. 染桃 4. 勾脸 5. 染衣服 6. 开眼 7. 吉祥物	《北京城百姓抢当铺》《刘大人私访黄爱玉上坟旋风告状》《门神》《白狗代美人》《全盟结拜》
六年级年画	无"框"	无"框"	1. 风筝 2. 娃娃 3. 如意（春风得意）	1. 上粉 2. 染脸 3. 烘脸 4. 开眼 5. 染衣服 6. 吉祥物	《盗仙草》《文姬归汉》《加官进禄》《七擒孟获》

综上可见，杨柳青年画校本教材采用"学段"、"篇"、"子目"及"框"三级组织形式，其中"学段""篇"为校本教材最大的组织单位，"子目"为表层组织的基本单位，"框"为教材最小的组织单位。伴随着组织层次的逐级下移，教材内容越发清晰，知识点越发具体。

2. 运用两种组织结构，优化深层组织效能

深层组织是内容诸要素间关联关系的一种体现，包括横向组织结构和纵向组织结构。其中，横向组织结构体现教材内容的系统性和层次性，纵向组织结构倾向于展现教材内容的衔接关系和渐进特征。尊重学科内在规律以及学生发展规律整合内容要素，对于学生知识经验学习与教师课程资源利用等具有重要意义。

《杨柳青年画知识读本》以具有代表性和典型性的传统杨柳青年画作品为核心，结合学生年龄特点、知识结构和接受能力等，对一年级至六年级的知识进行了要点精编，依托覆盖六个学段的重点内容，帮助学生

在掌握知识和技艺的基础上深入了解杨柳青年画的悠久历史和灿烂文化。通过分析，本节认为本册教材内容的深层组织采用螺旋上升式组织形式（图3-2），展现教材内容的垂直组织结构特征。之所以如此认为，是因为本册教材考虑到学生在不同年龄阶段表现出不同的身心发展总体特征和主要矛盾，面临着不同的发展任务，以不同学段的教学内容为主线勾画出教材的整体轮廓。并且，每个学段均整合了关于历史背景、知识简介、图案介绍、年画技法和年画典故五个部分的知识体系，展现出不同学段间的纵向关系。此外，各学段知识内容的编排遵循由易到难、循序渐进、由局部到整体的组织原则，力图构建序列化的教材内容体系。因此，本节认为校本教材基于学生身心发展的阶段性特征，采用螺旋上升式组织形式逐步拓展知识深度，使学生既能建立起新旧知识之间的内在联系，又能从日益充实的学习内容中获得切实收获。

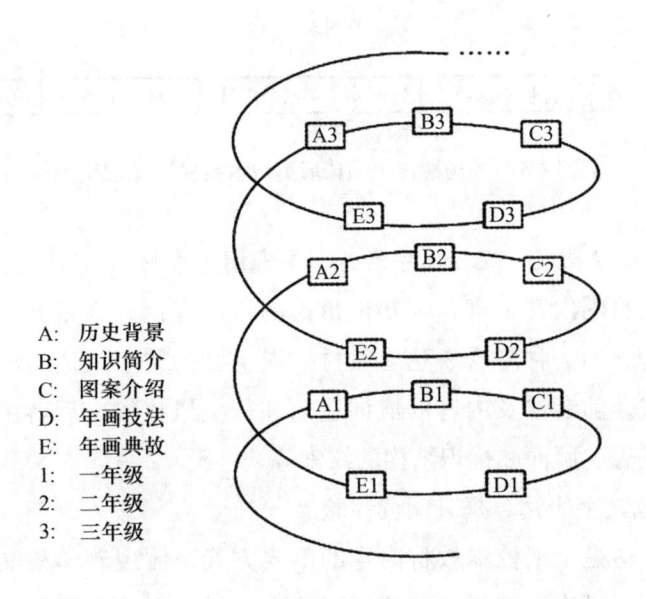

A: 历史背景
B: 知识简介
C: 图案介绍
D: 年画技法
E: 年画典故
1: 一年级
2: 二年级
3: 三年级

图3-2 《杨柳青年画知识读本》校本教材深层组织

《杨柳青年画拓展类校本教材》结合教师专业特长以及学生发展需求等，围绕"多彩"这一教育教学理念，对杨柳青年画表现形式进行大胆探索，创造性地将年画画样与刺绣、剪纸和泥塑等融合，以扇面画、金粉彩水画、版画、年画剪纸、年画十字绣、泥塑为中心构建教材的知识体系。通过分析，本节认为本册教材内容的深层组织采用并列式组织形式（图3-3），展现的是教材内容的水平组织结构特征。之所以如此认为，是因为不同类别的年画在色彩、构图和造型等方面各有差异，教材内容之间具有相对独立性，但不存在优劣之分只有特色之别。并且每一"篇"中各类年画的叙述方式基本一致，包含工具准备、绘画技法等1—3个"子目"内容。因此，本节认为本册教材采用了简单清晰的并列式组织形式展现内容领域的广泛程度。多样化艺术形式的呈现，能够拉近年画与生活、与学生之间的距离，使年画创作与学生日常经验储备相符合，帮助学生在体验创作乐趣的过程中，提升美术素养、陶冶艺术情操、丰富文化认知等。

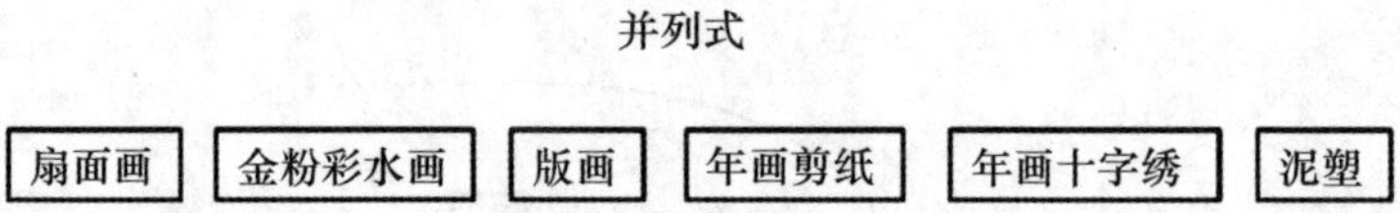

并列式

| 扇面画 | 金粉彩水画 | 版画 | 年画剪纸 | 年画十字绣 | 泥塑 |

图3-3 《杨柳青年画拓展类校本教材》深层组织

（三）内容呈现：规范文字表达，丰富图片素材

校本教材的内容呈现，为知识价值的传递提供外在依托，是教材编排者设计理念的一种隐含表达。教材呈现主要由文字表达与非文字表达两部分构成，前者涉及内容的遣词造句和行文风格等，后者主要包括内容中的图或表、版面和标识结构的线索等。[①]

1. 规范文字表达，提升阅读体验

文字表达是呈现校本教材内容的重要方式，体现着学科文本信息内容独特的展示风格。综观杨柳青年画校本教材，本节主要从字体字号以及文字编排两方面对教材内容的呈现方式进行分析。

（1）字体字号设计。根据文字本身特点设计字体字号，是文字表意

---

① 丁朝蓬：《教材评价指标体系的建立》，《课程·教材·教法》1998年第7期。

功能上的一种美学体验，也是视觉符号形象化的重要表现。选择使用一款字体时，不仅应考虑字体的美观程度，更应思考此款字体能否准确传达文字独有气质。如黑体字方正粗犷易带来较为强烈的印象，适用于表达重要意义或突出某一重要主题。据笔者对杨柳青年画校本教材的观察，教科书版面选用的字体既有无衬线字体又有衬线字体。其中封面设计、目录内容以及正文部分多采用黑体等无衬线字体（图3-4），而标题、注释以及前言等以宋体等衬线字体为主（图3-5）。无衬线字体的醒目与衬线字体的易读相互配合，体现了知识性与趣味性的融合，并为学生视觉带来审美愉悦。在字号设计方面，杨柳青年画校本教材为避免整个版面产生杂乱无章等现象，注意到字号的大小级数不能过多，在每个层级只使用了一种字体大小，并且对于同一层级不同隶属关系的文本内容，使用不同字体进行区分，以减少字号过多等问题。同时为清晰体现各个层级间的区别，修订版《杨柳青年画知识读本》缩小了第二层级字体大小，使第一层级的字号大小与第二层级的大小区别变大，便于学生在阅读学习中把握文本结构。

| 封面 | 正文 | 目录内容 |

图3-4 杨柳青年画校本教材中的无衬线字体

（图片来源：实拍于S小学《杨柳青年画知识读本》）

（2）文字编排设计。字体间距、字体排版以及色彩选用等是否和谐统一，直接影响校本教材文本内容的可读性和识别性。首先，字体本身特点决定了其独特的字距。如楷体与黑体相比，本身结构对字符四边的

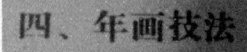

前言　　　　　　　　　　　标题　　　　　　　　　注释

图 3-5　杨柳青年画校本教材中的衬线字体

（图片来源：实拍于 S 小学《杨柳青年画知识读本》）

占用率较小，因此使用楷体呈现内容时字距也相对较小。面对行距过宽造成的不必要纸张浪费、信息读取不连贯以及视觉效果不紧凑等问题，修订版《杨柳青年画知识读本》删除了纸张右侧多余标示（图 3-6），在行文中缩小字距使视觉上形成较为明显的水平区域，从而给人带来较为放松、舒缓的视觉体验。其次，字体排版应根据文字自身特征，结合学生阅读习惯合理进行编排组合。如扁体字适合横向编排、长体字适合纵向编排等。杨柳青年画教材内容的呈现既有从左到右的水平编排（图 3-7），又有自上而下的纵向编排（图 3-8），并且当文字表达需要相应图片配合时，通过齐头、齐尾和左右分割等方法对版面空间进行调整，使

图 3-6　多余　　　　图 3-7　内容横向编排 　　　图 3-8　内容
　　　标识　　　　　　　　　　　　　　　　　　　　　纵向编排

（图片来源：图 3-6 实拍于修订前《杨柳青年画知识读本》）

（图片来源：图 3-7、3-8 实拍于修订后《杨柳青年画知识读本》）

文字和配图在有限版面合理均衡分配空间。最后，色彩是影响文字视觉效果的重要因素，色彩的选用以及色彩饱和度等均影响着整本教材的设计表达。修订版《杨柳青年画知识读本》特别选用黄色、橙色、红色、紫色、绿色、蓝色作为基色，依次呈现一年级至六年级年画相关的文本内容，同时这六种颜色的饱和度较低，避免了页面过于鲜艳而缺乏品质感且容易对学生造成视觉疲劳等问题。

2. 丰富图片素材，增强视觉效果

图片作为信息传递的一种重要媒介，在校本教材中具有不可替代的作用。其发挥装饰页面提升视觉体验、补充说明文本内容、营造某种效果或氛围等功能，成为学生实践活动和行为发展的积极导向。据此本节主要从图片层面对校本教材中的非文字表达部分进行分析。

（1）图片数量分析。经统计分析发现：修订前《杨柳青年画知识读本》中图片总量共有20幅（表3-5），其中"历史背景"、"图案介绍"和"年画技法"部分均未呈现图片；"年画典故"部分出现7幅图片；"知识简介"部分图片最多，达到13幅，在三、四年级年画相关内容中图片数量为0，五、六年级也仅有1幅图片。可见，修订前《杨柳青年画知识读本》中图片总数较少，并且存在图片分布不均等问题。修订后《杨柳青年画知识读本》中图片总量达到110幅（表3-6），其中"知识简介"、"图案介绍"、"年画技法"以及"年画典故"部分图片数量集中于23—27幅之间；"历史背景"部分图片数量最少，仅为9幅。一年级至六年级年画相关内容中均有图片呈现，其中二年级图片数量最多，达到39幅；其余年级图片数量集中于12—15幅之间。通过修订前后《杨柳青年画知识读本》对比发现：每一"学段"以及每一"子目"中的图片数量均有所增加，最少增加了9幅，最多增加了27幅。俨然图片已成为《杨柳青年画知识读本》内容素材中的一大亮点。

表3-5　　修订前《杨柳青年画知识读本》中图片数量统计　　（单位：幅）

	历史背景	知识简介	图案介绍	年画技法	年画典故	合计
一年级年画	0	1	0	0	2	3
二年级年画	0	12	0	0	3	15
三年级年画	0	0	0	0	0	0
四年级年画	0	0	0	0	0	0
五年级年画	0	0	0	0	1	1
六年级年画	0	0	0	0	1	1
合计	0	13	0	0	7	20

表3-6　　修订后《杨柳青年画知识读本》中图片数量统计　　（单位：幅）

	历史背景	知识简介	图案介绍	年画技法	年画典故	合计
一年级年画	4	0	4	0	4	12
二年级年画	3	19	5	5	7	39
三年级年画	0	5	4	4	3	16
四年级年画	0	0	4	5	4	13
五年级年画	2	0	5	4	4	15
六年级年画	0	0	5	5	5	15
合计	9	24	27	23	27	110

在《杨柳青年画拓展类校本教材》中图片总量共有71幅（表3-7）。"正文"部分"版画篇"图片数量最多，达到8幅，其余"篇"集中于1—3幅之间；"学生活动"部分仅"泥塑篇"中未有图片，其余"篇"集中于2—4幅之间；"作品欣赏"部分同样是"泥塑篇"中图片数量最少，仅2幅，其余"篇"集中于5—9幅之间。每一"篇"中均有图片呈现，但只有"泥塑篇"图片总量低于10幅。总体来看，《杨柳青年画拓展类校本教材》每一"篇"以及每一"子目"中图片数量分布较为均衡，能够通过图片展现出不同类型年画的绘制特征与创作风格。

表3-7　《杨柳青年画拓展类校本教材》中图片数量统计　　（单位：幅）

	正文	学生活动	作品欣赏	合计
扇面画	1	3	9	13
金粉彩水画	1	2	7	10
版画	8	3	5	16
年画剪纸	2	3	8	13
年画十字绣	3	4	8	15
泥塑	2	0	2	4
合计	17	15	39	71

（2）图片来源及内容分析。综观《杨柳青年画知识读本》以及《杨柳青年画拓展类校本教材》，发现图片可根据来源划分为原创图和复制图。其中，原创图集中于《杨柳青年画拓展类校本教材》中，是以S小学或学校师生为主体拍摄的图片，包括校园环境、教师或学生活动等。复制图集中于《杨柳青年画知识读本》中，是S小学改编、整理他人已有创作后呈现的图片，如作品、人物和景物图片。

从校本教材图片内容进行划分，主要包括实物图、人物图和景物图（图3-9）三种类型。实物图主要包括《欢天喜地》、《富贵有余》和《五子夺莲》等画家作品，木板、刻刀和布线等工具实物以及年画、剪纸和十字绣等学生作品；人物图主要包括绘制扇面画、版画和金粉彩水画等学生活动图以及文化传承人或教师等绘制作品展示

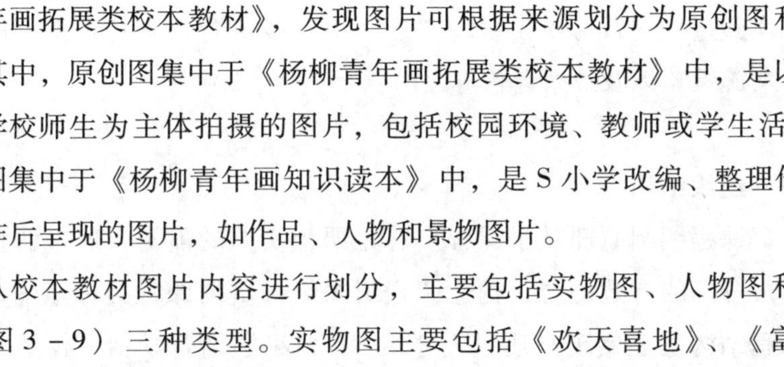

　　实物图　　　　　人物图　　　　　景物图

图3-9　校本教材的图片呈现（不同内容）

图；景物图主要包括学校教学楼、杨柳青年画古镇和娃娃抱金鱼等图片。整体来看，校本教材中画家作品图、学生作品和学生活动图相对较多，景物图和工具实物图相对较少，这在一定程度上反映了校本教材的价值取向。

第二节 组织实施与效果评价

　　课程组织实施是课程开发的重要组成部分，是运用各种组织形式、实践方式等将课程内容转化为教学内容、将"静态课程"转化为"动态课程"的过程，关系到课程目标是否能够顺利达成、课程本身是否能够实现应有价值。本节通过课堂观察与访谈调查，对 S 小学落实课程规划的动态实践过程进行考察，呈现"运行中"杨柳青年画特色课程的行动架构、实施策略以及效果评价等。

一　组织结构

　　依据课程编制原理赋予课程形态是课程实施的前奏，通过课程各要素、各成分等的有效结合，构建课程组织结构贯彻课程目标意图，能够发挥课程结构功能实现高质量人才培养。S 小学结合学情、校情和教情等，通过课程新编、课程拓展和课程整合，完善杨柳青年画校本课程体系（图 3-10），创设三级扁平式校本课程组织结构，以期满足学生多元发展、个性化发展以及终身发展的需求。

　　（一）结构构成要素：借助三种方式构建三类课程

　　1. 校本必修课程：以课程新编方式推进课程建设

　　面对学校缺乏特色课程开发实践经验以及可供学校借鉴的课程开发模式缺失的现状，S 小学通过课程新编的方式自主探索年画传承之路。"我们一开始做杨柳青年画的时候，没有路可寻，没有标杆在那摆着。但你可以去想，我们这些东西都是自己一步一步地想出来的。"

　　（1）开展课题研究，编制校本教材。以课题研究为切入点推进校本课程建设，是开发杨柳青年画校本必修课程的首要举措。2001 年，

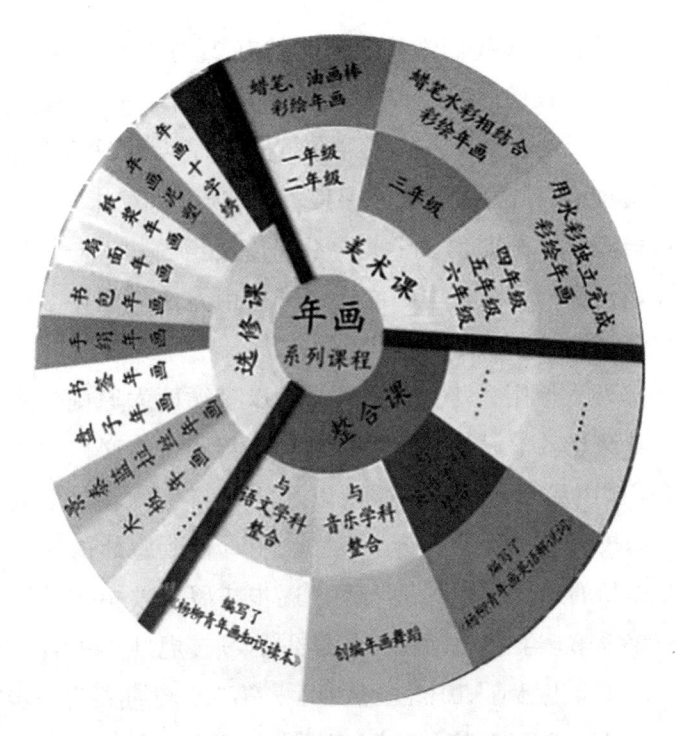

图 3-10　杨柳青年画校本课程体系

（图片来源：实拍于 S 小学）

S 小学以《杨柳青年画课堂教学实验》的课题研究为契机，积极邀请年画传承人进校开展专项培训，大力支持课程开发相关人员前往年画作坊"拜师学艺"，并带领教师参观年画馆，搜集关于年画的专业资料等。伴随着学校内部人员对杨柳青年画的深入了解，单一化的知识体系已无法揭示文化内部的复杂形态，需要借助多种知识的有机结合映射隐藏在文化现象背后的精神实质。因此，S 小学遵循"从欣赏到会画、再从应用到创新"的教材编制理路，自主设计了内含《年画读本》《画稿》《学生年画彩绘技法》三大部分的《美术学科杨柳青年画校本材料》。

（2）安排必修课程，使用校本教材。以有效使用校本教材为助推力设计杨柳青年画课程板块，是开发杨柳青年画校本必修课程的核心策略。为保障校本教材的有效使用，S 小学基于美术课程内容体量与教学时数安排不均衡的现状,"像我们学校一年级就有 21 个课时。每一学期有 21 周,一周两节课,就算上到 18 周,也是 36 个课时。国家统编的那本美术书早早就上完了,内容是不够的",决定将杨柳青年画纳入美术学科教学之中,并规定每班隔周开一节年画课程。① 此项举措意味着学校将面向全体学生开展杨柳青年画课程教学,为系统传授年画知识与技能奠定现实基础。如今,杨柳青年画校本必修课程安排由先前隔周一节改为每周一节,为学生亲密接触年画提供充足时间。

(3) 遵循两大原则,落实课程实施。以遵循两大原则为实施要求规范杨柳青年画课堂教学设计,是落实杨柳青年画校本必修课程的有效方式。S 小学遵循由局部到整体的原则以及"练与育"相结合的原则,安排杨柳青年画校本必修课程内容。其中,由局部到整体的原则主要体现为:从年画作品的局部图案画法入手,逐步拓展至整幅作品绘制方法的掌握。如一年级第一学期教师将带领学生学习《虎娃》中吉祥物的画法(图 3-11),在学生已有知识经验基础上,第二个学期再进一步完成整幅作品绘制(图 3-12);"练与育"相结合的原则主要表现在:教师帮助学生掌握年画绘制的基本技能技巧的同时,注重年画基本知识与独特寓

图 3-11 《虎娃》作品中的吉祥物

(图片来源:实拍于 S 小学校本教材《画稿》)

---

① 李祖华:《杨柳年画蕴养千年 传承绽放多彩教育》,《语言文字报》2019 年 5 月 3 日第 7 版。

意的讲述，如通过梅花、莲花或扇子等象征意义的挖掘，促使学生良好道德品格的形成。

图 3-12　《虎娃》完整作品

（图片来源：实拍于 S 小学校本教材《画稿》）

2. 校本选修课程：以课程拓展方式丰富课程选择

伴随着杨柳青年画校本必修课程的深入开展，学生不断接触各种年画知识和绘制技法。当低层次需求获得一定满足时，将会产生更高层次的发展需求。然而，面对学生日益增长的多样化需求，校本必修课程相对单一化的教学内容无法充分满足。因而，杨柳青年画课程开发团队依托学校社团以兴趣小组的形式对校本必修课程进行拓展延伸，进一步挖掘能够使学生基于已有经验获取更深层次知识技能的教育资源。

（1）学习内容：基于校本必修课程，拓宽内容深度与广度。拓宽内容深度与广度，以丰富学生学习体验，是 S 小学杨柳青年画校本选修课程在传承沿袭中寻求现代突破的表现。基于必修课程教学经验以及传统年画制作经验的积累，学校对年画制作材质以及制作工艺等进行多维拓展，开设手绢年画、书包年画和扇面年画以及年画剪纸、年画泥塑和景泰蓝年画等20余种校本选修课程。与此同时，S小学致力于深度挖掘教学内容，其中仅剪纸这一门选修课程，就开发出了剪纸灯笼、染色剪纸、套色剪纸等多种类型，收集和设计的年画剪纸样品达30余种。可见，注重教学内容的丰富性是杨柳青年画校本选修课程的一大特征，也使其成为学生能力拓展和思维创新的主要阵地。

（2）学习人员：采用双向选择模式，确定选修课程学生名单。采用双向选择模式，以充分发挥师生的自主性，是S小学合理配置杨柳青年画校本选修课程资源的重要手段。"我们的美术兴趣小组太火爆了，都愿意画，可是有时候他不会画，画不好，说白了这种艺术的东西要看天分。"因此，学校采用双向选择的方法确定校本选修课程学生名单，即学生结合自身实际、兴趣与特长等自愿参加选修课程学习，教师则从报名的学生名单中选拔出对年画特别有兴趣且大胆创新的学生进入年画兴趣小组，专门进行高技能的训练。故而，杨柳青年画校本选修课程是一门主要针对少数天资较高或对某一专题、技能表现出特殊兴趣的学生给予重点培养的课程。

（3）学习场地：开设美术专用教室，营造浓郁课程教学氛围。开设美术专用教室，以营造浓郁课程教学氛围，是S小学凸显杨柳青年画校本选修课程优势以及成果的重要场所。为提升选修课程育人效果，S小学单独开设了两个风格独特、极具年画情趣的美术专用教室，即"杨柳青年画彩绘室"（图3-13）和"年画艺术手工活动室"（图3-14）。愉快、轻松的外部环境促使师生保持亲密和谐的关系，展现了校本选修课程互动性较强、及时关注学生学习状态、给予学生深切人文关怀等优势。同时，师生作品成为教室内部艺术装饰的重要组成，真切地记录着校本选修课程开设以来取得的成果。美术专用教室的开设反映了S小学对于杨柳青年画选修课程的重视，也是学校从物力、人力和财力等多方面给予积极支持的综合体现。

3. 校本整合课程：以课程整合方式完善课程结构

自2001年以来，我国基础教育课程与教学改革不断深入，课程整合理念有形无形地渗透于学校教育改革之中。S小学基于新形势下基础教育

第三章 课程支持:杨柳青年画课程开发 / 109

图 3-13 杨柳青年画彩绘室

(图片来源:实拍于 S 小学)

图 3-14 年画艺术手工活动室

(图片来源:实拍于 S 小学)

的发展需求,结合学生生活背景和日常经验,积极挖掘并重组杨柳青年画课程资源,以保障课程教学内容的完整性,避免重复性教学内容的出现。

(1)基本理念:与"多彩教育"办学理念相契合。使用课程整合方式完善课程结构,是 S 小学"多彩教育"办学理念与课程相关关系的外在表现。具体而言,S 小学"多彩教育"的办学理念旨在通过构建多元课程体系、开展多兴趣课堂教学、组织多种学校活动等,为每位学生提供适合的教育,以此发挥教育的最优化功能帮助学生基于各自个性特长与兴趣爱好,探寻丰富多彩的成才之路。"多彩教育"追求学生全面发展、和谐发展,强调在丰富、具体的环境中提升学生综合素质,其与多元智能理论不谋而合。而课程整合超越不同学科知识体系,以关注知识结构中共同要素的方式,统一联结学习内容,① 可为学生创造综合运用多种智能的现实情景。因此学校通过整合课程的方式,为学生提供完整性、连续性和系统化的学习经验,助力学生全面发展。

(2) 主要途径:国家课程的校本化实施。国家课程的校本化实施,是 S 小学跨学科整合杨柳青年画教育资源的主要途径。具体而言,第一,将杨柳青年画与语文课程相融合。语文课程是一门发展语言、传递文化、彰显人文情怀的学科,具有综合性、开放性、包容性等特征。基于语文课程的基本特性以及其与杨柳青年画的相关性,S 小学编印《杨柳青年画知识读本》,依托语文课程讲授年画历史背景、知识简介、典故故事等。第二,将杨柳青年画与英语课程相融合。伴随 S 小学知名度的提升,美国教育代表团、日本学访团、"寻根之旅"华裔代表团等国外教育团体陆续到校参观。为展现学校年画特色以及学生风采,S 小学编写《杨柳青年画英语解说词》,成立杨柳青年画"小小导游班",向来到杨柳青古镇的国际友人传播年画文化。第三,将杨柳青年画与音乐课程相融合。音乐课程作为一门有声艺术,能够为原本无声的年画艺术增添韵律和活力。S 小学根据杨柳青年画的娃娃形象和故事,创编《欢天喜地杨柳娃》《乐有余》等特色舞蹈,展现艺术学科的人文性、审美性和实践性。

(二) 组织要素关系:架构扁平化课程组织结构

通过上述分析可知,S 小学运用课程新编、课程拓展和课程整合的方式,以杨柳青年画校本必修课程、校本选修课程以及系列整合课程为三级组织形式,架构杨柳青年画课程组织结构。本节从三类课程之间的关系、课程与开发者的关系出发对课程组织结构进行分析,认为 S 小学杨柳青年画课程开发的组织结构为扁平化校本课程组织结构(图 3 - 15)。

1. 课程结构:三类课程功能定位各不相同

从三类课程之间的关系而言,杨柳青年画不同课程形态的课堂教学

---

① 吴刚平:《校本课程开发活动的类型分析》,《教育发展研究》1999 年第 11 期。

```
                    ┌─────────────────────────┐
                    │  杨柳青年画课程开发团队  │
                    └─────────────────────────┘
                ┌─────────────┼─────────────┐
         ┌──────────┐   ┌──────────┐   ┌──────────┐
         │校本必修课程│   │校本选修课程│   │校本整合课程│
         └──────────┘   └──────────┘   └──────────┘
                    ┌─────────────────────────┐
                    │   三级扁平化课程组织结构  │
                    └─────────────────────────┘
                ┌─────────────┼─────────────┐
         ┌──────────┐   ┌──────────┐   ┌──────────┐
         │ 基础型课程 │   │ 拓展型课程 │   │ 探究型课程 │
         └──────────┘   └──────────┘   └──────────┘
```

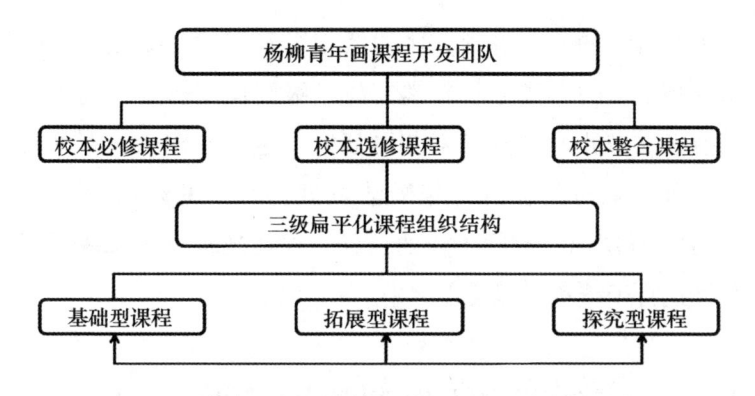

图 3-15 杨柳青年画三级扁平化校本课程组织结构

中学生学习状况各有差异，对于学生成长与发展而言每一种课程形态同等重要，均发挥着重要且不同的育人功能。其中，杨柳青年画校本必修课程是传承年画文化的一种基础型课程，是面向全体学生、能被学生接受的一种艺术类课程，主要帮助学生了解年画基本常识、掌握年画基本技法、奠基家乡情感归属；杨柳青年画校本选修课程则属于创造性传承与创新性发展传统年画手艺的拓展型课程，所呈现的教学素材既与学生必修课程所学内容相关，又超出了必修课程覆盖的深度和广度，其为资质与能力较强的学生提供深度学习的机会，对于尽心竭力培养下一代年画文化传承人具有重要现实意义；杨柳青年画校本整合课程则是打破学科界限对年画教育资源进行整合处理的探索型课程，"因科制宜"改造国家课程既是校本课程承接国家课程的特殊表现，也使国家课程与本校校情、学情更为适切，深化师生对于不同学科背景教与学的理解等。

2. 课程管理：开发团队扁平化组织管理架构

从课程与开发者的关系而言，杨柳青年画校本课程开发的参与主体即对课程实施过程及结果负有责任的人员享有相当权利进行课程决策。与分层式课程管理有所不同，S 小学将校本管理层次减少而增大管理者幅度，赋予杨柳青年画课程开发团队较大的课程开发自主权，课程开发团队中的每一位成员均具有发展杨柳青年画校本课程的权利（表3-8），并分担着不同的开发任务。学校通过充分发挥课程参与主体文化自觉性与教育创造力，促使杨柳青年画教育目标的达成。"杨柳青年画课程开发是老师自己不断摸索的一个过程，比如低年级我们用彩铅教学，中年级用蜡笔、水彩相结合的形式进行教学，高年级则使用彩绘，基本都是我们老师自己摸索出来的。""随着对年画研究的进一步深入，老师又开始进一步拓展延伸，就是将杨柳青年画活页教材基本的东西用多种形式呈现。"S小学领导层面对教师工作的信任，促使教师充分行使课程开发主体权，积极投身于校本课程建设之中。

表3-8　　　　杨柳青年画课程开发团队个人成果情况

序号	姓名	承担任务及实际贡献
1	SY	杨柳青年画课堂教学实践，研发出杨柳青年画在不同材质上的画法
2	YZH	杨柳青年画课堂教学实践，研发出杨柳青年画泥塑
3	ZQ	杨柳青年画课堂教学实践，研发出年画剪纸、年画十字绣、钻石年画
4	GL	杨柳青年画课堂教学实践，研发出景泰蓝年画、木板年画
5	FR	杨柳青年画课堂教学实践，研发出彩泥年画、布贴年画

综上，在杨柳青年画校本课程开发中，课程组织结构主要包括必修课程、选修课程以及整合课程三种课程类型，每一种课程类型侧重的内容设计各不相同，根据课程任务可划分为基础型课程、拓展型课程与探索型课程，三者之间相互补充、相互作用，共同服务于课程目标的实现。同时，教师自主开发校本课程的意识与行为影响学校课程组织结构的架构。S小学以杨柳青年画课程团队为主力、由教师直接负责校本课程开发工作，增强教师课程开发的自主意识的同时，促使教师通过课程开发的实践行为建立与课程之间紧凑的组织关系。不论是课程类型的选择还是课程组织管理的落实，均推动杨柳青年画扁平化课程组织结构的构建。

二　质量保障

校本课程实施是将课程计划或方案付诸行动，以缩短现存实践与创新方案差距的过程。这个过程常常涉及课堂环境中教师与学生的互动行为，是理想的课程走进课堂、走进师生并转化为运作课程的重要环节。课程实施为课程开发者根据实际情况修正和完善课程改革计划提供机会与可能，实施的质量高低和效果好坏是校本课程开发成功与否的关键。

（一）师资队伍建设："引进来"与"走出去"相结合

课程教学水平是决定课程实施质量最直接的因素之一，提升教师专业素养、转变教师教学行为对于创造性实施课程具有重要价值。S小学坚持"引进来"与"走出去"相结合，以学习促发展、以改变促跨越，积极唤醒教师课程开发意识、提升教师课程教学水平，为杨柳青年画课程的顺利实施提供必要保障。

1. "引进来"：研培并举提升教师学识

教师成长是学校可持续发展的基石。S小学通过将高校专家学者以及文化传承人引进校园，依托校本教研活动提升教师专业素质、职业道德水平和教育教学能力等，以保障校本课程开发的质量水平，满足学生接受优质教育的现实需求。

聘请高校教授为学校专家顾问，以研讨方式引领教师专业发展。杨柳青年画校本课程开发以来，与之相应的课程方面的问题日益增多。为方便教师及时向专家请教咨询，S小学专门邀请高校专家学者辅助教师开展校本教研工作，并鼓励教师参与教研活动和课题研究，全方位提升自身素质能力。其中，杨柳青年画课程开发团队高老师结合自身在教育教学实践中遇到的问题，即如何在绘画中培养学生的创造力，明确"小学美术教学中学生作业独创性的培养"的研究主题。在高校专家的指导下、在定期研讨会的交流讨论中逐步明晰研究思路，通过资料综述、案例博征等完成课题研究。以研讨方式破解课堂教学重难点问题，既可拓展教师课程开发思路，为实施校本课程提供广阔空间，又可促使教师达成课堂教学共识、提升教师队伍的凝聚力等。

发挥文化传承人示范作用，以培训方式完善教育教学行为。"教研室给我们统一找师傅，邀请杨柳青年画第六代传人霍老师来到学校，让我们都拜师学艺。有时候教研室也搞培训，就是杨柳青年画怎么画，属于全期性质的培训。"教师熟悉年画制作工艺、具备年画绘制能力、掌握美术专业知识等，是开发杨柳青年画校本课程的必然条件。S小学专门聘请杨柳青年画第六代传承人霍庆顺等人到校现场示范并指导教师绘制年画，深入讲解年画作品的文化意蕴、年画发展历史以及其制作年画的心得感受等。同时，回答并帮助教师解决现实教学中所遇难题，通过面对面交流进一步提升教师课程开发意识、完善教师课程开发行为等。

2. "走出去"：游学参观增长教师见识

积极稳妥地建立教师"走出去"通道，是拓宽教师广阔教育视野的重要支撑，也是学校打破自我封闭孤岛状态的有效途径。一所合格的学校应当具有教师发展功能，为教师提供外出学习机会，提升教师业务水平以优化学校教育教学工作。

对于杨柳青年画的传承发展而言，作坊的存在具有重要现实意义，独特的技艺传承方式促使其在当今社会仍占有一席之地。"名师走进校园之后，领导表示还得继续拜师。""像怎么印稿大家没有真正见过，考虑到私人前去是否接待等问题，领导就带着我们跟人家学习印稿。"基于年画作坊对杨柳青年画传承的典型意义，学校领导带领教师前往年画作坊观摩年画制作过程、了解年画历史演变等。在学校引荐的基础之上，杨柳青年画课程开发团队将被动行为转化为主动行为、将短暂性的观摩学习转化为常态化的拜师学艺，坚持在与年画传承人沟通与对话中，不断思考如何创新年画、如何创意教学和如何协同育人等问题。即便部分教师至今已有十余年的技术积淀，但也并未停止学习脚步，仍坚持前往作坊跟随年画艺人创作年画，为持续提升课堂教学质量注入活力。

博物馆作为专门收藏、研究和展示杨柳青年画的场所，全面客观地反映了杨柳青年画的起源、繁荣和濒危等发展历程，对于教师系统化了解杨柳青年画具有重要作用。"在领导的支持下，我们经常去博物馆看看，让人家给讲讲"，"校长带着我们去年画馆、吉祥画馆，了解一些古老的资料"。学校带领教师前往博物馆参观学习，通过博物馆专业人员的深入讲解，帮助教师更深层次地了解年画文化的民俗性特征和渐进式发展历程，深切感受年画作品的生动神奇、体会浓郁的民俗民风，建立起对年画文化的正确认识。

（二）教学模式引导：基本模式与序列模式的探索创造

课堂不仅是教师开展教育教学活动的主要场地，也是学生进行有效学习的主要渠道。根据课程内容特点和学生具体情况探索课堂教学模式，是提高校本课程教学实效性的保证。基于教学模式在校本课程中的辅助育人功效，杨柳青年画课程开发团队探索并创造了"讲练结合"教学模式、"导—悟—学—创—评—思"六位一体教学模式，生动诠释杨柳青年画课程的基本内涵。

1. 基本模式："讲练结合"教学模式

杨柳青年画课程是一门实践性较强的课程，单纯理论层面的教学往往收效甚微。杨柳青年画授课教师采用"讲练结合"的教学模式，将理论教学与实践应用相结合，为知识传递提供动态的呈现方式，帮助学生对重点知识融会贯通、做到综合运用。"上课会讲点知识，也会让学生动手。比如教一些技法，像怎么平图、怎么过渡、怎么染脸。其实也就是先讲知识，再动手操作。"

"讲练结合"是一种以知识传递为基础，指导学生对所学知识进行应用练习的教学模式，其允许并鼓励学生结合自身审美特征对年画作品进行创造性探索，旨在赋予学生展示潜在能力的弹性空间，强化学生内心体验、培养学生创新精神等。具体而言，此教学模式具有弥补学生实践能力差、督促学生自觉参与教学活动、检测学生知识掌握情况等优势，强调通过细致化地讲解落实知识目标，协助学生对知识形成整体性的理性认识。在理论教学基础上重视实践应用，鼓励学生使用多种色彩进行创意搭配，引导学生自主探究以体验知识形成过程，感受收获与运用知识的快乐，创作出独具个性风格的年画作品。

如教师在教授牡丹画法时，首先引导学生明晰牡丹在《四季花》这幅作品中的具体含义，并详细说明绘制技法："用大红彩色铅笔以花心为起点，从中间向花瓣四周画，要求重落笔，轻抬起。花心部分深，花瓣四周浅。由深到浅自然过渡。"其次，给予学生运用牡丹涂色技法进行自主实践的机会，并根据每位学生的绘制情况进行相应指导，促使学生通过动手练习形成主观层面的感性认识，帮助学生建立对所学知识的正确认识，以达到对知识的消化与巩固。

2. 序列模式："导—悟—学—创—评—思"六位一体教学模式

"先从爱家乡这方面进行导入，让孩子觉得因杨柳青年画备感骄傲；然后就是欣赏，使学生明白年画的吉祥寓意，感受年画的独特之处；再就是年画的制作，也就是讲授一些勾刻印画裱的绘制方法；我们还有体验，让学生自己印刷创作；最后是学生点评和这节课的一个总结思考。"

"导—悟—学—创—评—思"教学模式将一般教学流程具体化、序列化，建构了较为稳定的教学活动框架。该模式包括六个教学环节：第一，创境导入，激发学生学习兴趣，教师通过列举生活实例、讲述典故故事或播放视频影像等导入学习内容，激发学生学习动机促使学生深入学习；第二，感悟价值，搭建情感认同桥梁即步步设疑和循循善诱，使学生知晓年画的吉祥寓意以及作品创作的深刻含义，搭建外在知识与学生内在价值观念的认同桥梁；第三，现场范画，指导学生进行有效观察，以播放视频光盘和现场手绘的方式，向学生展示绘画步骤和方法技巧，并引导学生总结绘画注意事项；第四，动手操作，学生自主创制作品，每个孩子都是天生的艺术家，教师鼓励学生结合日常生活经验勇于开拓创新，绘制出与众不同的个人作品；第五，师生点评，互动交流促进共同提升，学生点评自己或他人的作品以及师生互评等培养学生鉴赏能力，使学生在日后绘画中扬长避短，创作出更优秀的年画作品；第六，课堂小结，总结课程内容并反思教学过程，即教师总结课程内容对学生进行思想教育的同时，通过教育教学实践的再思考、再认识，总结经验教训提升课堂教学水平。

使用该教学模式开展教学设计，有助于规范与完善教学环节、宏观把握教学流程。如讲授《春风得意》——风筝这节校本必修课程时，教师以"导—悟—学—创—评—思"六个环节为活动框架，根据教学内容选择适切方法，通过详细设计教学过程充实教学实践（表3-9），保障教学过程的相对完整性和规范性。

表 3 – 9 　　　　　　　《春风得意》——风筝教学过程

教学互动		设计意图	教学模式
教师	学生		
1. 播放课件《春风得意》	学生进行欣赏	通过欣赏课件吸引学生注意力，大大增强学生学习兴趣，营造课堂气氛	导：视频导入，创设情境
2. ①《春风得意》的寓意是什么？②《春风得意》是由哪几部分组成的？这节课我们就共同来画《春风得意》中的风筝	师生总结吉祥物吉祥寓意	教师启发提问、学生思考问题、交流主导整个过程，充分调动学生的学习主动性	悟：① 理解"风筝"在画中的吉祥寓意
3. 通过展示台向大家讲解展示作品 ①你觉得第一步先干什么 ②第二步干什么	学生欣赏观察 ①平涂 ②分染	培养学生的观察力，调动学生的学习主动性	②观察领悟彩绘《春风得意》中风筝技法
4. 教师范画（视频形式） ①水彩平涂 ②进行分染（分染要均匀，过渡要自然分染）	学生通过观察自己总结画面的三大步骤及其注意事项	示范教学传授杨柳青年画的绘画技能，使学生观察并掌握绘画技法，提高学生绘画能力	学：观察学习绘画步骤和方法技巧，提升学生审美力、想象力和创造力等
5. 教师亲自演示具体染的过程（注意一笔染成不要回笔）			
6. 展示教师成品，在现实生活中你还见过什么样的风筝？你想画什么样的风筝？现在就让我们拿起画笔选择你喜欢的颜色进行绘画	学生进行创作	通过欣赏教学作品，激发学生对美术的兴趣，培养审美素质，同时开发学生的创造潜能	创：学生通过风筝着色的求异求美，来培养学生想象能力、创作能力、欣赏能力和求异求美意识

续表

教学互动		设计意图	教学模式
教师	学生		
7. 点评： ①点评自己或者是其他同学的作品 ②师生互评	①选择自己喜欢的作品进行评述 ②通过与会老师的点评颇受启发	培养学生的赏美、鉴美能力，在以后的绘画中扬长避短，创作更加漂亮的年画作品	评： 通过学生点评自己或他人的作品以及师生互评，培养学生鉴赏能力
8. 总结本课内容对学生进行思想教育，使学生认识到杨柳青年画的重要性，发扬民间艺术，弘扬传统文化，让年画之花在我们的校园盛开		继承并发扬我国的优秀文化传统，增强民族凝聚力，弘扬中华民族精神	思： 总结升华教学内容，对教育教学实践进行再思考，提升课堂教学水平

（三）教学方法运用：三种典型教学方法的综合运用

教学方法是联结教师教与学生学的重要纽带，根据教学内容特征恰当选取并综合运用教学方法，是提高课堂教学效果的有效途径。就杨柳青年画课程而言，使用频率较高并且具有典型性的教学方法包括情景教学法、实践教学法和"小先生制"等。

1. 情景教学法

情景教学法是将抽象内容的学习与学生实际生活或已有经验相联系的一种重要手段。其通过引入或创设一个集视、听、说于一体的具身情景，调动学生非智力因素，促使情感活动与认知活动相结合，激发学生主动学习意识以深化认知体验。

在杨柳青年画课程实施中，情景教学法的应用主要表现在三个方面：第一，故事情境教学法。杨柳青年画中蕴含着许多趣味横生的民俗故事，教师利用故事内容可为学生创设良好的视听环境。学生在融入故事情境的过程中，逐步理解故事中描述性和比喻性的语言，为深入学习奠定知识与情感基础。第二，多媒体情景教学法。杨柳青年画课程开发团队专门制作《杨柳青年画漫谈》光盘，借助多媒体形式展现杨柳青年画的发展史、绘画工艺等，将枯燥乏味的知识以生动、直观的语言或动作演绎出来，为学生创造身临其境的学习场景，使其置于积极的学习体验中进行自由探索。第三，问题情境教学法。小学阶段的学生易对新鲜事物产生好奇心理，为保护学生学习兴趣和好奇心，教师有意识地整理与教学内容相关的各类问题，创设问题情境使学生明确自身的学习任务，激发其探求新知识、发现新问题的欲望，引导学生好奇心的正确发展。

2. 实践教学法

实践教学法是巩固理论知识学习、培养实践应用能力的一种有效方法。基于学生全面发展的现实需要，S小学将第一课堂与第二课堂有机结合，通过操作练习、研学旅行与专题调研等构建实践教学体系。

第一，常规化操作练习。为使学生掌握绘画技法达到熟练程度，教师讲解或演示杨柳青年画绘制技法后，将专门留出用于练习的时间使学生进行技法模仿与操作，并通过巡回检查和个别指导及时纠正学生练习中产生的问题，提高学生知识运用能力。第二，规范化研学旅行。学校以项目负责制建立研学旅行指导小组，制定研学计划、确定研究主题，并将学生划分为不同小组，带领学生前往石家大院、年画作坊和杨柳青木板年画博物馆等探寻研究问题的解决方案。最后学生通过人物访谈和考察参观等获取实践成果，以小组为单位进行总结分享。第三，统整性专题调研（表3-10）。学校根据学生年龄特点整体规划调研活动。其中，针对一、二年级学生创设《年画的由来》等专题，此类专题以资料搜集为主，学生在家长帮助下便可顺利完成。针对三、四年级学生创设《杨柳青镇居民对杨柳青年画的了解情况调查》等专题，此类专题以调查研究为主，学生需要通过纸质问卷、网络问卷或实地走访等完成。针对五、六年级学生创设《杨柳青年画元素在服装设计上的应用》等专题，此类专题以开发创造为主，鼓励学生提出开创性的意见。

表 3-10　　　　　　　统整性专题调研活动

年级 专题	一、二年级	三、四年级	五、六年级
课题类型	知识了解与 资料搜集类	走访调查与 分析研究类	作品开发与 思维创造类
课题选择	《年画的种类》 《制作年画的工具》 《年画的由来》等	《实验小学学生对杨柳青年画了解情况调查》 《实验小学教师对杨柳青年画了解情况调查》 《杨柳青镇居民对杨柳青年画的了解情况调查》等	《杨柳青年画元素在服装设计上的应用》 《杨柳青年画文化创意产品的开发》 《杨柳青年画的推广》等
研究形式	小组调研 （5—10人一组）	小组调研 （5—10人一组）	小组调研 （5—10人一组）
研究途径	从网络、书籍中搜集资料	以纸质问卷、网络问卷、实地走访等方式搜集情况	调查了解研究课题的现实情况，集思广益提出自我见解或作品

3. "小先生制"

"小先生制"是一种提倡让学生作为小先生去传递知识的教学方法。此方法的运用不仅能有效缓解师资力量紧张、教学任务繁重等问题，还可锻炼小先生的语言表达能力、沟通交流能力和组织协调能力等。

在杨柳青年画校本选修课程中，教师倾向使用"小先生制"教学方法，主要是由于课堂教学任务的艰巨性一定程度上超出了学校师资队伍的承受能力。具体而言，学校开设了 20 余种不同类型的杨柳青年画校本选修课程，每位教师必须承担的课程任务量相对较大，部分教师一学期安排了七八门课程。面对此状况，教师结合自身需求以及学生学习情况等自由选择"小先生制"教学方法的使用。之所以具有可行性，是因为每门选修课程均面向一年级至六年级学生开设，这意味着不同年级的学生可在同一时间、同一地点共同学习，为高年级学生指导低年级学生提供现实条件。基于此，教师使四年级学生帮助一年级学生、五年级学生帮助二年级学生、六年级学生帮助三年级学生，在一帮一传承式教学中提升学生学习兴趣与综合能力。"小先生制"教学方法的使用并非代表教师将课程教学的主动权交由学生，而是将其作为辅助教师教学的手段加以使用，学生在教师指导下有限制地开展教学指导活动。

三 实施效果评价

课程评价是有意识对课程实施的有效性、价值性和可行性等进行判断的过程。杨柳青年画课程实施的效果评价旨在基于学生评价与教师评价的事实性描述，检验教育目标是否实现以及实现程度如何等，帮助教师反思并规范自身教育教学行为，为持续改进课程品质注入动力。

（一）以人性化为导向，通过成果展示激发学生生命自觉

学生是校本课程开发最核心的受众群体。校本课程开发的成功与否，归根到底是根据每位学生的实际发展空间以及所收获的教育成果等进行判断。在杨柳青年画校本课程中，对于学生学习效果的评价突出体现了人性化特征。评价理念与评价方式的人性化展现了教师对学生的尊重、关爱与信任。

1. 评价理念的人性化：主张对学生进行发展性评价

评价理念的人性化，指引教师灵活把握评价标准，根据学生实际表现进行有效的发展性评价，帮助学生最大限度地发挥潜能。"美术这门课程是需要有天赋的，有的孩子手把手教也画不好，但是他已经尽力了，那就不能给这样的孩子差评价，也要多一些鼓励。其实也就是要根据学生的接受水平进行评价，比如说：你画得好，另一个学生画得没你好，但对于他来说已经很有进步了，你就不能和他比；你平时画得很好，但是你今天态度不好，所以说你就要得良，我觉得这个评价是灵活掌握的。"学生学习能力、接受能力以及学习基础等存在一定差异，对于同一知识内容的掌握程度各不相同。人性化的评价理念主张：关注并把握学生的发展变化，根据学生具体表现判断学生成长状态，从而评价学生的学习优势、进步情况或学习不足等，通过课堂反馈将更多信息传递给学

生，促使学生获得有意义的生命体验。

2. 评价方式的人性化：成果展示评价方式彰显人性化情怀

评价方式的人性化，在成果展示的间接性评价中得以展现。成果展示所彰显的人性化情怀主要体现在：通过多种展示方式间接性评价学生具体知识与基本技能的掌握情况，进而在肯定和推广学生劳动成果的过程中，发挥同伴群体的榜样示范作用，培养学生积极向上的学习观。具体而言，杨柳青年画成果展示的评价分为校内展示评价与校外展示评价两部分。其中，校内展示评价包括汇报展示评价与实物展示评价。汇报展示评价是学生在研究、调查和讨论某一个课题后，以小组形式将所见、所闻和所学收获进行展示，教师根据学生展示情况进行综合评价；实物展示评价则是教师在学生创作的作品中选拔出优秀作品，在学校操场、楼道以及楼梯等地将进行展示（图3-16）。校外展示评价主要有三种途径：在重大年画活动或节庆活动中进行展示评价、在接待国内外教育代表团时以赠送形式展示评价学生作品以及在校外年画绘制比赛中评价学生表现，基于校外教育人员、年画专家与欣赏人员等多方评价，帮助学生定位自身能力水平，促使学生进一步创制高品质的年画作品。

扮美操场　　　　　　扮美走廊　　　　　　扮美楼梯

图3-16　部分优秀作品展示

（图片来源：实拍于S小学）

（二）以规范化为引领，制定评价标准规范教师教学行为

科学合理的课堂教学评价，对于转变教师教育教学理念、持续改进课堂教学质量尤为重要。S小学制定课堂教学的评价指标，以规范化为引领提升教师专业发展水平和能力。评价指标具有重要的导向功能、激励

功能和鉴定功能等，为教师专业成长指引方向，促进教师可持续发展。

1. 确定二级课堂教学评价指标

"四个维度、十九项评价要点"的二级课堂教学评价指标（表 3-11），是 S 小学衡量与评价杨柳青年画课程教学质量的重要手段。具体而言，一级评价指标从"教学目标"、"教材把握"、"教学环节"以及"教学效果"4 个维度进行考察。在每一维度下又设置了 3—7 项具体的评价要点，构成了内含 19 项评价要点的二级评价指标。从二级评价指标的设置内容来看，"教学目标"维度强调目标的明确性、可操作性、可检测性和适切性；"教材把握"维度强调教师基于正确理解课程标准基本要求、教材编写意图以及本节课所讲内容本意，引导学生把握所讲内容的重点；"教学环节"维度规定内容导入与新授、学生自学与教师点拨、授课规范与教学环节等方面的基本标准；"教学效果"维度从知识掌握与能力培养、学生关注度与目标达成度、多媒体使用与板书设计等视角提出评定教学效果的基本要求。从二级评价指标的设置数量来看，"教学效果"（7）＞"教学环节"（6）＞"教学目标"／"教材把握"（3），学校将评价的侧重点置于"教学效果"和"教学环节"，引导教师注重优化课堂教学过程、提高课堂教学实效性。

2. 采用百分制赋予评价指标相应分值

S 小学采用百分制赋予二级课堂教学评价指标相应分值。其中，一级评价指标中"教学目标""教材把握""教学环节""教学效果"4 个维度分别赋予 10 分、15 分、35 分、40 分。二级评价指标中 19 项评价要点按照 A、B、C 三个等级设定分值，A 等级分值设定在 3—8 分之间，B 等级分值设定在 2—6 分之间，C 等级分值设定在 1—4 分之间。而 5 分及以上的分值则设定在"教材把握""教学环节""教学效果"3 个维度，其中，在"教学效果"维度中出现的频率最高。可见，S 小学注重考查教师对教材的把握情况以及教学环节的设计，尤其重视教师课堂教学效果的提升。学校通过不同分值设定，增进教师课程意识、提高教师课程知能、指导并改善教师教学行为，进而促使教师提升专业工作水平以加强校本课程建设。

表 3-11　　　　　　　　　课堂教学评价指标（评价表）

一级指标	分项	二级指标	评价等级 A	B	C	得分
教学目标（10 分）	1	学习目标明确，重难点突出	3	2	1	
	2	学习目标具体而有操作性和可检测性	4	3	2	
	3	学习目标适度，符合学生的基础和教材的要求	3	2	1	
教材把握（15 分）	1	教师能正确理解并能体现课程标准的基本要求	3	2	1	
	2	教师能正确理解并能体现所用教材的编写意图	5	3	2	
	3	教师能正确理解并引导学生体现本节（本课）教材的本意和重点	7	5	3	
教学环节（35 分）	1	在导入环节，能有效调动学生的积极性并使学生明确本节课的任务。切忌明知故问，故弄玄虚	4	3	2	
	2	对于新授内容，提倡学生当堂自学，以学定教，不搞虚假的表演	8	6	4	
	3	学生自学不会的问题可通过小组合作解决，只要学生互助能解决的问题教师不要急于讲解	7	5	4	
	4	教师的点拨要精当合理，注重教给学生规律和方法。要注重规范学生的专业用语和实践操作等基本技能	8	6	4	
	5	教师语言规范，教态自然	4	3	2	
	6	教学环节完整、合理、紧凑、高效	4	3	2	
教学效果（40 分）	1	本节课所学的核心知识和基本概念能通过检测和反馈做到当堂清	7	5	3	
	2	能给有发展潜力的学生提供拓展的机会，注重分层教学	6	4	2	
	3	注重培养学生的创新能力、思维能力、表达能力、动手能力等与本课相关的基本能力	6	4	2	
	4	课堂教学的容量和密度适度，整堂课学生思维有一定的紧张感，能切实减轻学生课后负担	8	6	4	

续表

一级指标	分项	二级指标	评价等级 A	评价等级 B	评价等级 C	得分
教学效果（40分）	5	教师通过合作学习等形式能够关注到每个学生，体现教学过程的公平。对照本节课的学习目标，达成度高	7	5	3	
	6	多媒体课件制作清晰大方，使用合理	3	2	1	
	7	板书能体现教材的重点和知识的基本结构	3	2	1	

第三节　实践反思与现实启示

对杨柳青年画校本课程开发活动进行判断与反思，发掘其优势、正视其不足，既能深化S小学对于自身校本课程建设的认知，也能为类似学校优秀传统文化课程开发的相关研究与实践提供参考和借鉴。本节基于杨柳青年画课程开发的实践过程以及其取得结果，立足整体视角审视课程开发活动，并采用描述性的评价方式分析课程开发优势、反思课程开发过程进而提出相应优化策略。

一　优势分析

有效的校本课程开发与实施，需要必要的支撑条件、组织措施以及保障机制等。立足现实基点解析课程开发取得显著成效的主要原因，在一定程度上能够深化与丰富课程认知，对相关研究与实践有所补益。基本优势分析审视杨柳青年画课程开发活动发现：特色课程的开发定位、学校行动的助力支持、区域文化的积极转化以及切身认知的高度重视，在课程的有效建设中所发挥的作用尤为显著。

（一）与区域文化接壤挖掘教育资源

区域文化是一定区域独有的文化基因和精神特质，是涵养区域人民独特气质和内在品质的优势资源，也是学校开发特色校本课程的重要依托。自从个体脱离母体存在于具体社会环境之中，区域文化便开始孕育每个人独特的生命气质。"生于斯、长于斯"的地缘氛围，赋予个体精神肌理上的一脉相通。① 激活区域文化之于学生的精神哺育功能，具有重要的现实性和价值意义。

S小学依托区域文化挖掘优势资源，具有两方面的"先天性优势"。一方面，学校所在地区历史文化底蕴深厚，该地区最能凸显文化特征的象征性符号便是杨柳青年画。作为凝结区域文化历史的传统工艺，杨柳青年画在造型、色彩和构图等方面具有极高的美学价值，并且其潜在的关于善恶美丑的判别、优良传统的赞颂和道德行为的描绘等具有价值导向功能。外在审美形态与内在伦理属性的结合赋予杨柳青年画重要的思想意义和教育价值。另一方面，所在地区重视区域文化特色品牌的打造。地方政府部门启动杨柳青木版年画的历史追溯、整理及研究工作，对年画制作工序、店铺作坊、艺人名称等进行全面普查，② 并将从事年画制作、销售的年画艺人以及年画店铺进行组织化管理。经当地政府加大投入、搭建载体、宣传推介等，杨柳青年画资源得到有效保护。基于地域文化资源优势和特色文化教育价值，S小学将杨柳青年画作为传承发展区域文化的输入端，是有意义、有价值且具有可行性的行动选择。

（二）以特色课程为核心传承发展文化

课程是学校教育教学活动的基本依据，是培养学生知识技能、情感态度的重要载体。依托校本课程建设将区域文化融于学生常态化的学习序列，是学校以长远视角审视对待文化传承活动的重要表征。聚焦校本课程建设领域，S小学明确了特色课程的开发任务（图3-17）。以特色课程为核心传承发展杨柳青年画，标志着S小学迈出了扎实开展传承活动的关键性一步。

---

① 张晓慧：《"后校本"时期传统文化教育的正确打开方式》，《教学与管理》2018年第6期。

② 黄旭涛：《非物质文化遗产保护中的政府职责研究——基于杨柳青年画保护的调查》，《理论与现代化》2014年第2期。

特色课程的开发定位,既表明了 S 小学对于杨柳青年画课程建设的重视,也赋予了学校内部人员相应的课程开发权利与开发职责。从学校层面而言,S 小学开发杨柳青年画课程具有人无我有的行动优势。基于此优势,学校在课程规划中决策生成特色课程,将杨柳青年画课程定位为校本课程的重点建设对象,其有助于提升杨柳青年画课程影响力以及课程发展速度,促进学校内涵发展与特色发展。从开发者层面而言,特色课程建设需要学校内部人员因地制宜、因校制宜进行自主开发,意味着学校要将课程开发的自主权交由教师。教师以主体身份参与到课程建设之中,有助于增强课程开发意识与责任之心,进而在课程实践中不断实现个体的自我超越与自我完善,同时,特色课程的构建要求教师不断探寻课程开发突破点,设计多样化、贴切化与生动化的教学活动。课程的高点定位推动课堂教学品质的提升,有助于充分诠释年画的绘制艺术与精神价值,从而发挥文化"唤起作用"充实学生生命内涵。

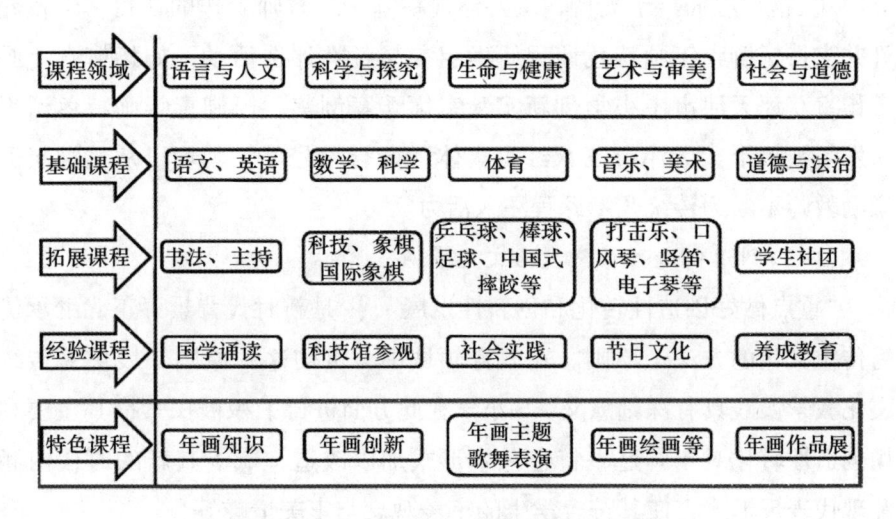

课程领域	语言与人文	科学与探究	生命与健康	艺术与审美	社会与道德
基础课程	语文、英语	数学、科学	体育	音乐、美术	道德与法治
拓展课程	书法、主持	科技、象棋 国际象棋	乒乓球、棒球 足球、中国式 摔跤等	打击乐、口 风琴、竖笛、 电子琴等	学生社团
经验课程	国学诵读	科技馆参观	社会实践	节日文化	养成教育
特色课程	年画知识	年画创新	年画主题 歌舞表演	年画绘画等	年画作品展

图 3-17 杨柳青年画校本课程组织结构

(三) 以学校行动助力教师专业发展

学校批准与认可,是校本课程合法存在的基本条件。只有得到学校内部认可与相应支持,校本课程开发才有可能顺利推进。杨柳青年画校本课程开发的有效落实，得益于学校层面的行动助力，尤其离不开学校领导为教师专业发展创造的优质条件。"其实有很多东西我们自身是弄不来的，都是在领导的协助下才能运作下去。杨柳青年画课程能开发到今天这种程度，真离不开领导的支持。"

具体而言，学校从智力层面给予支持，邀请专家学者、文化传承人以及教研处相关人员，以专题讲座、教育培训和集中研讨等形式帮助教师破解杨柳青年画课堂教学重难点问题，并通过带领教师前往年画作坊、博物馆等地，加深其对年画艺术创作专业知识与方法等掌握程度。从物质层面给予支持，"我们缺什么用什么学校都给买"。学校在仓库中存储绘制年画所需的相关物品，为教师开展杨柳青年画课程准备了充足的颜料、画笔、纸张等。同时，制定相关奖励方案，鼓励教师不断改进教学方法以提高教学质量。如"虽然年画不会刻意加分，但是年画学好了，可培养学生参加比赛，若学生获奖，指导老师拿到辅导奖证书就可加分。"从精神层面给予支持，主要体现在基于对教师工作的认可，学校允许并支持杨柳青年画特色课程研发组参与各类评选活动，如杨柳青年画工作室获评天津市中小学创新实验室优秀案例奖、杨柳青年画特色课程研发组被授予"天津市三八红旗集体"荣誉称号等，其均可从精神层面激励教师不断为传统艺术课程注入活力。

（四）利用创造性转化盘活文化资源

"重点做好创造性转化和创新性发展"，① 是新时代背景下正确继承优秀传统文化的方法论原则。在教育领域中，贯彻这一原则开展优秀传统文化教学实践具有深刻意义。S 小学在此方面进行了积极探索，其主要利用创造性转化对年画这一特色艺术形式加以改造，赋予其新的时代内涵和现代表现形式，使其符合学生的审美观念与审美情趣等。

从内容层面，赋予年画新的时代内涵，首先要完善寓意表达，解读与挖掘年画的文化内涵。"关于年画寓意的很多东西是没有的，那么这时候就靠我们自己，也就是自己钻研了。"其次，实现话语转化，将传统话

---

① 中央文献研究室：《习近平谈治国理政》，外文出版社 2014 年版，第 164 页。

语转化为现代话语。"要把迷信的色彩改为积极向上的内容才能呈现给学生。比如多子多孙,如今的学生大多是独生子女,多子多孙的说法已经无法完全适应时代发展。所以要变换方式、变换形式,要让学生感觉到与人为善、团结的力量。也就是要把民间的东西用现代语言、正义话语传达给学生。"从形式层面,赋予年画现代表现形式,要结合时代主题与学生生活实际,运用现代创意从传统年画的图案元素中找寻灵感。如围绕未成年人思想道德教育、阳光体育两大主题,以"娃娃"搀扶老人过街、"娃娃"游泳、"娃娃"举杠铃等形式(图3-18),创新传统年画的娃娃题材,使年画的表达方式与当下生活相适应。又如结合创文创卫新要求,构思创作"崇德向善""垃圾分类"等题材的年画(图3-19),并通过文明城区宣传站牌展示将年画融入学生日常生活。

图3-18 关于未成年人思想道德教育、阳光体育主题的宣传年画

(图片来源:实拍于 S 小学主题年画宣传册)

图3-19 关于"崇德向善""垃圾分类"题材的年画

(图片来源:实拍于 S 小学主题年画宣传册)

(五)通过具身认知传承共同文化记忆

具身认知理论认为身体是认知的重要组成部分,认知以身体为基础,身体在认知的实现中发挥着关键作用。此理论具有重要的教学论意义，重新反思抽象主义的教学认识论与经验主义的教学认识论间的关系，深化身心一体在建构个体认知中的价值认识。对于杨柳青年画课程而言，个体行为表征、本体性经验感知等对于共同文化记忆的建构具有重要支撑作用。

杨柳青年画授课教师主要通过情境性的教学、生成性的教学以及体验式的教学，调动学生各种感官的运用，使学生在具体实践或真实情境中感知与体验客观事物以及所处环境等。具体而言，情境性的教学并非在简单物理情境中开展的教学，而是通过有意识创设体现知识的故事情境、多媒体情境以及问题情境等，丰富与增强学生学习体验，促使学生身心与知识间搭建连接节点；生成性的教学则主张将知识传递过程转换为知识建构过程，即在开放有序的课堂环境中，师生共同思考如何创新年画表达形式、如何深入挖掘作品内涵等，通过"知与行"、"行与思"和"思与创"等的结合与统一，找寻身体、心智与环境间的平衡状态。体验式的教学强调通过实际操作、参观体验以及实践调研等，发挥学生身体的能动性，促使学生基于身体各个部分与复杂事物的相互作用，探明杨柳青年画存在的本体价值，吸纳文化精髓并完成自我人格建构。

二 现实挑战

虽然当前杨柳青年画课程开发面临的现实挑战具有一定的本体指向性，但是这些阻滞因素在很大程度上是优秀传统文化课程开发所面临的共性问题。这些问题的存在需要得到关注与正视，这是改进杨柳青年画课程开发质量以及深化优秀传统文化课程开发的前提基础。

（一）教师本职工作与课程开发责任之间的冲突

校本课程开发赋予教师一定的专业自主权，为教师创造性地设计与实施课程提供现实可能。教师被赋予参与课程开发和自主创造权利的同时，也承担起课程开发者相应的责任。事实上，多数学校开发优秀传统文化课程，并未专设优秀传统文化教师岗位，而是由相关学科教师"兼任"优秀传统文化课程。优秀传统文化师资普遍存在的"非学科化"

现象,[①] 极易造成主体责任界限的模糊性,导致教师本职工作与课程开发责任之间发生冲突,从而阻碍课程开发的进程与降低质量。

S 小学杨柳青年画课程开发由学校美术组教师具体推进。美术教师在完成本职教学工作的同时,还需要负责年画资料的收集工作、校本教材的编制工作以及选修课程的完善工作等。显然,这是当前普遍存在的一种"非学科化"的教师配置。这种配置的弊端在课程开发前期阶段并未充分显现,主要是因为美术教师的本职工作相对轻松,教学任务相对较少,授课时间比较充裕,为其创新杨柳青年画课程设计带来无限可能。但是,伴随着课程开发的逐渐深入,教师所需承担的责任越发重大。并且杨柳青年画课程还需继续改进与创新,"现在领导还让我们进行拓展,因为现在下面兄弟校已经把我们的东西都学过去了"。这时"非学科化"的教育师资以及赋权与增负并举下的课程开发,不利于减轻教师的工作负担,并加剧教师本职工作与课程开发责任之间的冲突。如今,S 小学处于深化课程建设的重要阶段,处理好教师本职工作与课程开发责任的关系对学校持续发展意义重大。

(二) 教育需求增长与资源供给有限之间的冲突

伴随着教学经验的积累与教学方法的逐步成熟,杨柳青年画必修课程的教学由探索式的缓慢教学逐步转化为独立式的流畅教学,意味着单位时间内教师教学的自主空间扩大。因此,S 小学重新修订必修课程教材,进一步拓展延伸教学内容以满足学生更高层次的需求。但是通过对比修订前后《杨柳青年画知识读本》教材内容发现,此次修改仅在"年画典故"部分增加了典故的引用数量,并通过丰富插图提高教材的趣味性与可读性。其实教材编写仍停留于课程开发之初关注基础性内容的层面,并未及时充实具有发展性的课程教学内容,致使供给教育内容无法充分满足学生成长发展需求与期待,加剧教育需求增长与资源供给有限之间的冲突。

[①] 张晓慧:《"后校本"时期传统文化教育的正确打开方式》,《教学与管理》2018 年第 6 期。

杨柳青年画选修课程同样存在教育需求增长与资源供给有限之间的冲突，但冲突的表现形式与必修课程有所不同。具体而言，由于选修课程基于必修课程教学经验，对年画制作材质以及制作工艺等进行多维拓展。因此，从客观意义上讲，选修课程能够满足学生多样化发展需求。然而，选修课程采取双向选择的方式，对年画特别有兴趣且大胆创新的学生给予重点培养，这意味着只有部分学生能够参与到选修课程学习之中。其实，并非S小学有意限制学生进行选修课程学习，而是由于选修课程需要在美术专用教室进行授课，并且需要教师进行一对一指导。但当前S小学师资力量与教学场地有限，导致个性化教育资源供给不足，无法满足更多学生个性化发展需求。

（三）学科内分工协作与跨学科联动教学间的冲突

为提高学生综合素质，S小学以多元智能理论为指导，将杨柳青年画与语文、英语和音乐课程相整合。但是当前杨柳青年画跨学科教学的实施存在一定的实践落差，主要表现为内容层面简单化"拿来主义"以及形式层面机械化"杂糅教学"。如在语文课程中以简单拿来的形式直接加上杨柳青年画内容，并与杨柳青年画必修课使用同一本教材进行教学。其实这是一种拼盘式知识内容的教学，知识之间并未实现真正的整合。又如，将杨柳青年画中的娃娃元素融入舞蹈中，编制与年画相关的舞蹈，称之为年画与音乐课程的跨学科整合。显然这是简单意义上的教学杂糅，仅停留于形式层面的"跨学科"。

跨学科教学存在实践落差的主要原因是学科内分工协作与跨学科联动教学之间发生冲突。具体而言，杨柳青年画课程开发以美术组教师"全员参与式"的活动方式推进，意味着在课程开发活动中美术组教师之间是"分工协作关系"，与其他学科教师其实并未进行联动教学。然而科学的课程整合绝不仅仅是一位教师教育经验的体现，其范围超出任何一位教师的经验水平，需要教师在相互学习和彼此交流中探寻培育学生综合素养的课程整合路径。反观现实发现："每科老师都是自己弄自己的，没法合作，在单位里边都是自己做自己的。假如语文老师想用我的东西了，你就随便拿，当时有老师问我要过资料，是语文方面的，这不就叫融合么。"虽然在学校要求下，教师为完成跨学科教学任务，尝试在学科之间"搭桥"。但是知识储备、教学经验和教育立场等存在差异，并且受到学科内分工协作"封闭性"影响，导致教师之间并未开展真正意义上的跨学科联动教学，造成似是而非"跨学科"的出现。

（四）教育评价工具理性与价值理性之间的冲突

教育评价是针对教育活动开展情况进行价值判断的重要手段，而价值判断主要是基于客观立场的一种理性活动。理性作为人类特有本性的基本表征，① 又可划分为工具理性与价值理性。其中，价值理性是有意识赋予某一事物或行为价值层面的合理性，其为工具理性提供精神动力；工具理性是基于实践途径展现某一事物或行为的有用性，其为价值理性提供现实支撑。② 审视 S 小学杨柳青年画教育评价的"理性"时发现，学生学习效果评价重价值理性轻工具理性，价值理性占据主导地位，工具理性在评价中的积极作用并未充分发挥。而教师教学评价则重工具理性轻价值理性，评价受到工具理性支配，缺乏对教师生命存在的关注，未能充分体现出教师教育的生命关怀和人文价值。工具理性与价值理性的失衡，造成评价行为的短期化、评价体制的功利化和评价过程的机械化等，从而限制评价导向功能、调节功能与管理功能等的发挥。

具体而言，S 小学对学生学习效果的评价主要以学生上课表现以及年画创作情况为依据，结合学生的实际水平和具体情况，由教师按照优良中差等级分类进行灵活评价。其评价理念以及评价方式均表现出人性化倾向，价值理性得到充分彰显。但是，要真实反映某一行为或客观把握某一事物，需要发挥工具理性的独特作用。学校并未制定学生考核评分细则，并且在评价中并未使用标准化评分方法，导致评价出现随意化与形式化等问题。评价教师教学情况时，学校使用二级课堂教学评价指标衡量杨柳青年画课程教学质量，体现了对评价科学性与客观性的追求。

---

① 张其志：《教育评价中的理性问题研究》，《教育评论》2006 年第 2 期。
② 刘慧霞：《论工具理性与价值理性的冲突与和合》，《湖北科技学院学报》2015 年第 11 期。

但是，教师在校本课程开发中所展现出专业情意、专业价值观以及专业发展意识等并未得到充分关注，教育评价缺乏人文关怀与价值导引。

三　优化策略

杨柳青年画课程开发面临的现实挑战与局限构成学校客观意义上的发展限度，在未来的发展过程中仍需正视问题存在并采取相应的策略和方法优化课程开发实践，促使课程开发朝向科学化、规范化方向发展。同时，S小学作为优秀传统文化课程开发的一个代表性个案，根据其开发实践得出的相关优化策略，对于其他小学优秀传统文化校本课程的开发有所补益。

（一）合理安排人员配置，健全支持服务体系

"非学科"性质的教师配置以及赋权与增负并举下的课程开发，加剧了教师本职工作与课程开发责任之间的冲突。解决这一瓶颈问题，最重要的并不是打造专科专任的教师队伍。因为对于S小学而言，杨柳青年画课程开发以"全员参与式"的活动方式推进，每位美术教师基于课程开发经验积累，均在不同程度上对年画相关的课堂教学进行了创新实践。此时再以教师专设的形式选任课程专属人员显然并不合适。因此，可通过合理安排人员配置和健全支持服务体系，明确教师课程开发职责并有效减轻教师工作负担。

合理安排人员配置的重要举措之一，便是完善课程开发的责任机制，分解课程开发与管理职责，落实教育任务安排。具体而言，可根据教师个人特长、能力水平和兴趣爱好等，制定开发主体责任与配合开发责任的具体说明，并结合任务配置情况建立适宜的薪酬制度与灵活的人才激励机制。同时，应积极理顺学校内部不同层级以及同一工作岗位的职责边界，坚持"一类事原则上由一个部门负责，一件事原则上由一个人负责"，帮助教师厘清课程开发主体的边界责任，切实减少对教师的不必要干扰。完善支持服务体系，一方面可与地方高等院校、地方文化机构等建立人才培养支持机制，如与地方高等院校共建教育教学实践基地，邀请专家指导教育教学及传授专业理论知识，并使高等院校学生进校开展实习与交流活动等。又如，与当地年画作坊及其文化传承人建立长期、

稳定、全面的合作关系，通过专业技术支持与实践经验辅助为教师发展提供持久动力等。另一方面，应丰富教学资源建设，有效聚集信息资料、工具方法和技术平台等要素，为教师科学有效地开展课程学习与研究提供便利服务，以此逐步提升教师适切设计课程的能力。

（二）增加资源有效供给，健全教学管理机制

面对教育资源供给不足与学生日益增长的教育需求之间的冲突，从长远发展的视角考虑，S小学应积极探索教育供给侧结构改革，增加教育资源的有效供给。具体而言，第一，增加与改进硬件教育设施。如增设杨柳青年画选修课程的专用教室，使用现代技术手段打造同频互动教室、录播室，安装安全视频监控系统和智慧黑板等。第二，增加发展性的教育教学内容。学校应充分考虑教材内容设计的发展性，根据学生学习需求与拓展类课程建设情况等，通过单元分区设计细化与充实学段教学内容。第三，增加师资力量。深化分类评聘制度，重点培养与引进杨柳青年画课程建设的相关人员。搭建"教学研"合作平台，帮助教师丰富专业教学知识与专业实践技能等，为教师持续提升教学水平培植动力。

从短期应对的视角考虑，S小学应健全教学管理机制，缓解教育资源供给不足。一方面规范选修课程教学管理，提升选修课程教学效率。在选修课程开设之前，学校应认真分析课程的供需情况，根据调研结果灵活调整课程设置方案，以增设、合并或削减课程时数的形式缓解供需矛盾。同时，将选修课程教学情况列入教学检查与评估范围，督促教师积极创新教学方法，不断提高授课效果。另一方面，构建学生自我管理机制，提升学生自主学习能力。可设置学生管理"岗位"，通过岗前培训、岗中指导以及离岗评价等，培养学生积极参与意识、增强学生管理能力等。同时，制定学生帮扶计划，为学生创造自主学习空间，使学生在合作交流、自主探索中体悟年画创作之道。

（三）夯实分科教学基础，增进学科内在联系

学科内分工协作与跨学科联动教学之间发生冲突，导致杨柳青年画跨学科教学实践与预期效果存在较大落差。鉴于此，S小学可通过夯实分科教学基础与增进学科内在联系，逐步化解跨学科教学中的冲突。跨学

科教学以分科教学为基础，① 因此，教师在开展跨学科教学前首先应夯实分科教学基础。一方面教师应利用现有教育资源进行充分的知识准备。如通过翻阅年画校本教材、分析年画优秀教学案例和观看年画视频公开课等，充分了解杨柳青年画相关知识，探寻年画教学的一般规律。另一方面，从本学科立场与视角出发，深入思考杨柳青年画与学科教学间的关系以及在学科中教授杨柳青年画的独特价值，区分跨学科教学的重难点问题，并尝试使用本学科的教学方法与手段解决问题。

基于分科教学基础的夯实，然后再进行特定学科的教研活动，增进学科间内在联系。具体而言，第一，学校应重视跨学科教学团队的组成，构建群体学习与实践联合体，加强跨学科教师之间的交流与合作，提升教师跨学科素养与能力。第二，定期组织跨学科例会。针对跨学科课程建设中育人目标定位问题、教学内容衔接问题以及教学方法差异选择等进行集中探讨，并通过经验分享找寻跨学科教学的突破口。第三，建立常态化的跨学科听课机制与教学反馈机制。跨学科听课机制旨在帮助教师把握课程间的逻辑关系，弥补自身专业局限并拓展知识视野；而教学反馈机制主要督促教师密切关注学生跨学科学习的真实状态，并根据学生学习情况反馈及时调整教学方案。

（四）坚持辩证思维方法，追求理性完整状态

教育评价工具理性与价值理性存在冲突，协调两者间的关系是提高教育品质和促进学生发展的需求。对于教育评价而言，工具理性与价值理性是判断评价价值的两个切入点，两者的构成本应是完整的，并不存在完全意义上的分化和对立。② 完整的理性状态要求评价者充分认识工具理性与价值理性的辩证联系，以辩证思维方式综合审视教育教学评价。对于S小学而言，应深入了解工具理性与价值理性在教育评价中具有的应用功能与作用，并深刻认识到工具理性与价值理性的和谐统一，是更加真实反映学生发展状态以及教师教学状态的必然要求。进而在设计评

---

① 田娟、孙振东：《跨学科教学的误区及理性回归》，《中国教育学刊》2019年第4期。
② 潮兴兵、黄天成、魏健宁：《工具理性与价值理性视角下的教学评价》，《教学与管理》2008年第18期。

价考评方法时，有意识地将工具理性与价值理性结合起来，既重视评价标准和评价技术，强调评价结果的科学性、准确性和客观性，又关注人的需求，以人的成长与发展为基本价值取向。

　　基于工具理性与价值理性辩证关系的把握，消解教育评价理性中的二元对立，逐渐归还理性的完整状态。具体而言，评价学生学习效果时，杨柳青年画授课教师应将先进的评价理念和现有的评价技术有效结合，以作品档案袋评价、学生自评与小组互评等形式开展评价的同时，重视考试、技能比赛和汇报展示等正式评价。开展教师教学质量评价时，学校应积极探寻工具理性与价值理性的平衡点，掌握评价中的平衡尺度。如美国艾伦教采用"2+2"评课表方法，通过提出两条赞扬与两条建议，让教师获得成就感的同时认识到自身存在的问题。总之，我们应正确对待、合理使用教育评价，并清晰认识到教育评价并不能达到绝对意义上的精准测量，也并不可能实现完全无误的全面考察，应在教育实践中不断寻找更科学、多元、有效且完善的评价方式。

四　现实启示

　　杨柳青年画课程开发是优秀传统文化课程开发的一个典型案例，其实践过程既体现了学校课程建构的独特个性，也反映了优秀传统文化课程发展的一般共性。以杨柳青年画课程开发的整体研究为现实观照，对S小学校本课程开发的行动过程进行审视、分析与总结，尝试在一般层面上探讨小学优秀传统文化课程开发的思维方式，以供同类学校参考。

　　（一）扎根学校实际，做好需求分析与课程设计

　　由于学校所选择的文化发展路径各不相同，课程开发规划设计也存在一定差异，优秀传统文化课程门类也必然是丰富多样的。从学校实际出发探寻课程开发逻辑起点，明确课程开发的价值取向与目标定位，精心组织课程设计尤为重要。其不仅影响课程活动的实践走向，也为解析课程开发现实困境提供视角。

　　1. 需求分析：注重"现实需求"与"未来发展"的双向思考

　　当前优秀传统文化课程开发存在一定的随意性、盲目性，此种状况

的原因是多方面的，其中突出的一点是在国家政策引导与行政部门指示下优秀传统文化进入中小学时，文化教育推行的行政性行为未能顺利转化为学校主动性行为。为迎合"传统文化热"的发展趋势，学校直接在行政逻辑驱动下开展课程教学活动，而未深入思考优秀传统文化教育的育人导向、核心价值理念以及课程独特价值等。①面对这一问题，个案学校相关做法给予问题解决一定启示。具体而言，个案学校从区域文化、学校建设、学生发展和课程改革四个方面，对杨柳青年画课程开发的"现实需求"与"未来发展"加以思考，基于区域文化认同的价值选择、特色学校建设的战略需要、人的全面发展的教育愿景和校本课程改革的纵深发展，开发杨柳青年画校本课程。

任何学校的课程改革都离不开对学校的现实分析与课程理念架构的支持。②需求分析是优秀传统文化课程开发的前提因素，通过课程开发"现实需求"与"未来发展"的双向思考，可促使学校深入探究开发优秀传统文化课程的缘由以及开发的价值意义又是怎样等，从而理性把握课程建设与学校实际的关系，避免优秀传统文化教育流于形式化的同时，促使行政性行为顺利转化为学校主动性行为。具体而言，分析优秀传统文化课程开发需求，一方面学校应充分认识到分析环节在课程开发中的独特地位，并持有"现实需求"与"未来发展"双向思考的课程开发分析意识，也即学校应清晰意识到分析阶段作为课程开发过程的首要环节，是整个开发工作具体实施的起点，为确立科学的课程目标体系提供理论依据。单一化的信息来源并不能为学校制定目标提供充分的信息参考，需要学校立足"现实需求"、基于"未来发展"的长远视角综合审视与规划课程开发活动。另一方面，学校应采取行为从"现实需求"与"未来发展"两方面调研与了解优秀传统文化课程开发需求。其中，调研"现实需求"时学校可有目的地邀请学校管理人员、教师、学生、文化传承

---

① 纪德奎、张丽姣：《优秀传统文化教育的课程化行动选择》，《当代教育科学》2020年第6期。

② 孟庆楠：《初中道德与法治校本课程开发研究》，博士学位论文，东北师范大学，2019年。

人等开展座谈调研，通过问卷发放和深度访谈等多种形式，广泛了解不同群体对优秀传统文化的需求倾向。同时，学校应秉持"教育面向未来"这一思想，对课程开发的价值取向、教育理念和课程理想等进行逻辑分析，力求开发出当下和未来具有现实必要、客观需要的优秀传统文化课程。

2. 目标构建：重视"必备品格"与"关键能力"的双重组合

当前我国并未颁布关于优秀传统文化教育课程标准，[①] 也尚未正式提出各学段关于优秀传统文化课程核心素养的具体内容，学校对于优秀传统文化教育"培养什么人"的认识仍存在一定的"模糊性""笼统性"。面对这一问题，个案学校课程目标中关于必备品格和关键能力的培养，为优秀传统文化课程目标的构建提供参考维度。"必备品格和关键能力"是学生发展核心素养的中国表达。着重培养"学生应具备的适应终身发展和社会发展需要的必备品格和关键能力"，是具有中国特色的核心素养培养要求。并且，必备品格与关键能力的表述与《完善中华优秀传统文化教育指导纲要》小学阶段有序推进优秀传统文化教育的相关内容相契合。因此，基于必备品格与关键能力创设优秀传统文化课程目标具有一定可行性。

以必备品格与关键能力为核心，在构建优秀传统文化课程目标时，第一，学校应明晰必备品格与关键能力的概念，理解必备品格与关键能力的培养对于学生个人成长发展的重要意义。具体而言，必备品格是个体在处理人与自我、人与他人以及人与社会等关系中表露出的品质、性格，具有积极调节个体智慧行为等功能。关键能力是胜任一定任务或完成某项活动时所需要的核心条件，对于实现学生个人的可持续发展至关重要。第二，学校应正确把握必备品格与关键能力的关系。必备品格与关键能力是一对具有张力结构的组合，对于优秀传统文化课程而言必备品格与关键能力的培养同等重要，二者缺一不可。必备品格需要关键能

[①] 纪德奎、张丽姣：《优秀传统文化教育的课程化行动选择》，《当代教育科学》2020年第6期。

力的支撑，其为关键能力提供情感与价值导向；关键能力需要必备品格的引领，只有具有品格意蕴的能力才是真正有价值、有意义的能力。第三，结合学校办学理念、教育哲学思想和课程开发价值取向等，基于必备品格与关键能力两个维度充实相应内容。值得注意的是，必备品格与关键能力的培养必须依托一定文化符号才能实现。符号作为文化最基本的要素，是优秀传统文化传承的必然要求，其为品格塑造和能力培养提供现实基础。因此，无论是关于必备品格目标的构建，还是关于关键能力目标的勾勒，均应重视承载着各类知识和技能的文化形式。

3. 内容编制：强调"本土选择"与"内容创生"的双维设计

面对博大精深、源远流长的优秀传统文化资源，学校往往在选择学生适合"学什么"和"从哪里入手"让学生学等方面存在疑惑，并且在处理优秀传统文化校本课程内容的取舍问题时多处于一种泛化的、散在的状态。[①] 基于此现状，建议从"本土"视角以及"创生"视角出发找寻问题解决方案。通过分析个案学校杨柳青年画校本教材内容、组织以及呈现方式发现，"本土"扎根选择和内容"创生"取向影响着课程教学内容的编制。以此为参考，基于"本土"视角构筑优秀传统文化校本教材根基，不仅可为内容选择、内容组织和内容呈现提供现实支撑，还可使校本教材具有本土特征展现区域文化独特个性。同时，从"创生"视角衡量优秀传统文化原有价值体系，能够不断赋予文化新的时代内涵，促使中华民族精神和文化基因与时代发展相融合。

因此，编制优秀传统文化课程内容时，一方面学校可扎根"本土"选择校本教材内容，第一课程开发者应不断拓展区域文化视野，即教师可通过与年画老艺人面对面交流和跟班式学习，扎根本土实践、回归现实生活，不断加深对本土文化的理解力和感知力，以保障校本教材内容的"本土味"。第二，根据本校学生学情建构校本教材内容。不同年级学生在知识理解和接受能力等方面存在一定差异，应靠近学生"最近发展

---

① 张晓慧：《"后校本"时期传统文化教育的正确打开方式》，《教学与管理》2018年第6期。

区"建设符合不同层次学生认知规律的教材内容。第三,基于校域环境创编教材。从学校具体教育教学情景出发,结合学校教育理念、教学资源以及发展目标等,挖掘杨柳青年画校本教材内容。另一方面,学校应合理"创生"校本教材内容。具体而言,可使用整体分析方法,结合历史背景差异探寻局部文化以及整体和局部文化的内在关联,在对优秀传统文化形成整体的、正确的认知基础上选择性继承文化传统,进而结合主流意识形态发展方向,放大优秀传统文化中具有普遍意义和精神价值的规范性文化和先进性文化,拓展与新时代个人、社会和国家文化再生产相适应的民族精神标识。同时学校还应以开放的眼光和视角审视对待文化内容,根据社会和时代发展趋势不断调整和充实内容体系,促使传统文化的表达方式与当代文化相适应、与社会发展相协调。[1]

(二)把准课程取向,强化组织实施与效果评价

开展优秀传统文化教育实践活动,既需要明确校本课程开发的价值取向、培养目标和基本内容等,也要善于从需求、目标和内容等视角考量课程实施的内在价值,拉近课程理想与课程现实间的距离,更要把握校本课程在具体实施过程中的组织形式、实践方式和评价方式等。

1. 课程结构:注重"校本课程"与"课程校本"的相互统一

当前优秀传统文化教育形式较为单一,存在统一化、固化倾向。学校多以主题活动形式开展优秀传统文化教育,而真正对学校既有课程体系与教育活动进行调整,丰富优秀传统文化教育形式的相关举措相对较少。甚至部分学校将优秀传统文化活动视为优秀传统文化教育,认为只有以活动形式推进才算真正意义上的优秀传统文化教育。[2] 面对此状况,个案学校的相关做法为此类问题的解决提供一定思路,即个案学校以杨柳青年画为核心,基于校本课程的自主化开发以及国家课程的校本化实施,通过课程新编、课程拓展和课程整合等形式,创设杨柳青年画校本必修课程、选修课程和整合课程,构建三级扁平式校本课程组织结构。

---

[1] 纪德奎、张丽姣:《优秀传统文化教育的课程化行动选择》,《当代教育科学》2020 年第 6 期。

[2] 程伟:《中小学优秀传统文化教育:误区与重构》,《当代教育科学》2018 年第 7 期。

其实三级课程管理政策的出台，就已倡导学校在国家课程框架内充实课程结构、在国家课程框架外开发校本课程。国家课程的校本化以及校本课程的特色化可推动单一的国家课程逐步走向多元化。

因此，在保障国家课程与地方课程教育质量的前提下，学校应充分利用自主开发课程的广阔空间，依托校情、教情以及学生学情，对国家课程进行补充与整合，对校本课程进行研发与设计，以完善优秀传统文化课程组织体系。具体而言，搭建优秀传统文化课程结构，应注重"校本课程"的开发和"校本的"课程开发的统一。一方面，"校本课程"开发是学校在国家课程框架外的预留空间内所进行的完全自主的课程开发。学校可结合本校教育理念、育人目标与资源状况等，以新编凸显区域特色的课程、拓展延伸原有优秀传统文化课程优势以及补充优秀传统文化课程活动材料等形式，自主设计校本必修课程、选修课程以及主题活动课程，为学生个性成长提供更多发展路径和选择空间。另一方面，"课程校本"是学校对国家课程"因地（学校）制宜""因人（学生和教师）制宜"的创造性改编、整合与再开发。[1] 基于国家课程标准重新建构课程，对于整合优化课程资源、提高课堂教学效率、培养学生综合能力等具有积极意义。学校可通过课程整合的形式对国家课程进行校本化实施，在不同学科知识间找寻优秀传统文化内容的联结点，帮助学生构建关联紧密且有意义的知识组织能力，促进学生全面而有个性的发展。

2. 课程实施：重视"精心预设"与"动态生成"的相融共生

在中小学优秀传统文化课程满意度的调查中发现，学生群体对课程的整体期待较高，但是感知质量的均值较低。[2] 此项结果表明优秀传统文化课程教学质量有待提升。面对此现象，个案学校在预设基础上以动态生成的方式推进课程实施的相关做法，为问题解决提供一定的参考。具体而言，杨柳青年画授课教师将"精心预设"与"动态生成"视为构建杨柳青年画有效课堂的两个重要维度，通过精心设计教学方案以及师生

---

[1] 徐玉珍：《论国家课程的校本化实施》，《教育研究》2008 年第 2 期。
[2] 宋晓乐、吕立杰：《传统文化校本课程学生满意度调查研究》，《教育理论与实践》2019 年第 35 期。

互动建构知识经验的形式，改善与提升课堂教学质量。"精心预设"是保障课堂教学质量的必要条件，"动态生成"使课堂教学焕发生命活力，两者共同构成优质课堂教学的现实性存在。优秀传统文化课程开发，同样应重视课堂教学活动的"精心预设"与"动态生成"。

　　课堂教学本身是一个充满不确定因素的动态过程，需要预设加以平衡。实施优秀传统文化课程时，"精心预设"至少应包含三方面的内容：教学目标的合理预设、教学内容的充分预设以及教学过程的适当预设，即教师应基于学情准确制定教学目标；重视教材与拓展资料的充分利用，确定教学重点与难点问题；通过情景创设、问题引导和实践体验等，预设课堂教学的核心环节以及课堂上可能发生的各种情况等。而"动态生成"强调学生在与教师对话和讨论过程中，进行独立思考、自由表达与个性创造，以实现超越性的生命成长。具体而言，"动态生成"应注重知识建构和教学过程的动态性、发挥师生双方的主动创造性、利用教学方法的启发性，并且追求学生精神和灵魂的成长性。[①] 预设与生成相融共生的理念，可以从以下三对关系中进行把握：第一，认识与实践的关系。具有静止属性的预设源于教师对教学实践活动的综合性认识，而具有生成特性的实践活动离不开预设的经验指导。预设与生成中蕴含着"静与动"的辩证关系，其实也是"认识与实践"辩证关系在教育实践中的体现。[②] 第二，结论与过程的关系。课堂教学不仅致力于传授预设内容、达成预设结果，还应注重学生探索新知的过程与学习体验。第三，一元与多元的关系。教学模式、文本资料和知识内容具有一元标准和普遍价值，而学生个性发展以及认识事物和解决问题的视角则具有多元化与独特性等特征，因此需要通过预设与生成的辩证统一不断对优秀传统文化课程进行意义重构。

　　3. 效果评价：强调"人性评价"与"制度规范"的相向并行

　　当前小学实施国学经典教学时，教师将学生背诵经典作品的数量作

[①] 苗光宇：《课堂教学生成应有的特性——基于雅斯贝尔斯存在主义哲学》，《教育评论》2016年第2期。

[②] 辛朋涛：《生成与预设的关系：误解与澄清》，《上海教育科研》2010年第5期。

为评价学生学习效果的依据，评价标准的单一化反映教师对学生知识掌握程度、情感培养和行为塑造等的忽视。缺乏明确的教学评价标准和学习评价依据，均会致使教育流于形式或出现口号式教育。[①] 这也反映了当前优秀传统文化课程评价中存在的一些问题，如评价标准的缺失、评价理念的落后与评价方式的单一等。面对此状况，可通过分析个案学校相关做法得出一定启示。个案学校在评价学生学习效果时，评价理念以及评价方式均表现出人性化倾向，价值理性得到充分彰显。在评价教师课堂教学质量时，制定了相对规范化的评价标准，体现了对评价科学性与客观性的追求。基于工具价值与理性价值辩证关系的把握，本节建议优秀传统文化课程评价将"人性评价"与"制度规范"相结合，归还理性完整状态。

由于每个人的认知水平、行事风格和综合能力等各有差异，对于同一问题的看法、同一内容的理解情况也各不相同，因此人性化的评价方式对于学生和教师而言，更加贴近个体成长的内在需求。"制度规范"则通过课程评价的制度化建设，减少公众对评价公正性的质疑。二者之间无疑是相互联系、互为补充的。"人性评价"与"制度规范"相向并行其实反映的正是人性化的课程评价与评价的制度化建设同向同行、共同发力，扎实推进课程开发的良好势态。具体而言，一方面学校应明确课程评价的基本理念，为具体评价活动的开展提供思想引领和宏观导向，即树立"人性评价"与"制度规范"相结合的课程评价观，尊重学生主体地位，并善于诊断、关注学生知识的获取和能力的提升；给予教师人文关怀的同时，发挥制度优势规范教师从教行为。另一方面，确立以学生、教师为核心的评价对象，从"人性评价"与"制度规范"视角，分别明确学生评价方式和教师评价方式。指向学生的评价，可通过课堂及时反馈、学生作品展示、学生自我评价、汇总学生学习表现、实施档案跟踪管理等，充分彰显评价对于学生终身发展的促进作用。指向教师的评价，

---

① 李录琴、常宝宁：《小学国学经典教学的现实困境与推进策略》，《当代教育科学》2018年第1期。

可通过现场听课、调查访问、查阅资料（教学计划、教学设计、拓展资料）、自我评价、师生互评等形式，发挥激励机制与约束机制的双重作用，引领教师专业成长。

（三）融通开发路径，在回环往复中优化课程质量

课程开发具有复杂性、系统性和开放性等特征，学校开发校本课程时不仅需要投入大量时间、精力和财力，还需要融通课程开发的各个环节。就校本课程开发路径而言，不仅需要"自上而下"的顶层设计，还应有"自下而上"的实施反馈。优秀传统文化课程开发应坚持"自上而下"与"自下而上"相结合的原则，在顶层设计到底层实践、底层反馈到顶层完善的回环往复中（图3-20），促使校本课程的"发展"功能真正落实到学生个人成长过程。

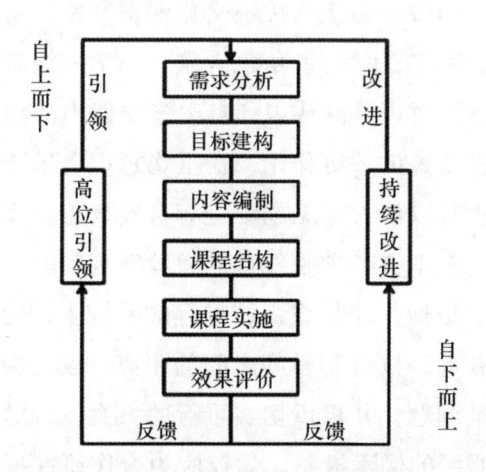

图3-20 优秀传统文化课程开发融通路径

1. 基于高位引领，探寻课程开发优化空间

当前优秀传统文化课程开发往往依赖于学校师生长期的努力探索以及学校与外部力量的协同发力，其实是在学校实践场域中通过对话互动、合作交流而不断生成课程开发改进意见与实施策略的过程。在这种情况下，课程开发的总体构想、组织结构和实施计划等仍有很大改进空间，需要进一步规范与完善。正如杨柳青年画课程开发，相对于过去已经进

入系统运行的发展阶段，必要的高位引领对于课程开发的良性循环不可或缺，是个案学校校本课程开发走向科学化、专业化的一种关键性保障。此外，从学界对校本课程开发的界定来看，课程专家、学者和专员的引领能够促使课程开发取得更好效果的观点已达成共识，① 表明高位引领对于个案学校改进校本课程开发实践发挥着不可忽视的作用。因此，探寻课程开发优化空间，可以从学校改进的"内生模式"切入，② 在大学领域为校本课程开发找寻理论、思想和实践等的支持。

具体而言，小学可与大学建立合作关系，通过小学一线教师与大学专业人员共担课程开发职责，为优化优秀传统文化课程开发寻辟新思路。第一，建立共同合作目标。虽然学校和一线教师有相对功利性的现实目标，而大学专业人员有开展研究的价值倾向，但是这些目标都应统整于共同的工作目标，即服务于优秀传统文化课程开发，这是两方开展合作研究的现实基础。第二，参与者角色入位。小学一线教师是合作研究的主体，应有自我发展意识，即认识到自身素质能力的提升对于改进优秀传统文化课程开发质量的关键作用，在主观意识上乐于向大学专业人员展现自我，并积极听取他人意见主动进行自我反思；大学专业人员是合作研究的促进者，应创造各种条件帮助教师发现问题并解决问题，即在充分了解学校发展目标与课程组织结构等的基础上，通过平等对话、互助合作和共同实践等，拉近与教师之间的距离。以此为契机，真诚指出教师教学中存在的问题，并提供切实可行的方案，帮助教师获得良好发展。第三，建立必要的保障机制。学校应为合作研究提供相应条件，如签署合作协议、设立专项基金、建立激励机制等。

2. 谋求持续改进，推进课程开发迭代优化

对于许多小学而言，一般性的竞争方式根本无法摆脱其弱势发展的局面，③ 生存上位的发展哲学引领学校走上优秀传统文化课程开发之路，

---

① 陈飞：《农村小规模学校校本课程开发研究》，博士学位论文，东北师范大学，2018年。
② 邬志辉：《学校改进的"本土化"与内生模式探索——大学与中小学合作伙伴关系的维度》，《教育发展研究》2010年第4期。
③ 秦玉友：《特色学校：内涵、定位与基限》，《教育理论与实践》2014年第19期。

探寻属于自己的话语权和生存空间。当课程开发进入稳定运行阶段时，持续改进的发展理念将占据重要地位，指导学校不断验证课程开发效果并完善课程开发质量，促使优秀传统文化课程开发持续为学校发展提供新的空间。对于个案学校来说，杨柳青年画课程开发在很大程度上已然是一种创新实践，并在此方面切实发挥了典型示范引领作用。然而，要建设可持续发展的校本课程，需要持续改进与提升课程品质，以巩固个案学校校本课程开发的优质发展，塑造小学优秀传统文化课程开发和持续改进的范例。

持续改进，是将改进看作一个周而复始、不断提升的过程式手段。[1]在优秀传统文化课程开发中表现为："需求分析—目标构建—内容编制—课程组织—课程实施—效果评价"的每一轮循环中，都致力于一部分问题的解决，同时将未解决的问题或产生的新问题转入下一轮循环。通过不断向上的阶梯式改进，保障课程开发水平的持续提升。并且，持续改进的发展理念强调对偏离目标的情况及时进行优化调整，采取相关措施改变单向链条的运行状况，使校本课程开发逐渐走上良性循环的路径。具体而言，要持续改进优秀传统文化课程开发质量，第一，应基于课程开发优化空间，制定改进计划。在分析课程开发中亟须改进问题的基础上，以目标为牵引，对课程内容、课程组织和课程实施等进行调整，形成具有操作性的改进方案。第二，基于改进计划，落实改进措施。学校可召开专门的改进计划实施研讨会，针对计划实施的重点与难点进行讨论与分析，提出明确的改进要求，严格落实改进措施。第三，监控实施过程，改进评价标准。学校可通过定期检查和不定期检查、抽查与全面检查的方式，基于公开课展示、专家点评和院校互评等监督改进计划落实情况，并依据多方反馈完善课堂教学评价标准。第四，优化改进措施，反思实践过程。汇总计划实施时产生的问题，并分析问题存在的原因，在下一轮循环中继续优化课程质量。

---

[1] 周平：《基于 PDCA 循环的会计专业"3+4"课程衔接质量持续改进探索》，《教育与职业》2019 年第 24 期。

第四章

教师作为：传统文化教学创新

中华优秀传统文化拥有千年历史，源远流长，教育要自觉担负起对文化的甄别、选择、消化和创新的责任。优秀传统文化进入中小学课堂，是推进优秀传统文化教育的必然要求。教师作为传统文化教育的教授者，承担着教化育人的重要功能。本章以内蒙古四所学校为例，探究优秀传统文化进入中小学课堂的教师作为。

第一节 特征与价值

教学是实现文化继承和发展的基础，教学创新是实现传统文化创新发展的必由之路。传统文化教学创新是指教师根据传统文化教学内容的特点和学生年龄特征及心智发展水平，运用一切已知信息，创造出新的教学理念、教学方法、教学内容、教学资源和教学评价或对原有的教学要素进行局部改进和重构，使其在内容、形态或结构等方面发生变化，以此促进文化教学质量提升的过程。传统文化教学创新符合一般教学创新的特征，体现在产生条件、发展过程和时代贡献中，不仅具有丰富的人文底蕴，还具有重要的价值。

一 特征

（一）时代性

随着时代发展的需要，各方面都要做出相应的改变，教学也不例外，教学应改进创新并且要与时俱进。传统文化教学创新就是要结合时代的需要克服传统课堂教学中存在的各种弊端，例如学生对于传统文化有着新时代的诉求，但是传统课堂教学中很少注重文化内容的讲授，或者即使对传统文化知识进行讲授，教师依然会采取机械的灌输方式让孩子不加理解地接受规约性文化内容，学生在老师的要求下不求甚解地死记硬背。此外，大部分热衷传统文化教学的中小学也一味地倡导经典吟诵，常常以"叠加"的方式进行展开，最终使传统文化教学进入形式化的误区，这在很大程度上加大了学生的学习强度，增加了学生的负担。而传统文化教学创新的价值在于改进这种传统课堂的文化教学方式，结合新时代的诉求以及信息化技术手段等不断的革新和改进传统文化教学过程，并且这种创新行为能够对当前社会和他人创造更高的价值和效益，传统文化教学创新是永无止境的，是动态发展的，是符合时代价值追求的，其随着时代的变化不断迭代和更新。

（二）超越性

教学创新是在继承的基础上追求新的突破和发展，不是简单的对原有教学模式的模仿，而是超越以前传统文化课堂教学样态的行为，以前的传统文化教学样态常表现为学生对传统文化知识的背诵和记忆，文化精神的培养和文化功能的理解往往被忽视，教师"介绍式"的讲授模式成为最为主要的教学方法，在教学内容方面，课堂上很少见到教师在学科教学中融入学生生活中的新鲜事例，在教学资源方面，教师很少借助当地文化资源实现资源扩展，教学评价上很少采用游戏法等新颖有趣的方式进行评价，而教学创新表现在教学过程中采用符合时代发展的教学理念和方法来创造更高的教学价值和教学效益，但是诸如利用计算机进行教学、丰富教学内容、扩展教学资源等追求形式上的为新而新不是创新，传统文化教学创新的目的是要克服传统文化教育的滞后性，从而适应时代和社会发展的新要求以及新时代师生的诉求，并使当前传统文化教学理念、教学方法、教学内容、教学资源以及教学评价等具有不同形态、内容或结构方面的局部变化和更新，旨在能够培养学生文化学习兴趣、提升学生的文化素养、提升文化教学质量，因此，教学创新必须要有一定的超越性①。

（三）趣味性

不同学段学生身心发展的需求不同，因此，不同学段教学创新具有差异性，换言之，不同学段对教学创新的实践样态提出了不同要求。刘晓琳、张立国对教学创新本体性知识进行了实证研究，根据结果可知：小学、初中以及高中三个学段教学创新存在显著性差异，该研究通过对212个案例进行质性和量性研究，采用方差分析做进一步检验，结果显示小学教学创新学段特征为直观趣味性，即小学教学创新面向学生直观学习体验的获得，表现出激发学习兴趣的"玩中学"的学段特征②。小学阶段传统文化教学创新在教学内容方面，通过学科课程和传统文化内容相融合，重视学生学习兴趣和价值观的培养，以及对传统文化相关内容的初步认识和理解；在教学资源方面，重视交互趣味性的数字化资源，如小游戏、电子玩具以及数字故事等；在教学方法方面，主要通过角色扮演等情景趣味性活动使学生获得直观并有趣的学习体验，强调为学生提供舒适、开放的学习时间和空间；在教学评价方面，侧重学习活动和作品的评价以及电子档案袋技术支持下的校内外学习行为观察和学习体验记录等。

二 价值

（一）解决传统文化教学问题，提升学生文化素养

学校教育是传承优秀传统文化最基本、最有效的途径，是任何形式都代替不了的，其作用举足轻重。根据相关研究发现在传承和创新传统文化方面学校教育未能充分发挥其应有的功能和作用，在课堂教学中道德与法治、语言等规约性文化知识往往作为教学重点被教授，而忽视文学意识、审美情趣等精神性文化知识对学生的涵养。此外，一些学校虽然强调和倡导传统文化教学，但实际文化教学流于形式，如语文、历史、

---

① 李森：《课堂教学创新策略研究》，西南师范大学出版社2008年版，第9页。
② 刘晓琳、张立国：《当代基础教育教学创新表征及学段特征———项关于教学创新本体性知识的实证研究》，《电化教育研究》2019年第6期。

道德与法治等和传统文化联系紧密的课程存在方法使用不当、文化内容深度挖掘不够等多种问题。要解决上述问题，必然需要教师对传统文化教学进行创新，文化教学创新能够提升学生文化学习兴趣、培养学生文化自信心、增强学生文明行为和强化学生道德观以及个人品性等，从整体上提升学生文明素养并提高文化教学质量。

（二）提升传统文化教学质量，促进传统文化传承与发展

由于时代的进步，学生的学习方式、思维方式、表达方式已发生了很大的变化，以及互联网时代的来临，都需要传统文化做出现代化转变。中华传统文化的现实转化，会引领学生加深对生活的理解，从而提高传统文化教学质量。教学是人类文化传承和创新的重要方式和途径，因此，传统文化教学创新具有重要价值。传统文化教学创新的关键在于拥有文化素养较高的教师队伍，即根据时代的发展以及教学内容的不断变化能够对文化课堂进行不断革新的教师队伍，教学创新作为教师传统文化教学必备的素养，是提高传统文化教学质量的关键。因此，教育者必须从现代文化视角，重新梳理传统文化教学逻辑体系，在文化教学实践中总结和创造出学生喜闻乐见的内容或方法等，从而实现传统文化教学的创新发展。

（三）提升文化教学能力，促进教师专业发展

教师需要不断学习、不断实践并不断利用外部资源和条件进行经验积累才能提高自身教学能力，从而实现自我创新和超越[1]。传统文化教学创新为教师的自我创新提供了机会，为教师的成长提供了必要条件。传统文化教学本身就是教师实施新的教学理念、新的教学方法以及新的教学策略的过程。在这个过程中，教师在课堂教学中乐于研究、勤于反思并敢于批判传统文化教学中出现的问题和现象，从而在改进传统文化课堂教学过程中潜移默化地提升文化教学能力。若教师对传统文化教学产生了兴趣和热情，必然会改变传统课堂的教学过程，教师会调整自己的

---

[1] 王铁军、方健华：《名师成功：教师专业发展的多维解读》，《课程·教材·教法》2005年第12期。

文化教学理念、改变原有的文化教学方法、整合文化与学科知识、丰富文化教学资源以及设计多元评价方式，从而加速课堂教学经验的积累，潜移默化地提高自身文化教学创新能力并促进自身发展。

第二节 形成与现状

传统文化教学创新的形成受多方面因素的影响，本节通过研究相关文献以及对内蒙古四所小学的访谈调查，研究出传统文化教学创新的形成依赖教师的内在特质和外部环境，同时对传统文化教学创新的现状进行归纳和分析，发现传统文化教学创新水平偏低。

一 形成因素

（一）内在特质

创新与人的特质密切相关，一般这种特质包括三个方面，一是思维特质。爱因斯坦认为思维比知识更重要，能极大推动人们的创新行为，思维对创新行为的发生有着不可替代的辅助作用。这种思维特质主要包括发散性、突发性、多向性。发散思维是创新的最典型的特征，发散性思维会促进新知识的增长，会扩展研究对象的外延，使科学理论具有包容性和覆盖面。突发性也是创新行为产生的主要特质，突发性是指人们思考到了一定的临界点时，就会突发异想，突然顿悟，为百思不得其解的问题找到解决的方法。专注性即集中精力，专心致志地思考。二是行为特质。行为特质包括冒险性、独立性、实验性、坚韧性等。冒险性就是敢于承担风险，不怕失败，只有具备冒险精神的人才可能创造出新颖而稀奇的东西，新事物出现的前提必定要求人们在行动上对旧事物有所批评，否则新事物就不可能出现。创新总是在实践中不断积累形成的，必然要经历一定的尝试和失败。因此，坚韧性、实验性、合作性是创新主体必备的行为特质，换言之，创新主体需要有不达目的不罢休的毅力和坚定的决心，也要有某种前所未有的探索和尝试行为，创新必然需要不断尝试，成功与失败具有不确定性，他们往往把自己潜意识中的想法与他们原有的经验相结合后付诸实践，所以，实验性是创新行为的基本前提。还要有合作性，创新成果往往依靠众人的智慧，需要有一群人相互信任并共同协作才能完成，特别是教师的教学创新行为是发生在师生共同活动中的，学生与老师之间的合作是教学创新的必要前提条件。三是人格特征，创新主体需要奉献精神、高尚理想、批判精神、专注情感和深厚的艺术涵养等。大量的研究已经证明创新人格和创新行为之间存在正相关，这就说明人格特征是创新行为长生的一个重要指标。美国心理学家 J. P. 吉尔福特将创造性人格特征归纳为以下几个方面：具有高度的自觉性也就是旺盛的求知欲；具有强烈的好奇心也就是对事物的发展有着强烈的深究思想；具有洞察力也就是善于观察；具有丰富的想象力也就是有着抽象思维；具有意志力也就是能排除外界干扰并长时间专注于某个感兴趣的问题。[①] 上述三种特质则是教师传统文化教学创新的内在形成因素。

（二）外部环境

首先，外界环境要不断释放能量、提供信息给教育，使其实现更新。教育的作用是传递一定历史条件下社会知识结晶和人类千百年来积淀的优秀文化，从而培养社会主义建设所需要的人才。当前，随着社会的进步和经济的发展，教育为了适应新时代的诉求，需要快速地、不断地从外界吸收先进的理念和思想、新的内容和资源、新的方法和技术等，而这些又恰恰为教师在教学过程中实现教学创新提供了外在条件。其次，教师教学创新需要一定的时间和空间。实践是教学创新成果产生的必要条件，而开展实践活动又需要有足够的时间与空间。这就需要学校留有足够的时间和空间给教师去从事教学活动，并大力支持教师教学创新，如学校领导者需要不断倡导和鼓励教师进行创新，给予教师充足的时空对教学活动进行准备；制定有关教学创新的激励制度如职称评定、薪酬、评优评先、荣誉等；增加有关教学创新的经费支持程度，加

[①] 石国兴：《创新精神、创造性人格及其培养》，《河北师范大学学报》（教育科学版）2002 年第 3 期。

大外出培训和交流力度等都是教师教学创新形成的外在条件。此外，改进教学设备与环境、增加教师获取教学资源的可能性和便利程度以及为教师提供更好的创新平台等也会间接性的激发教师教学创新动机和兴趣。

二　现状分析

（一）调查对象

1. 调查对象的选择

内蒙古 C 市因红色的花岩岗而得名，境内有 800 年的人类文明史，红山文化标志性器物"玉龙"被史学界界定为"中华第一龙"，故 C 市被称为龙的故乡。这里历史文化悠久，人文底蕴深厚。近年来，C 市教育质量不断提高，其传统文化教学的发展也取得了令人可喜的佳绩，但是还有待进一步提高。因此，研究 C 市传统文化教学创新情况，具有一定的现实意义。本节选取 C 市 4 所学校的教师作为调查对象，因为该市属于民族地区，其拥有着独特的地域文化，本节的研究对象选择的是在传统文化教学领域具有自身的办学特色或具有一定成效和尝试的小学，那么这些学校在办学理念、培训目标课堂教学以及管理模式等方面具有独创性或自身创新性，但因其经济发展较为落后，在一定程度上阻碍了小学教师传统文化教学的创新性发展，因此，该市在传统文化教育发展上理应得到关注，以至于能充分发挥其独特优势，为该市传统文化教育的发展做出巨大的贡献。

2. 调查对象的特点

本节的调查对象具备的特点，第一，本节选取内蒙古 C 市地区在传承传统文化方面做出鲜明而具有特色的小学作为研究对象。内蒙古 C 市凭借玉龙文化和红山文化而著名，该市有着深厚的文化资源和文化底蕴，且玉龙和红山文化在历史发展中对内蒙古 C 市地区的经济、社会和人的发展都有很大的影响。内蒙古 C 市的小学在传承传统文化方面做了许多探索，本节调查的 4 所学校在传统文化教学领域都具有独特的教学特色和教学模式，如 S 学校以"雅文化"为传统文化办学特色，主要从"教材、课程、教学、家校诵读、效果考评"五个方面进行全面落实；J校以"乡情文化"为办学特色，通过家乡特色文化环境创设、家乡风情再现等方式进行传统文化教学，倡导老师以"静心—拜师—授课—谢师"的实践模式，规范上课、课中、下课的课堂礼仪，寓传统文化教育于各学科之中；H小学以"红山文化"为传统文化教学特色，"红山文化"是这所学校的办学追求，该校结合悠久的历史积淀和特殊的地理文化，逐渐凝练出"以感悟为本，以体验为重心，以弘扬传统为追求"的中华优秀传统文化教育理念，着重学生日常良好行为习惯的养成教育，最终形成了以"红山文化"为核心的学校特色品牌；N小学积极创建"礼乐"教育特色，以"礼乐"文化为切入点，利用语文、道德与法治、音乐等学科课程，在课堂教学中较好地渗透礼乐知识，让学生深入了解、践行"礼乐"的核心文化，该四所小学努力挖掘当地文化的教育资源，借助其独特的地域文化积极探索传统文化的教学传承路径，对学生发展、传统文化传承和学校发展都有积极的推动作用，因此本节的调查对象在该市具有一定的代表性。第二，本节调查的教师在学校任教的科目为语文、英语、历史、道德与法治、美术、音乐以及其他课程，选取这些科目的教师原因在于这些科目的教材往往呈现很多传统文化教学内容。此外，这些科目更容易与传统文化内容相融合进行教授，故本章主要调查了上述学科的任教老师。

（二）调查工具的设计

1. 调查问卷的编制

本节在借鉴已有相关研究的基础上，通过咨询教学论的学者和教授传统文化知识的教师的意见，同时笔者查阅了大量关于教学创新的文章，整理发现部分研究者对教学创新进行了维度界定，自主编制了《小学教师传统文化教学创新现状调查问卷》，本书的调查问卷共分为两个部分：第一部分为基本信息，是对个人基本情况的调查，包括被调查者性别、年龄、教龄以及任教科目等信息；第二部分为教师传统文化教学创新量表，这部分设计的题目并不全面，只是依据前人研究和自身理论基础与实践经验进行了简单的整理，还需要结合访谈来分析。本节编制的量表共 30 个题目，依据李克特五点式量表采取赋分法，分数越高，表明小学教师传统文化教学创新越强，设计的问卷中各维度的具体分布情况见表 4-1：

表 4-1　　　　　　　　各维度题目分布情况

传统文化教学理念创新	1、2、3、4、5、6
传统文化教学方法创新	7、8、9、10、11、12
传统文化教学内容创新	13、14、15、16、17、18
传统文化教学资源创新	19、20、21、22、23、24
传统文化教学评价创新	25、26、27、28、29、30

2. 调查问卷的信度

调查问卷的信度代表问卷的可靠性。本书采用 Cronbach's Alpha 系数法对教师调查问卷进行信度分析，测得教师调查问卷的信度为 0.870，通常调查问卷的信度在 0.8 以上的为佳。所以，本书的教师调查问卷信度良好，所得数据具有进一步分析的价值，具体见表 4-2：

表 4-2　　　　　　　　教师调查问卷的信度

Cronbach's Alpha	项数
.870	30

3. 访谈提纲的编制

为了避免问卷调查的局限性，本书从调查的 100 名教师中选取了 6 名教师进行了面对面访谈，目的在于使获得的信息更加全面有效、研究过程更加严谨、研究结论可信性更高。访谈提纲主要包括两个部分：第一个部分是教师基本信息，第二个部分设置了 10 个开放性题目，访谈的 6 名教师的基本信息如表 4-3：

表 4-3　　　　　　　　　访谈教师的基本信息

教师	性别	年龄（岁）	教龄（年）	学历	职务	任教学科
肖老师	女	25	2	本科	无	语文
王老师	男	27	3	本科	班主任	英语
谭老师	男	36	9	专科	年级组长	语文、体育
刘老师	女	31	6	本科	班主任	语文、音乐
王老师	女	45	17	专科	主任	道德与法治
李老师	男	42	11	专科	班主任	历史

（三）调查基本过程

调查工具于 2019 年 6 月初完成，先对问卷进行了试测，在试测过程中发现问卷存在一些问题，对有问题的题目进行了删除和修改，于 2019 年 6 月 23 日到 9 月初正式实施调查，调查了内蒙古 C 市 4 所学校，发放了 100 份问卷，实际收回 100 份，有效问卷 98 份，问卷收回后，笔者利用 Excel 表格将数据进行整理和录入，利用 SPSS 18.0 软件对调查结果进行数据处理和分析，并得出相应的结论。此外，笔者在调查的 100 名教师中随机抽取 6 名教师进行了访谈，从而更深一步了解相关内容，使本书获得更全面的信息。

（四）调查样本的基本情况

此次调查，共发放了 100 份问卷，实际收回 100 份，有效问卷 98 份，问卷回收率 100%，问卷有效率 98%，调查样本的具体分布情况如表 4-4。在此次调查中，性别分布情况：男老师 39 人，占总人数的 39.8%，女老师 59 人，占总人数的 60.2%。年龄分布情况：25 岁以下的教师 29 人，占总人数的 29.6%；26—35 岁的教师 32 人，占总人数的 32.7%；36—45 岁的教师 37 人，占总人数的 37.8%。学历分布情况：学历为专科的教师 16 人，占总人数的 16.3%，学历为本科的教师 82 人，占总人数的 83.7%，学历为研究生的人数为 1，占总人数的 1.0%。职务分布情况：没有担任职务的教师 1 人，占总人数的 1.0%，担任班主任的教师 35 人，占总人数的 35.7%；担任年级组长的教师 34 人，占总人数的 34.7%，担任主任的教师 2 人，占总人数的2%，担任校级领导的教师8人，占总人数的8.2%，担任其他职务的教师18人，占总人数的18.4%。

表4-4　　　　　　调查样本基本信息统计表（N=98）　　　　单位：人，%

	类别	人数	比例
性别	男生	39	39.8
	女生	59	60.2
年龄	25岁以下	29	29.6
	26—35岁	32	32.7
	36—45岁	37	37.8
学历	专科	16	16.3
	本科	82	84.7
	无	1	1.0
职务	班主任	35	35.7
	年级组长	34	34.7
	主任	2	2.0
	校级领导	8	8.2
	其他	18	18.4

（五）调查结果的数据处理

1. 小学教师传统文化教学创新的总体分析

调查问卷设计时采用李克特五点式量表，最高分数为5分，最低分数为1分，本书对五个维度的总体得分进行了均值化处理，分数越高，说明小学教师传统文化教学水平越高，统计结果见表4-5：

表4-5　　　　小学教师传统文化教学创新描述性统计

	均值	标准差
传统文化教学创新总体情况	3.6180	.45642
传统文化教学理念创新	3.8759	.45866

续表

	均值	标准差
传统文化教学方法创新	3.6139	.67376
传统文化教学内容创新	3.6820	.60025
传统文化教学资源创新	3.2020	.74640
传统文化教学评价创新	3.6429	.55205

小学教师传统文化教学创新的总体水平及在五个维度上的均值和标准差。调查结果显示，小学教师传统文化教学创新总体水平的均值为3.6180，其中传统文化教学理念创新的均值为3.8759、高于小学教师传统文化教学创新的总体水平，传统文化教学方法创新均值为3.6139、低于小学教师传统文化教学创新的总体水平，传统文化教学内容创新均值为3.6820、高于小学教师传统文化教学创新的总体水平，传统文化教学资源创新均值为3.2020、低于小学教师传统文化教学创新的总体水平，传统文化教学评价创新均值为3.6429、高于小学教师传统文化教学创新的总体水平。在教学能力的五个维度中，得分最低的是传统文化教学资源创新，得分最高的是传统文化教学理念创新。总体看来，小学教师传统文化教学创新水平还处于中等水平，有待进一步提高。

2. 小学教师传统文化教学创新各维度相关性分析

为考察小学教师传统文化教学各维度之间的关系，对各维度之间的相关性进行了分析，具体分析结果见表4-6：

表4-6　　小学教师传统文化教学创新各维度相关性分析

		传统文化教学理念创新	传统文化教学方法创新	传统文化教学内容创新	传统文化教学资源创新	传统文化教学评价创新
传统文化教学理念创新	Pearson相关性	1	.383**	.319**	.216*	.434**
	显著性（双侧）		.000	.000	.000	.000

续表

		传统文化教学理念创新	传统文化教学方法创新	传统文化教学内容创新	传统文化教学资源创新	传统文化教学评价创新
传统文化教学方法创新	Pearson相关性	.383**	1	.598**	.619**	.613**
	显著性（双侧）	.000		.000	.000	.000
传统文化教学内容创新	Pearson相关性	.319**	.598**	1	.456**	.443**
	显著性（双侧）	.001	.000		.000	.000
传统文化教学资源创新	Pearson相关性	.216*	.619**	.456**	1	.466**
	显著性（双侧）	.000	.000	.000		.000
传统文化教学评价创新	Pearson相关性	.434**	.613**	.443**	.466**	1
	显著性（双侧）	.000	.000	.000	.000	

注：**，在.01水平（双侧）上显著相关。

五个维度的 p 值均为 0.000（p<0.05），故说明"传统文化教学理念创新""传统文化教学方法创新""传统文化教学内容创新""传统文化教学资源创新""传统文化教学评价创新"这五个维度相互影响。对"传统文化教学理念创新"产生影响的程度由高到低排序依次为："传统文化教学评价创新"（r=0.434）、"传统文化教学方法创新"（r=0.383）、"传统文化教学内容创新"（r=0.319）、"传统文化教学资源创新"（r=0.216），说明传统文化教学评价创新对教师文化教学理念创新的影响最大。对"传统文化教学方法创新"产生影响的程度由高到低排序依次为：

"传统文化教学资源创新"（r=0.619）、"传统文化教学评价创新"（r=0.613）、"传统文化教学内容创新"（r=0.598），说明它们之间具有较强相关性，则"传统文化教学理念创新"（r=0.383）与该维度相关性最弱。对"传统文化教学内容创新"产生影响程度由高到低排序依次为："传统文化教学方法创新"（r=0.598）、"传统文化教学资源创新"（r=0.456）、"传统文化教学评价创新"（r=0.443），它们与该维度相关性一般，则"传统文化教学理念创新"（r=0.319）与该维度相关性最弱。对"传统文化教学资源创新"影响由高到低排序依次为："传统文化教学方法创新"（r=0.619）、"传统文化教学评价创新"（r=0.466）、"传统文化教学内容创新"（r=0.456）、"传统文化教学理念创新"（r=0.216），说明传统文化教学方法与教学资源创新相关性较强，传统文化教学评价和教学内容与该维度相关性一般，传统文化教学理念创新与教学资源创新相关性最弱。对"传统文化教学评价创新"影响由高到低排序依次为："传统文化教学方法创新"（r=0.613）、"传统文化教学资源创新"（r=0.466）、"传统文化教学内容创新"（r=0.443）、"传统文化教学理念创新"（r=0.434），说明传统文化教学评价与教学资源创新相关性较强，传统文化教学评价创新、教学内容创新、教学理念创新与该维度相关性一般。可知小学教师传统文化教学创新各个环节之间相互影响、紧密相关。

3. 小学教师传统文化教学创新的差异性分析

为了能对提高小学教师传统文化教学创新提出有针对性的策略，本书将进一步分析不同因素之间教师教学创新的差异性。对性别和学历这种只有两组变量的类别，采取独立样本 T 检验，对年龄、教龄和职务这种超过两个以上变量的类别，采用单因素分析法。

（1）不同性别小学教师传统文化教学创新差异性分析

不同性别小学教师教学创新在五个维度上的差异，数据显示，传统文化教学理念创新、传统文化教学方法创新、传统文化教学内容创新、传统文化教学资源创新、传统文化教学评价创新五个维度的 p 值分别为 0.579、0.311、0.257、0.358、0.010，传统文化教学理念创新、传统文化教学方法创新、传统文化教学内容创新、传统文化教学资源创新均大于0.05，故说明不同性别的小学教师教学创新在这四个维度上具有方差齐性，在此基础上的双侧检验 Sig. 值也均大于 0.05，因而得出不同性别的小学教师传统文化教学创新在这四个维度上不存在显著差异，但是传统文化教学评价创新的 p 值小于 0.05，而双侧检验 Sig. 值大于 0.05，可推出在传统文化教学评价方面，不同性别依然不存在差异性。

表 4-7　不同性别教师传统文化教学创新的独立样本 T 检验

		F	Sig.	t	df	Sig.（双侧）
均值	假设方差相等	1.400	.240	.932	96	.353
	假设方差不相等			.907	73.814	.367
传统文化教学理念创新	假设方差相等	.310	.579	.228	96	.820
	假设方差不相等			.228	81.502	.820
传统文化教学方法创新	假设方差相等	1.037	.311	1.194	96	.235
	假设方差不相等			1.174	76.812	.244
传统文化教学内容创新	假设方差相等	1.303	.257	-.892	96	.375
	假设方差不相等			-.866	73.363	.389
传统文化教学资源创新	假设方差相等	.852	.358	.695	96	.489
	假设方差不相等			.684	77.201	.496
传统文化教学评价创新	假设方差相等	6.909	.010	2.092	96	.039
	假设方差不相等			1.950	62.509	.056

（2）不同年龄阶段的小学教师传统文化教学创新差异性分析

本节采取单因素分析法，分析不同年龄段的小学教师传统文化教学创新是否存在显著性差异，具体分析情况见表 4-8。

不同年龄阶段的小学教师在传统文化教学理念创新、传统文化教学方法创新、传统文化教学资源创新以及传统文化教学评价创新维度上的 p 值分别为 0.168、0.605、0.593、0.058，均大于 0.05，说明不同年龄的小学教师传统文化教学创新在这四个维度上具有方差齐性（p>0.05）。在传统文化教学内容创新维度上的 p 值为 0.022，p 值小于 0.05，说明传统文化教学内容创新不具有方差齐性。为此，还需进一步验证。

表 4-8　　　　　　　　　　　方差齐性检验

	Levene 统计量	df1	df2	显著性
传统文化教学理念创新	1.652	4	93	.168
传统文化教学方法创新	.683	4	93	.605
传统文化教学内容创新	3.009	4	93	.022
传统文化教学资源创新	.701	4	93	.593
传统文化教学评价创新	2.370	4	93	.058

小学教师传统文化教学创新在教学方法、教学内容、教学资源等方面的显著性均小于 0.05，说明不同年龄阶段的小学教师传统文化教学创新在这三个维度上存在显著差异，在传统文化教学理念和传统文化教学评价等两方面不存在显著差异性。为考察不同年龄小学教师教学创新之间的差异性，还需对所有维度进行多重检验。由表 4-9 方差齐性检验结果可知，传统文化教学理念创新、传统文化教学方法创新、传统文化教学资源创新以及传统文化教学评价创新具有方差齐性，因此，我们用 LSD 来检验结果（如表 4-10），传统文化教学内容不具有方差齐性，我们则用 Tamhane 来进行比较分析（如表 4-11）。

表 4-9　　　　不同年龄的小学教师教学创新的方差分析

		平方和	df	均方	F	显著性
传统文化教学理念创新	组间	1.251	4	.313	1.518	.203
	组内	19.155	93	.206		
	总数	20.406	97			
传统文化教学方法创新	组间	5.692	4	1.423	3.452	.011
	组内	38.341	93	.412		
	总数	44.033	97			

续表

		平方和	df	均方	F	显著性
传统文化教学内容创新	组间	5.438	4	1.360	4.284	.003
	组内	29.511	93	.317		
	总数	34.949	97			
传统文化教学资源创新	组间	6.543	4	1.636	3.203	.016
	组内	47.497	93	.511		
	总数	54.040	97			
传统文化教学评价创新	组间	1.307	4	.327	1.075	.373
	组内	28.254	93	.304		
	总数	29.561	97			

表4–10   传统文化教学理念创新维度的多重比较

因变量		(I) 年龄	(J) 年龄	均值差 (I-J)	标准误	显著性
传统文化教学理念创新	LSD	25岁以下	26—35岁	.00595	.14855	.968
			36—45岁	.10666	.11368	.351
		26—35岁	25岁以下	-.00595	.14855	.968
			36—45岁	.10071*	.23644	.034
		36—45岁	25岁以下	-.10666	.11368	.351
			26—35岁	-.10071*	.23644	.034

注：*，均值差的显著性水平为0.05。

随着年龄的增长教学理念创新水平逐渐下降，25岁以下的小学教师与26—35岁的小学教师在传统文化教学理念创新上不存在显著差异（p=0.968＞0.05），并且与36—45岁之间的小学教师在文化教学理念创新方面也不存在着显著差异（p=0.351＞0.05）。但是，26—35岁与36—45岁之间的小学教师在文化教学理念创新方面存在显著差异（p=0.034＜0.05）。

数据显示，随着年龄的增长教学内容创新水平逐渐上升。年龄在25岁以下的小学教师与年龄为26—35岁的小学教师在传统文化教学内容创新方面不存在显著差异，但和年龄为36—45岁之间的小学教师在传统文化教学内容创新方面存在显著差异（p=0.019<0.05），会出现这种情况，可能是由于新手教师在对多学科教材中传统文化教学内容的理解和认知、对传统教学目标、教学内容等把握及了解等方面都不如年长教师，而且访谈中，也有年轻教师提及，在备课过程中，教材中有关传统文化教学内容难以与任教学科相融合，难以把握重难点。年龄在26—35岁和36—45岁之间的小学教师在传统文化教学内容创新方面不具有显著差异（p=0.818>0.05），其原因可能是26—35岁年龄段的小学教师正在尝试摸索阶段，教学创新行为还未成熟。

表4-11　　　　　　传统文化教学内容创新维度的多重比较

因变量		(I)年龄	(J)年龄	均值差（I-J）	标准误	显著性
传统文化教学内容创新	Tamhane	25岁以下	26—35岁	.32738	.16169	.423
			36—45岁	.58333*	.16722	.019
		26—35岁	25岁以下	-.32738	.16169	.423
			36—45岁	.25595	.13578	.508
		36—45岁	25岁以下	-.58333*	.16722	.019
			26—35岁	-.25595	.13578	.508

注：*，均值差的显著性水平为0.05。

数据显示：传统文化教学方法创新呈现出水平先低，然后水平上升，最后下降的一个过程。25岁以下的小学教师和26—35岁的小学教师在传统文化教学方法创新上不存在显著差异p值大于0.05，但与36—45岁年龄段的小学教师存在显著差异。年龄段为26—35岁的小学教师与36—45岁年龄段的小学教师在传统文化教学方法创新上存在显著差异，这可能是因为年轻教师缺乏教学经验，所以教学方法创新不足，对于年长教师可能是因为随着年龄的增长，教学手段趋于成熟，对于教学方法创新的主观意愿不足。

表4-12　　传统文化教学方法创新维度的多重比较

因变量		(I) 年龄	(J) 年龄	均值差 (I-J)	标准误	显著性
传统文化教学方法创新	LSD	25 岁以下	26—35 岁	-.46190	.33452	.171
			36—45 岁	.61905*	.24268	.012
		26—35 岁	25 岁以下	.46190	.33452	.171
			36—45 岁	1.08095*	.33452	.002
		36—45 岁	25 岁以下	-0.61905*	.24268	.012
			26—35 岁	-1.08095	.33452	.002

注：*，均值差的显著性水平为 0.05。

随着年龄的增长教学资源创新水平逐渐升高，25 岁以下的小学教师和 26—35 岁的小学教师在传统文化教学资源创新方面不存在差异性。26—35 岁和 36—45 岁年龄段的小学教师在传统文化教学资源创新方面也不存在差异性。但是，25 岁以下的教师与 36—45 岁年龄段的小学教师在传统文化教学资源创新方面存在显著差异，可能是由于年长教师校外人脉资源较多，更有助于他们丰富教学资源，实现传统文化教学资源的创新。

表4-13　　传统文化教学资源创新维度的多重比较

因变量		(I) 年龄	(J) 年龄	均值差 (I-J)	标准误	显著性
传统文化教学资源创新	LSD	25 岁以下	26—35 岁	-.39286	.23392	.096
			36—45 岁	-.905571*	.37232	.017
		26—35 岁	25 岁以下	.39286	.23392	.096
			36—45 岁	-.51285	.34969	.143
		36—45 岁	25 岁以下	.90571	.37232	.017
			26—35 岁	.51285	.34696	.143

注：*，均值差的显著性水平为 0.05。

随着年龄的增长教学评价创新逐渐下降。25 岁以下和 26—35 岁年龄段的小学教师以及 36—45 岁年龄段的小学教师之间在传统文化教学评价创新方面不存在差异性（p 值均大于 0.05），26—35 岁与 36—45 岁之间依然不存在差异性（p＝0.679＞0.05）。总体分析，三个年龄段的小学教师在传统文化教学评价方面均不存在差异性。

表 4－14　　　　　传统文化教学评价创新维度的多重比较

因变量		(I) 年龄	(J) 年龄	均值差 (I－J)	标准误	显著性
传统文化教学评价创新	LSD	25 岁以下	26—35 岁	－.10204	.18042	.573
			36—45 岁	－.15940	.17295	.359
		26—35 岁	25 岁以下	－.10204	.18042	.573
			36—45 岁	.05736	.13806	.679
		36—45 岁	25 岁以下	－.15940	.17295	.359
			26—35 岁	－.05736	.13806	.679

注：＊，均值差的显著性水平为 0.05。

(3) 不同教龄小学教师传统文化教学创新差异性分析

为了了解不同教龄的小学教师传统文化教学是否存在显著性差异，我们采取单因素分析法，具体分析情况见表 4－15：

表 4－15　　　　　　　　方差齐性检验

	Levene 统计量	df1	df2	显著性
传统文化教学理念创新	1.761	4	93	.143
传统文化教学方法创新	4.096	4	93	.004
传统文化教学资源创新	.498	4	93	.737
传统文化教学评价创新	.678	4	93	.609
传统文化教学内容创新	3.554	4	93	.010

可以看出，不同教龄的小学教师在传统文化教学理念创新、教学资源创新、教学评价创新上的 p 值分别为 0.143、0.737、0.609，均大于 0.05，说明不同教龄的小学教师传统文化教学创新在这三个维度上具有方差齐性（p＞0.05）。不同教龄的小学教师在传统文化教学方法和教学

内容创新上的 p 值分别为 0.004、0.010，均小于 0.05，说明不同教龄的小学教师传统文化教学在这两维度上不具有方差齐性（p<0.05）。在此基础上，还需进一步进行分析。

表 4-16　　　不同教龄教师传统文化教学创新方差分析

		平方和	df	均方	F	显著性
传统文化教学理念创新	组间	.315	4	.079	.364	.834
	组内	20.091	93	.216		
	总数	20.406	97			
传统文化教学方法创新	组间	3.814	4	.954	2.205	.074
	组内	40.219	93	.432		
	总数	44.033	97			
传统文化教学资源创新	组间	2.685	4	.671	1.215	.310
	组内	51.355	93	.552		
	总数	54.040	97			
传统文化教学评价创新	组间	3.566	4	.892	3.190	.017
	组内	25.995	93	.280		
	总数	29.561	97			
传统文化教学内容创新	组间	2.075	4	.519	1.468	.218
	组内	32.874	93	.353		
	总数	34.949	97			

不同教龄的小学教师在传统文化教学理念创新、教学资源创新、教学内容创新以及教学方法创新这四个维度上的显著性均大于 0.05，说明不同教龄的小学教师传统文化教学创新在这四个维度上不具有显著差异。而传统文化教学评价创新的 p 值小于 0.05，可见教师在该维度上具有显著差异性。为考察不同教龄小学教师传统文化教学创新之间的差异性，还需对所有维度进行多重检验。由表 4-16 方差齐性检验结果可知，在传统文化教学理念创新、传统文化教学资源创新、传统文化教学内容创新以及传统文化教学方法创新四个维度上具有方差齐性，因此，我们用 LSD

来检验结果（如表 4-17）。在传统文化教学评价创新这个维度上不具有方差齐性，我们则用 Tamhane 来进行比较分析（如表 4-18）。

表 4-17　　　　　　传统文化教学理念创新的多重比较

因变量		(I) 年龄	(J) 年龄	均值差 (I-J)	标准误	显著性
传统文化教学理念创新	LSD	5 年以下	5—10 年	.01746	.14872	.907
			10—15 年	.10675	.14872	.475
		5—10 年	5 年以下	-.01746	.14872	.907
			10—15 年	.08929	.12422	.474
		10—15 年	5 年以下	-.10675	.14872	.475
			5—10 年	-.08929	.12422	.474

注：*，均值差的显著性水平为 0.05。

数据显示三个阶段的 p 值均大于 0.05。由此可知，教龄为 5 年以下、5—10 年、10—15 年的小学教师在传统文化教学理念方面并无显著差异，但年轻教师传统文化教学理念创新水平较高。

表 4-18　　　　　　传统文化教学方法创新的多重比较

因变量		(I) 年龄	(J) 年龄	均值差 (I-J)	标准误	显著性
传统文化教学方法创新	LSD	5 年以下	5—10 年	-.72821*	.20253	.016
			10—15 年	-.41987	.18122	.230
		5—10 年	5 年以下	.72821*	.20253	.016
			10—15 年	.30833	.23042	.878
		10—15 年	5 年以下	.41987	.18122	.230
			5—10 年	-.30833	.23042	.878

注：*，均值差的显著性水平为 0.05。

数据显示：教龄为 5 年以下的教师与教龄在 5—10 年的小学教师之间在传统文化教学方法创新方面存在显著差异性（p=0.016<0.05）。教龄为 5—10 年的教师与教龄为 10—15 年的教师之间在传统文化教学方法创

新方面不存在显著差异。上述现象的原因可能是教龄为 5—10 年的教师教学经验丰富，正属于自我探索和超越阶段，因此在传统文化教学方法创新方面呈现出较高的创新水平。

数据显示，教龄 5 年以下的教师与教龄为 5—10 年的教师在传统文化教学内容创新方面存在显著差异性（p=0.032＜0.05），但与教龄为 10—15 年的教师之间不存在显著差异性（p=0.994＞0.05），传统文化教学内容创新水平呈现高—低—高的发展趋势。

表 4-19　　　　传统文化教学内容创新的多重比较

因变量		(I) 年龄	(J) 年龄	均值差 (I-J)	标准误	显著性
传统文化教学内容创新	LSD	5 年以下	5—10 年	.51111*	.15460	.032
			10—15 年	.15992	.18785	.994
		5—10 年	5 年以下	-.51111*	.15460	.032
			10—15 年	-.35119	.15328	.243
		10—15 年	5 年以下	-.15992	.18785	.994
			5—10 年	.35119	.15328	.243

注：*，均值差的显著性水平为 0.05。

数据显示教龄为 5 年以下、5—10 年以及 10—15 年的教师之间在传统文化教学资源创新方面不存在显著差异性（p 值均大于 0.05）。

表 4-20　　　　传统文化教学资源创新的多重比较

因变量		(I) 年龄	(J) 年龄	均值差 (I-J)	标准误	显著性
传统文化教学资源创新	LSD	5 年以下	5—10 年	.11857	.23777	.619
			10—15 年	-.36308	.28159	.200
		5—10 年	5 年以下	-.11857	.23777	.619
			10—15 年	-.24451	.24940	.329
		10—15 年	5 年以下	.36308	.28159	.200
			5—10 年	.24451	.24940	.329

注：*，均值差的显著性水平为 0.05。

数据显示教龄为 5 年以下的教师与教龄为 5—10 年的教师在传统文化教学评价创新上不存在显著差异,但是它与教龄为 10—15 年的教师之间存在显著差异（p=0.001<0.05）。教龄为 5—10 年与教龄为 10—15 年的教师在传统文化教学评价创新方面也存在显著差异性（p=0.017<0.05）。

表 4-21　　　　　传统文化教学评价创新的多重比较

因变量		(I) 年龄	(J) 年龄	均值差（I-J）	标准误	显著性
传统文化教学评价创新	Tamhane	5 年以下	5—10 年	.17075	.16917	.315
			10—15 年	.66447*	.20034	.001
		5—10 年	5 年以下	-.17075	.16917	.315
			10—15 年	.49372*	.20363	.017
		10—15 年	5 年以下	-.66447*	.20034	.001
			5—10 年	-.49372*	.20363	.017

注：*，均值差的显著性水平为 0.05。

（4）不同学历小学教师传统文化教学创新差异性分析

为了了解不同学历小学教师传统文化教学创新的情况,本节采用独立样本 T 检验来进行分析,具体统计结果见表 4-22：

表 4-22　　　　　不同学历教师教学创新的独立样本 T 检验

		F	Sig.	t	df	Sig.（双侧）
传统文化教学理念创新	假设方差相等	2.424	.123	-1.209	96	.230
	假设方差不相等			-.914	16.306	.374
传统文化教学方法创新	假设方差相等	.058	.811	-1.484	96	.141
	假设方差不相等			-1.451	19.047	.163
传统文化教学内容创新	假设方差相等	1.436	.234	.126	96	.900
	假设方差不相等			.129	19.841	.899
传统文化教学资源创新	假设方差相等	.487	.487	-1.603	96	.112
	假设方差不相等			-1.840	22.255	.079
传统文化教学评价创新	假设方差相等	.013	.909	-.181	96	.857
	假设方差不相等			-.178	19.160	.861

由表 4-22 数据显示，传统文化教学理念创新、传统文化教学方法创新、传统文化教学内容创新、传统文化教学资源创新以及传统文化教学评价创新五个维度的 p 值分别为 0.123、0.811、0.234、0.487、0.909 均大于 0.05，在此基础上的双侧检验 Sig. 值均大于 0.05，因而说明不同学历的小学教师传统文化教学创新在这五个维度上不具有显著差异。不同职称的小学教师传统文化教学理念创新、传统文化教学方法创新、传统文化教学内容创新、传统文化教学资源创新以及传统文化教学评价创新的 p 值分别为 0.393、0.533、0.583、0.051、0.883 均大于 0.05，说明不同职务的小学教师教学创新在这五个维度上均不存在显著差异（见表 4-23）。

表 4-23　不同职务教师传统文化教学创新的方差分析

		平方和	df	均方	F	显著性
传统文化教学理念创新	组间	1.102	5	.220	1.050	.393
	组内	19.304	92	.210		
	总数	20.406	97			
传统文化教学方法创新	组间	1.895	5	.379	.827	.533
	组内	42.138	92	.458		
	总数	44.033	97			
传统文化教学内容创新	组间	1.382	5	.276	.758	.583
	组内	33.567	92	.365		
	总数	34.949	97			
传统文化教学资源创新	组间	8.861	5	1.772	3.609	.051
	组内	45.179	92	.491		
	总数	54.040	97			
传统文化教学评价创新	组间	.547	5	.109	.347	.883
	组内	29.014	92	.315		
	总数	29.561	97			

(六) 调查现状小结

1. 小学教师传统文化教学创新的总体情况

对问卷调查的数据进行统计分析，发现当前内蒙古自治区 C 市的 4 所小学教师传统文化教学创新总体上处于中等水平，调查结果显示，小学教师传统文化教学创新总体水平的均值为 3.618。其中传统文化教学理念创新的均值为 3.8759、高于小学教师传统文化教学创新的总体水平；传统文化教学方法创新均值为 3.6139、低于小学教师传统文化教学创新的总体水平，传统文化教学内容创新均值为 3.6820、高于小学教师传统文化教学创新的总体水平，传统文化教学资源创新均值为 3.2020、低于小学教师传统文化教学创新的总体水平，传统文化教学评价创新均值为 3.6429、高于小学教师传统文化教学创新的总体水平。总体来看，在传统文化教学创新的五个维度中，内蒙古自治区 C 市 4 所小学教师传统文化教学资源创新水平最低，传统文化教学理念创新水平最高。

2. 小学教师传统文化教学创新的差异性

（1）传统文化教学创新的各个环节相互影响。通过对内蒙古自治区 C 市的 4 所小学传统文化教学创新各维度间的相关性进行分析，可知各个环节之间紧密相关，每一环节都必须得到重视。

（2）不同性别、学历和职务的小学教师传统文化教学创新不存在显著差异。通过对问卷调查的数据进行分析发现，不同性别、学历和职务的内蒙古自治区 C 市的 4 所小学教师教学创新不存在显著差异。这可能是因为性别、学历和职务在这 4 所学校的传统文化教学创新中未体现出差异性，也可能是由于本书中的调查样本小，不具有足够的代表性。

（3）不同年龄、教龄的小学教师传统文化教学创新水平存在差异。①年龄方面，内蒙古自治区 C 市的 4 所小学教师传统文化教学创新水平具有显著差异。随着年龄的增加，传统文化教学理念创新以及传统文化教学评价创新逐渐下降，这可能是因为年轻教师更愿意随着时代的需要革新文化教学理念，对于文化教学评价而言，年长的教师更愿意服从学校的评价要求。随着年龄的增长传统文化教学内容以及传统文化教学资源创新逐渐上升，这可能是因为随着教师年龄的增长，能够积累更为丰富的传统文化相关教学内容和资源,更有利于在这两个维度上进行创新。在传统文化教学方法上,25 岁以下的小学教师更愿意积极去探索新的教学方法,36—45 岁的教师可能是凭借多年的教学技能和方法的掌握,更擅长在传统文化教学时采取新颖的方法进行文化知识的传授。②教龄方面,内蒙古自治区 C 市的 4 所小学教师传统文化教学创新水平具有显著差异。随着教龄的增长,小学教师传统文化教学理念创新、传统文化教学资源创新以及传统文化教学评价创新呈现下降趋势,这可能是由于年轻教师更愿意积极地去掌握新的传统文化教学理念,利用互联网等技术手段拓展传统文化教学资源,对于传统文化评价形式,年长教师更习惯于学校制定的评价标准,在评价形式的创新上内在动力不足等。在传统文化教学方法创新方面,5 年以下教龄的教师水平较低,5—10 年教龄的教师在该维度方面创新水平最高,10—15 年教龄的教师较 5—10 年教龄的教师有所下降,这种情况的原因可能是 5—10 年教龄的教师在经验上更趋于成熟,更善于结合学生特点把握教学方法的结合和革新。在传统文化教学内容创新方面,教龄为 5 年以下的教师和 10—15 年的教师更擅长教学内容创新的原因可能是,年轻教师职前有进行传统文化课程的相关学习,掌握的文化内容相对而言较多,而教龄为 10—15 年的教师是由于多年文化教学内容的总结和积累,所以更擅长创新传统文化教学内容。

第三节 问题与对策

通过对传统文化教学创新现状的分析和梳理,发现传统文化教学创新水平偏低,尤其像内蒙古偏远地区的学校,受当地经济发展水平和师资质量等因素的制约,其传统文化教学创新过程中存在着一些不容忽视的问题。

一 问题表征

(一)教学创新价值失解,动机不足

教育活动是在一定思想观念指导下进行的,创造性教育理念才能促进创新性教学①。当前教师传统文化教学理念创新水平存在以下问题：其一，对传统文化教学创新价值认识存在偏颇，只有对教学创新价值有正确的认识才能产生正确的教学理念，在调查中发现，部分教师并没有清晰认识到传统文化教学创新的本质，有的教师仅仅认为教授传统文化知识就是简单地将文化功能性知识传授给学生，实现学校教学要求，并未认识到提升学生文化学习兴趣以及建立文化自信的重要性。传统文化传承的难点在于教师传承过程中创新意识薄弱，不能够及时掌握新的发展趋势，对传统文化知识缺乏较为全面的理解和掌握。其二，教师传统文化教学理念创新动机不足，正因为教师对传统文化教学价值没有正确认识，所以教师创新意识不够、创新动机不足。如访谈中问道："您会改变原有的教学理念，积极关注传统文化教学发展的最新趋势和动态吗？"几位教师都提到平时教学时间紧、教学任务重，几乎不愿意花费时间去了解传统文化相关动态，更不愿意进行传统文化教学创新的相关尝试。可见，大部分教师对传统文化领域内的新动向置若罔闻，欠缺强烈的创造欲和激情。在传统文化教育不断推进的今天，小学教师面对文化教学的守正创新态度极其冷淡，创新意识相对薄弱，缺乏创新的勇气和愿望。

（二）教学方法创新未掌握平衡，出现喧宾夺主倾向

教学方法是教师有效教学的关键，是实现教学目标的中心环节。固化的教学方法会抑制学生的创造性，主要存在以下几方面问题：其一，教学方法的选择和创新未掌握好平衡与尺度，在学科教学中融入传统文化知识是作"加法"而不是作"替换"，基础性学科知识教学不应受到任何影响，不应因为传统文化元素的融入而有任何的缺失。根据访谈结果得知大多数教师会刻意使用一些吸引学生学习的方法，教授学生一些文化故事等内容，但会存在一种现象，教师过分强调文化内容而忽视学科性内容的教授，产生喧宾夺主的现象。其二，也有部分教师为了活跃课堂教学氛围以及提高学生学习文化知识兴趣选择多媒体进行教学，从几

---

① 李广：《秉持"创造的教育"理念推进一流师范大学建设》，《东北师大学报》（哲学社会科学版）2019年第1期。

位老师的访谈中可知,教师为了完成课堂教学任务,会借助多媒体进行文化教学,但是有的教师特别是年长的教师对于多媒体的使用不够熟悉,可能大部分时间浪费在信息技术手段的操作流程上。问卷结果也证实了这一现象,当问到"您能够灵活的运用图文、动画、视频等现代信息技术改进教学方法吗"时,超过57.5%的教师都选择了不确定选项,由此可见,对于利用人工智能实现传统文化教学方法创新需要适度把握。

(三)教学内容创新缺乏时代人文内涵,共鸣点难以创建

面对浩瀚的传统文化教学内容保持的态度应是在继承的基础上给予否定,而这种否定就是创新,对于学生来说照本宣科的讲授是最枯燥、最没有味道的,因此,文化教学内容的吐故纳新是教学上永恒的要求与诉求。教学要教给学生对当今时代社会发展有重要价值的文化内容,且最大限度把当下新研究进展和内容融入课堂之中。事实并非如此,传统文化教学内容存在以下几点问题:其一,传统文化教学内容缺乏新时代新寓意,从问卷调查结果来看,在传统文化教学中,不到40%的教师在课堂中会利用与时俱进的生活事例教学,还有10%的教师选择在课堂上几乎不提及。脱离时代人文意蕴的传统文化内容是无意义的,因此,教师在进行文化知识教学时要立足于新时代生活,将最新的价值观念以及新时代精神加入教学活动中。其二,大部分教师缺乏对传统文化的整体性了解和掌握,无法准确借助已有的知识和经验找到经典诗词与小学生之间的共鸣点,这将导致学生无法产生共情,对于小学生来说,学习文化的兴趣更为重要,而兴趣来源于学生思想上的认同。根据访谈结果可知,多数教师对传统文化的相关内容掌握不到位,有老师说到对于她任教的小学语文科目来说,专业知识她是比较了解的,但是传统文化的相关知识她只是略知一二,只能就课程涉及的文化内容进行教学,基本上探讨不出新花样来,更别说让学生对所学文化内容产生共鸣。

(四)教学资源创新缺乏支持,地方特色未凸显

教学资源的重要性是无可置疑的,作为教师应该充分利用地方文化资源,将其整理融合到教学之中,但通过调查发现教学资源创新存在以下问题:其一,学校在传统文化教学资源创新方面并未提供支持,如访

谈中有提到:"贵校从哪些方面对传统文化教学创新给予你们支持呢?"作为年级组长的谭老师说道:学校一学期会组织几次教师传统文化教学相关培训,但是大部分教师认为实效性不高,并未从本质上帮助到教师。事实上,创新是一个长期积累和交流的实践过程,学校仅仅依靠几次培训促进教师对文化资源进行挖掘和创新是实现不了的。可见,学校的支持力度还有待提高。其二,教师不善于利用地方传统文化资源。教师对地方传统文化资源挖掘程度不足,导致文化和艺术教育课程缺乏地方的人文特色,降低了文化和艺术教育的亲和力以及感染力,调查结果也验证了这一点,如问道"您会适当引入当地特色文化,补充书本上没有的文化知识吗"时,仅仅15%的教师选择了符合,超过三分之二的教师选择了不确定和不符合。

(五)教学评价创新缺少趣味性,构建多元评价意愿不足

教学评价是检验教学效果的标准,有效的教学评价不仅可调节和优化教学活动,还可以促使教师及时调整教学行为。调查发现,小学教师传统文化教学评价创新水平在以下方面还需进一步提升。其一,小学传统文化教学提倡一种生活性、体验性与活动性的教学模式,力求让学生把文化学习当作一件自己喜欢的事情,从而热爱学习,但传统文化教学实施以来,教师缺乏创新评价方式的意愿和积极性,即使利用多种评价方式进行评价,但依然缺乏趣味性,如调查结果发现,少于15%的小学教师能结合学生特长和兴趣设计出多种评价方式,25.5%的教师会鼓励学生制作富有创造力的作品表达自己的价值观,以此作为评价依据。因此,教师还需设计更具趣味性的考核评价方案。其二,教师缺乏对学生进行多元评价的意愿,受学校教学创新氛围、信息交流共享以及教师之间的信任合作等因素的影响,教师对于评价方式创新的内在驱动力不足,还是倾向于选择终结性评价方式,问卷调查结果也验证了这一点,大多数教师无心或无力在学生传统文化评价形式上进行创新和探索,这无疑在一定程度上制约了学生文化学习的积极性以及淡化了学生的文化热情。优秀传统文化教学是一种注重德性培养的创新性实践,

重在创新性转化[①]，在具体实践中，可重构小学传统文化教学创新路径，推动传统文化教学的创新性发展。

二 提升策略

（一）U-G-S协同培养与深刻认识文化创新价值，促进文化教学理念更新

传统文化教学理念创新究其实质，是用审视的眼光和开放的心态对待传统艺术、风俗和精神底蕴，或发扬摒弃或是赋予新的意义来超越传统，因此，可以从以下几方面促进教师传统文化教学理念的创新：其一，采用U-G-S协同培养模式促进教师改变原有传统文化教学理念，U-G-S协同培养模式就是大学、地方政府与中小学三方协同联动，三方主体从而实现人才互通、资源共享，定期开展合作研讨，组织教师集体学习、举办教学方法改革与教学管理经验交流会等活动[②]，实现教师传统文化教学观念的转变，可以激发广大教师积极参与和投身传统文化教学改革的极大热情。其二，教师需要深刻认识文化教学创新的重要价值，从观念上打破灌输知识的思想桎梏，只有正确理解文化创新的时代贡献，教师才会积极更新文化教学理念，使传统文化教学创新行为赋有自觉性，如教师在古代经典阅读教学中可坚持"三位一体"的新时代教学理念，使知、情、行三者有机统一，知就是让学生积极了解传统文化的礼仪规范、传统习俗，对古代经典篇目烂熟于心，在阅读古代经典中接受传统文化的熏陶；情就是使学生乐于学习古代经典的基本内涵，感悟其中蕴含的传统文化精髓；行就是使学生学会正确的行为处事[③]。

（二）TPACK技术与现象教学双向推进，促进文化教学方法改进

教学方法的改进有助于教学效果的提升，改进教学方法的途径有以

[①] 纪德奎、张永建：《优秀传统文化教学的意蕴、困境与转向》，《课程·教材·教法》2019年第10期。

[②] 郑爽、崔照笛：《卓越教师协同培养机制改进研究——对U-G-S模式的思考》，《石家庄学院学报》2019年第1期。

[③] 陈佳娟：《古代经典阅读教学渗透传统文化的误区与对策》，《语文建设》2018年第33期。

下几点：第一，可采用 TPACK 技术教学促进传统文化教学方法的改进。TPACK 技术教学可围绕教学内容、教学方法及技术支持服务进行复杂的整合、重组和交互。在传统文化教学中 TPACK 技术融合可划分为五个阶段，分别为入门阶段、吸收阶段、适应阶段、融合阶段以及转换阶段。随着互联网时代的来临，教师将信息技术作为教学工具为传统文化课堂增添趣味性，在引入课堂教学过程中教师能够灵活地运用多媒体技术对传统文化活动进行设计与评价，教师在运用信息技术的过程中不断熟悉，并能够与学生共同参与学习活动，教师逐渐能够与学生共同融入传统文化教学环境中，最终根据更高层次的需求对传统文化教学内容进行反思与改进。第二，采用现象教学法进行教授。运用主题探究式教学引导学生分析现实生活，打通学科壁垒，从而促进学科整合与合作探究性学习，将学科内容与传统文化教学内容整合，将学科教学内容与优秀传统文化紧密结合，掌握好二者的结合点和平衡点，避免出现喧宾夺主的现象。第三，教学方法的灵活性使用。采取家校合作的方式使传统文化教学方法更灵活，并且会有效提升教学质量，如讲授"我们排好队"一课时，教师把校外哪里要排队的内容在课前布置给家长和学生，让家长带领学生去日常生活中捕捉这样的场景并拍照记录，学生需要在课堂中纷纷展示出自己与父母共同拍摄的照片，并且告诉大家排队的地方在哪里，并且他们是如何排好队的，最终引导学生要有纪律，在公共场所要有秩序，这种方法有利于拉近知识与学生生活的距离，有助于学生铭记于心。

（三）挖掘时代素材与创新德育点并进，促进文化教学内容纳新

寻找学生心理发展与学科内容之间的最佳结合点是传统文化教学内容的创新所在。第一，教师应注重文化内容的生活性与开放性。教师所讲授的文化内容需要与学生的生活息息相关，同时提出具有思考价值的问题，而问题提出的依据源于社会和生活实际，目的在于使学生能够在解决生活中产生的具体问题的过程中体会到文化和艺术的无限魅力和巨大价值。第二，讲授内容应注重诵读原著，感悟原著中的优秀传统文化人文精神。如内蒙古 C 市第三实验小学，在课程安排中设置了经典诵读课，要求学生诵读《弟子规》与《三字经》等传统文化经典内容。诵读

不是单纯的读和记忆，而是学生在教师的引导和鼓励下能够用自己特有的方式去理解传统文化内容，并会得到教师的适当点评，这样的教学不仅能培养学生对经典读物产生兴趣，还能使学生感悟这些经典读物所蕴含的人文精神等。第三，创新经典文化内容中的德育点。传统文化内容不应仅仅停留在与教材本身内容的联系上面，更多是要从经典的文化内容中汲取更多的精神营养，创新文化内容中的德育点须借助学生已有的经验和知识基础。因此，教师在处理教材时要把握好所选传统文化素材与学生思想认识的共鸣点，还需结合传统文化的当代性价值意义，让优秀传统文化闪烁道德教育的光辉，如教师可利用文章导言内容充分挖掘教材中隐含的德育点以及创建学生与文化内容的共鸣点，从而迎合小学新生对生活、学习的憧憬和梦想，并培养学生对国家的热爱和认同，使传统文化的返本开新成为现实。

（四）创建联盟与凸显地方特色并行，促进文化教学资源扩展

教育需要从课堂走出来、走向生活，从校园走出来、走向社会，依托课外教学资源，将新时代的具体情况与教学融合统一。第一，学校应协助教师拜访或者邀请民间老艺人。民间艺术家或传承人会提供关键的传统文化课程资源，事实上很多文化已传承至今，离不开国家的大力抢救，其中少不了民间老艺人的功劳，因为有很多现在被保留下来的文化艺术品都是老艺人自己收集起来的，才使得如此珍贵的民间艺术传承下来。第二，教师应该认识到地方学校的传统文化教育必须凸显地方性的文化特色。民族地方学校应当依托本地丰富民族文化资源，坚持走民族文化特色发展道路，地方学校教师应了解和掌握本区域内特色民族艺术的基本特点和表达方式，在教育实践活动中，要结合本地学生的生活实际，充分挖掘本地区域内的文化艺术资源，如道德与法治二年级上册"家乡特色代代传"一课是引导学生了解家乡建筑的文化的好契机，在内蒙古，蒙古包这种建筑是很常见的，教师可利用现代技术使同学们了解其基本特色和祖先的智慧，巧妙地将具有家乡特色的建筑文化融入课堂，从而增进小学生对中华民族传统文化的理解与热爱。第三，学校可建立古代经典数据库。学校理应建设一批具有鲜明地域文化特色的网络平台，

推出一批传播中华优秀传统文化的精品佳作（如绘本、漫画、微课、影视、教材等）。此外，可借鉴延安市宝塔区城区中学的做法，该校与各类科技艺术馆等合作创建类似"创客空间联盟"活动，并组织创新思想品德观摩课等来实现创新资源的共享，这使传统文化教学素材更具有趣味性、多样性以及生活性，促使教师教学更丰满且更具创造性。传统文化教学资源创新离不开教师、学校、社区的共同协作，只有这样才能促进学生进行形式多样、内容丰富的传统文化学习，共同推进传统文化教学。

（五）支持鼓励与学习借鉴双向推动，促使文化教学评价完善

教学评价是衡量教学效果的标准，对教师传统文化教学具有牵引作用，教学评价形式的创新可以对学生做出更为全面的评价，并且能够间接性鼓励学生学习。第一，学校需要为教师提供相应激励保障。学校的鼓励和支持是教师教学评价创新的前提，如在教学名师评选和优秀教师认定中，增加传统文化教学创新人才的比重，调查发现年长教师在传统文化教学评价创新水平相对较低，因此可适当倾斜评选名额，并以此造就一批传统文化教学创新"领头羊"，激发教师创造多元评价方式的积极性。第二，需多方评价主体共同参与。在评价主体方面，教师参与评价之外，教师还应鼓励学生家长、学生本人成为评价的主体，在评价过程中，教师及家长应及时反馈评价结果（包括学生对古代经典的记诵、学生学习习惯的改变、学生的情感变化等）以便学生改进，还应提升学生主动参与自评和互评的积极性，鼓励其不断进行自我反思和用批判眼光看待事物。第三，科学地制定学生学习传统文化知识效果的评价方案。以天津市杨柳青小学为例，该小学自 2004 年将杨柳青年画开发成其校本课程起，至今在传统文化教学方面初见成效，2017 年入选为"全国中小学传统文化优秀成果展评学校"。该校在传统文化评价方面有其独特的创新方式，该校的传统文化教学的评价理念是，教师针对每个学生的不同情况较为灵活地对学生做出评价，其认为传统艺术的创作与学生自身的天赋呈正相关，杨柳青年画课程目标不在于学生能够将年画绘画得非常美观，而是鼓励学生的文化学习态度，增加学生画年画的兴趣，了解年画背后的人文精神。该校传统文化的评价时间不是在学期结束的时候进

行，而是在上课过程中对学生的年画学习情况进行表扬或者批评，及时反馈学习情况，以此帮助学生更好地掌握年画知识、绘画技法以及年画象征的文化蕴涵。该校传统文化的评价依据是注重考查学生的实际操作能力，以让学生上交年画作品的形式作为年画课程的考查方式。

第五章

国内案例：羌文化进入小学课堂

少数民族文化作为中华优秀传统文化的有机组成部分，将优秀少数民族文化教育融入学校课堂教学中，是传承与弘扬中华优秀传统文化、提高民族文化软实力的应然走向。羌族作为一个最古老的民族，在其悠久的历史长河中孕育了无数多彩且独具特色的民族文化，是中华优秀传统文化中不可或缺的宝贵资源。本章以羌文化进入小学课堂为例，旨在寻求优秀传统文化进入小学课堂的适切方式与优化路径。

第一节 价值与原则

羌族作为我国最古老的民族之一，经过长期的历史积淀，其形成了丰富且独具特色的灿烂文化——羌文化。羌文化又被称为"中国的玛雅文化"，是羌族物质文化与非物质文化的总和，包括民族语言文化、民族民俗文化以及民族生活文化三个大类型（详见表5-1）。羌文化大都以人为载体，多以言传身教的形式传递，例如羌语、民间文学、羌族舞蹈、羌绣以及羌笛等，所以一旦出现中断，羌文化就将面临失传的危险。学校课堂作为文化传承的主要途径，将羌文化融入课堂中，使羌文化通过学校教育方式传播，让学生能够充分了解羌文化知识，提升其对民族文化认同感。将羌文化融入小学课堂有其一定的价值依据，从理论上阐释羌文化融入小学课堂的重要价值，科学论证融入的原则，对于推动羌文化融入小学课堂实践具有重要指导意义。

表 5-1　　　　　　　　　　羌文化的类型

类 型	内 容
民族语言文化	羌语
民族民俗文化	传统节日（羌历年、瓦尔俄足节等）、民俗礼仪（生育礼俗、成年礼仪、婚礼习俗、丧葬习俗等）、民间文学、音乐舞蹈、手工技艺
民族生活文化	建筑文化、服饰文化、饮食文化

一　价值

课堂教学有其鲜明的价值性与应用性，将羌文化融入小学课堂有助于增强羌族地区小学生的国家认同，推动羌族优秀传统文化的传承与发展，促进羌族地区小学生的全面发展。

（一）增强羌族地区小学生的国家认同

"文化认同是促成民族认同或族群认同与国家认同关系化的主要中介，普遍的文化共同意识将深刻反映出族群的国家认同现状。"[①] 由此可知，羌文化认同是促进羌族地区小学生国家认同的前提条件。通过将羌文化融入小学日常课堂教学中，教育者利用这一载体，将课堂教学与羌族精粹文化相结合，不仅有利于羌文化的传承与发展，促进羌族地区小学生的文化认同，而且有利于增进羌族地区小学生的民族自信心与自豪感，促进其对本民族身份的认同。在此基础之上，将羌族地区小学生的民族情怀上升到国家意识，从而进一步增强羌族地区小学生的国家认同。

（二）推动羌族优秀传统文化的传承和发展

文化传承是羌族优秀传统文化得以发展的前提与基础，学校课堂作为文化传承的主要途径，将羌族传统文化有选择性地融入小学日常课堂教学中，对其内容进行必要的选择、加工、整合以及转化，使之符合羌族地区小学生社会发展以及个体成长的需要。其实质是在积极选择中发

---

① 孙杰远：《少数民族学生国家认同和文化融合研究》，《教育科学研究》2017 年第 10 期。

展羌族传统文化的过程，既能使其通过学校教育的改造得以传承，又能使其通过学校教育的转化在发展中得以创新。有助于加深羌族地区小学生对本民族文化的认知与认同，增强其民族自信心，推动羌族优秀传统文化的传承与发展。

（三）促进羌族地区小学生的全面发展

羌族在其悠久的历史长河中孕育了多彩且独具特色的民族文化，其蕴含着丰富的精神内容，不仅有利于塑造羌族地区小学生的人格品质，也有利于促进其全面发展与个性成长。将羌族优秀传统文化融入小学课堂中，一方面，促进学生对羌文化认知，进而传承其优秀的物质文化与精神文化；另一方面，加强师生之间、生生之间以共同的文化为背景的交往互动，使其在探究、交往与分享中体会羌文化的魅力，热爱并认同羌文化。将羌文化融入小学课堂，不仅是一种认知、认同的方式，更是提升学生核心素养、促进其全面发展的重要途径。

二 原则

原则是实践活动所遵循的基本行为法则，是规律的具体反映。因此，我们应首先确立起羌文化融入小学课堂的基本原则。通过对已有文献的梳理以及对小学课堂教学特点的分析发现，本书认为实现羌文化的有效融入应当坚持的原则包括发展性原则、主体性原则、具身性原则以及传承性原则。

（一）以时代精神为导向，坚持发展性原则

发展性原则是指在确保原有羌族传统文化的本真性的同时，有选择地将时代精神与其他优秀的元素融入其中，从而促进羌族文化自身的发展，使其更加有助于羌族学生成为新时代的民族人。将羌文化融入小学课堂就是要以时代精神为导向，遵循发展性原则。其实质在于既要处理好本民族现代文化与传统文化之间的关系，又要处理好外来文化与本民族文化之间的关系。在当今现代化与多元文化的进程中，外来文化与本民族文化的激烈碰撞尤为凸显，因而在融入的过程中，不仅要保存本民族优秀的文化，同时要古为今用、洋为中用，辩证取舍、推陈出新，摒弃消极因素，继承积极思想，融入新时代的精神，与时俱进，与外来文化的优秀元素相融合，从而实现羌族文化的创造性转化和创新性发展。只有这样才能使其满足新时代羌族地区学生的需求，才能真正地与时代接轨，并促进羌族地区学生的发展，使他们成长为新时代的民族人。

（二）以学生兴趣为基础，坚持主体性原则

主体性原则是指在课堂教学实践过程中，教师应充分尊重学生的主体地位，并引导学生主动参与教学，以培养学生的自主与创新能力的教育原则。将羌文化融入小学课堂就是要以学生兴趣为基础，坚持主体性原则。其实质在于在融入的过程中，要充分尊重学生意愿，让学生自主选择感兴趣的内容，使学生在兴趣的引导下，主动参与其中，从而达到其自愿在课堂中传承羌文化的目的。党的十八大报告指出，要把立德树人作为教育的根本任务，培养德、智、体、美全面发展的社会主义建设者和接班人，培养学生的社会责任感、创新精神和实践能力。因此，在融入过程中，坚持主体性原则，才能够更加有效地调动和培养学生的自主能力与创新能力，使其更好地适应当今时代的快速发展。

（三）以身体体验为准则，坚持具身性原则

具身性原则是指在融入的教育实践过程中，从学习者的身心整体教学出发，使学生通过自身身体体验而形成认知，从而通过身体的实践来突出身体主体的地位。将羌文化融入小学课堂就是要以身体体验为准则，坚持具身性原则。其实质在于在融入的过程中，要充分认识到学生身体的主体地位，在教学过程中，多以身体教学为主，让学生切身感受到羌文化的魅力，多让学生进行实践体验，而不是口头知识的传授。例如，羌绣作为我国少数民族优秀的传统工艺，它主要是通过言传身教进行传承的，如果没有身体的参与，学生就根本无法切身体会到羌绣的动态制作过程，这样不仅不利于学生的身体感知与体验，也不利于培养学生对传统工艺的兴趣。因此，在融入的过程中，要坚持具身性原则，才能够使学生更加有效地通过身体体验去获得对羌文化的认知，从而通过身体力行为羌文化的传承与发展做出贡献。

(四) 以弘扬继承为目标,坚持传承性原则

传承性原则是指在融入的教育实践过程中,对羌族传统文化有选择地加以继承,在此基础上,结合时代特点,将羌族传统文化赋予新的时代含义,从而符合当前羌族地区学生以及新时代发展的需要,进而更好地弘扬与继承羌族传统文化。将羌文化融入小学课堂就是要以弘扬继承为目标,坚持传承性原则。其实质在于在融入的过程中,将羌族传统文化结合新时代的需求,有选择地进行创新性转变,使其符合社会发展需要,以弘扬和继承羌族传统文化。文化的发展是一个历史承继、不断积累的过程。在融入过程中,不仅要了解和把握羌文化的传统和实质,而且在传承的同时需要不断创新羌文化并赋予其新的内容。马克思说过:"人民自己创造自己的历史,但是他们并不是随心所欲地创造,并不是在他们自己所选定的条件下创造,而是在直接碰到的、既定的、从过去继承下来的条件下创造。"[1] 因此,在融入的过程中,要坚持传承性原则,将羌文化中的优秀内容与当前民族地区学生的教育实践有机结合,使其更好地适应以及促进民族地区学生民族教育的发展,实现少数民族优秀传统文化融入的有效性,从而更好地继承与弘扬少数民族传统文化。

第二节 现状与问题

要提升羌文化融入的实效性,"不应是纯理论的研究,要经过大量的社会调查来发现问题,提出假设,然后用实证材料来证实观点"。[2] 因此,要提出有针对性地将羌文化融入小学课堂的适切路径,就必须对其融入的现状进行调查分析,把握其存在的问题。

---

[1] 《马克思恩格斯选集》第 2 卷,人民出版社 1995 年版,第 122 页。
[2] 金一鸣:《教育社会学》,江苏教育出版社 2000 年版,第 9 页。

一 现状

(一) 调查对象的选取

本节选取四川省 B 县为调查地点。B 县位于四川省的西北部，是一个少数民族聚居地，以羌族为主，是中国唯一一个羌族自治县，全县总人口24万人，其中羌族8.5万人，占全县总人口的35%，占全国羌族人口三分之一多。该县历史悠久，文化积淀深厚，是夏王朝的创立者、治水英雄大禹的出生地，被称为"大禹故里"，至今仍流传着许多关于大禹的民间传说。同时，该县还拥有国家级非物质文化遗产——羌绣，因此，也有着"中国羌绣之乡"的称号。除此之外，该县还是革命老根据地，2019年，位列第一批革命文物保护利用片区分县名单。由于该县少数民族以羌族为主，因此有着独具特色的羌族建筑群，如吉娜羌寨、巴拿恰商业步行街等，也有着中国最大的羌族民俗博物馆，被誉为"中国羌族第一馆"，是全国唯一全面展示羌族历史文化的民俗博物馆。作为2008年"5·12"特大地震的重灾区之一，其"5·12"特大地震纪念馆不仅是全国爱国主义教育基地，还是全国最大、最全面纪念"5·12"地震事件的纪念馆。因此，研究 B 县羌族文化融入学校课堂的情况，具有一定的现实意义。

本节选取四川省 B 县 Y 小学、L 小学和 B 小学的四、五、六年级为研究对象。由于一、二、三年级的学生处于心智稚嫩的时期，学习内容比较有限，暂时还不具备独立完成问卷的能力，因此选取了四、五、六年级为调查对象。三所学校中 Y 小学位于该县的县城，羌文化资源也最为丰富，是四川省民族地区校本研训基地学校，其羌文化教育特色突出；L 小学位于该县的县乡结合地区，是县城与其他乡镇连接的重要交通要道，羌文化资源较为丰富；B 小学位于该县较为偏远的乡村，但拥有较为古老的羌文化资源。因此，选取这三所学校作为调查对象，既能在横向上对 B 县的羌文化融入课堂的实际情况作较为全面的掌握，又能在纵向上对 B 县不同区域学校的羌文化融入课堂的情况作对比，进一步分析讨论各个学校的优势与不足，从而为提升羌文化融入课堂的水平提供实际参考与依据。

（二）调查工具的设计

1. 调查问卷的编制

在参考已有相关研究的基础上，通过咨询教学论专家和羌族地区一线小学教师的意见，采取自编问卷，结合李克特五级量表，从融入的内容、方式、频率、效果四个维度出发编制了《羌文化融入小学课堂现状调查学生问卷》。问卷主要分为两部分：第一部分为被调查学生个人基本情况，主要包括学生的性别、年龄、民族、年级、在班级担任何种职务；第二部分为30道具体题目，题目分为四个维度，即1—10题为融入的内容；11—20题为融入的方式；21—24题为融入的频率；25—30题为融入的效果。每题分别可对"非常不符合"、"比较不符合"、"不确定"、"比较符合"和"非常符合"五个等级进行选择，其相对应的分数为1分、2分、3分、4分、5分。调查问卷维度的具体分布情况如表5-2所示。

表5-2　　　　　　　　调查问卷的维度分布情况

维度	题数	题目分析
融入的内容	10	1、2、3、4、5、6、7、8、9、10
融入的方式	10	11、12、13、14、15、16、17、18、19、20
融入的频率	4	21、22、23、24
融入的效果	6	25、26、27、28、29、30

2. 调查问卷的信度

调查问卷的信度是指采用问卷的形式对调查对象进行重复测试所得到的结果的一致性程度，强调问卷结果的稳定性，即问卷的可靠性。本书采用SPSS 18.0对所得数据进行统计，通过Cronbach's Alpha（α系数）信度分析法测得整份问卷的α系数为0.932，各个维度的α系数分别是：融入的内容α系数为0.894，融入的方式α系数0.807，融入的频率α系数0.875，融入的效果α系数0.817。通常来说，教育类的调查总问卷α系数高于0.80则表示信度较好，高于0.90则表示信度极佳；而调查问卷分量表即各个维度的 α 系数高于 0.60 则表示信度可接受，高于 0.70 则表示信度很好。因此本书的调查问卷无论从整体还是各个维度而言，其信度都较好，具有较高可靠性，可以继续进行数据分析。具体见表 5-3。

表 5-3　　　　　　　　　调查问卷信度检验

	Cronbach's Alpha	项数
总问卷	.932	30
融入的内容	.894	10
融入的方式	.807	10
融入的频率	.875	4
融入的效果	.817	6

3. 访谈提纲的编制

为克服问卷调查法的局限性，便于更深入地开展研究，本节将随机抽取三所小学的 30 名学生和 15 名教师进行面对面访谈以确保研究的结论更加真实、有效。访谈提纲主要涉及两个方面：一方面，访谈对象的个人基本信息；另一方面，羌文化融入课堂的内容、方式、频率以及效果四个维度的开放性题目。

（三）调查结果的数据处理及分析

1. 调查样本的基本情况

本书选取四川省 B 县 Y 小学、L 小学和 B 小学的四、五、六年级为研究对象，共发放问卷 300 份，实际回收问卷 289 份，回收率 96.3%，经筛选，有效问卷 283 份，有效率 94.3%。此次调查中，共收集有效样本 283 个，其中，B 小学 90 人，占总人数的 31.8%；L 小学 95 人，占总人数的 33.6%；Y 小学 98 人，占总人数的 34.6%。这其中四年级 98 人，占总人数的 34.6%；五年级 90 人，占总人数的 31.8%；六年级 95 人，占总人数的 33.6%。男生 142 人，占总人数的 50.2%；女生 141 人，占总人数的 49.8%。在调查样本中，羌族有 146 人，占总人数的 51.6%；其他民族有 137 人，占总人数的 48.4%。年龄为 8 岁的 5 人，占总人数的 1.8%；9 岁 46 人，占总人数的 16.3%；10 岁 96 人，占总人数的 33.9%；11 岁 94 人，占总人数的 33.2%；12 岁 42 人，占总人数的 14.8%。学习成绩为中下的 30 人，占总人数的 10.6%；中等 177 人，占总人数的 62.5%；优良 76 人，占总人数的 26.9%。具体见表 5-4。

表 5-4　　　　　　　调查样本统计（N=283）　　　　单位：人，%

	类别	人数	比例
学校	B 小学	90	31.8
	L 小学	95	33.6
	Y 小学	98	34.6
年级	四年级	98	34.6
	五年级	90	31.8
	六年级	95	33.6
性别	男	142	50.2
	女	141	49.8
民族	羌族	146	51.6
	其他	137	48.4
年龄	8	5	1.8
	9	46	16.3
	10	96	33.9
	11	94	33.2
	12	42	14.8
学习成绩	中下	30	10.6
	中等	177	62.5
	优良	76	26.9

2. 调查结果的数据处理

（1）羌文化融入小学课堂的总体情况

问卷设计时采用了李克特五点式量表，最高值为 5 分，最低值为 1 分，得分越高说明羌文化融入的水平越高，为了方便进行比较，对总体得分进行了均值化处理，因此只需要比较得分与中间值3的差异性即可。由表5-5的调查显示，所有学生的总体融入水平为3.44分，显著高于检验值3（$p<0.001$），说明羌文化在小学课堂的总体融入水平处于中等。在融入内容方面，所有学生整体得分为3.72分，处于中等偏上水平（$p<0.001$），说明羌文化的内容在现阶段小学课堂中的融入情况较好，小学生对羌文化的内容认知也较为全面。在融入方式方面，所有学生整体得分为3.37分，处于一般水平（$p<0.001$），说明在现阶段小学课堂中羌文化的融入方式较为欠缺，有待加强。在融入频率方面，所有学生整体得分为2.71分，小于检验值3（$p<0.001$），处于较低水平（$p<0.001$），说明在现阶段小学课堂中羌文化融入的频率不够，学习间隔时间较长在一定程度上容易引起小学生对羌文化学习的积极性与兴趣减弱，导致其对羌文化的认同降低。在融入效果方面，所有学生整体得分为3.58分，处于中等水平（$p<0.001$），在现阶段小学课堂中羌文化融入的效果仍见一般，小学生在认知、情感、行为上对羌文化的认同程度不高。总体而言，在现阶段小学课堂中羌文化融入的水平仍处于中等水平，有待进一步提升。

访谈中也发现，在融入内容方面，大部分学生能在课堂中或多或少地了解到有关羌文化的基本内容，但也有一部分尚未了解到的内容，如民俗礼仪、雕刻银饰等，很多传统的民俗礼仪只有在特别的节庆日作为展示才能了解，老师对其中的很多内容都不知道，因此学生也很难在课上接触到；在融入方式方面，学生认为大部分方式在课堂上有出现，但不常用，出现频率很低；在融入频率方面，学生们比较一致认为尽管很多羌文化在课堂中老师都有提到，但只是偶尔，频率很低，从而导致学生们对时有时无的羌文化教育产生了无所谓的态度；在融入效果方面，在认知层面，学生存在差异和分歧，部分学生认为羌文化并非课堂学习的重要知识，在情感层面，大部分学生对羌文化的学习表现出较为积极的态度，在行为层面，学生存在行为被动和缺失问题，很少积极主动，其原因在于对羌文化的认同感与责任感较弱，在羌文化融入过程中学生主动查阅与了解羌文化、主动向他人介绍羌文化等行为基本缺失。

表 5-5　　　　　　　　　　总体融入水平检验

	N	均值	标准差	T（检验值3）	P
总体融入	283	3.44	.73237	10.132	.000
融入内容	283	3.72	.87149	13.928	.000
融入方式	283	3.37	.76497	8.159	.000
融入频率	283	2.71	1.12893	-4.291	.000
融入效果	283	3.58	.92126	10.528	.000

（2）羌文化融入小学课堂认知的差异性分析

1）不同性别学生对羌文化融入课堂认知的差异性分析

为了了解不同性别的学生对羌文化融入课堂的认知是否存在差异，以"性别"作为自变量进行了独立样本 T 检验。由表 5-6 调查显示，男生的总体融入水平为 3.43±0.68 分，女生的总体融入水平为 3.46±0.79 分，整体而言女生略高于男生，两者之间不存在差异（p=0.725＞0.05），说明小学女生对羌文化融入课堂的认知略优于男生，但两者之间的差距几乎可忽略不计。

在融入内容方面，男生平均水平为 3.69±0.87 分，女生平均水平为 3.76±0.87 分，独立样本检验显示，女生略高于男生，两者之间不存在差异（p=0.508＞0.05），说明小学女生对羌文化在课堂中融入内容了解的略多一些。在融入方式方面，男生平均水平为 3.33±0.69 分，女生平均水平为 3.41±0.83 分，独立样本检验显示，女生略高于男生，两者之间不存在差异（p=0.361＞0.05），说明小学女生对羌文化在课堂中融入方式了解得略多一些。在融入频率方面，男生平均水平为 2.77±1.06 分，女生平均水平为 2.65±1.20 分，独立样本检验显示，男女平均水平得分均小于3，说明学生认为羌文化在课堂中融入的频率较低，但男生略高于女生，两者之间不存在差异（p=0.350＞0.05），说明小学男生认为羌文化在课堂中融入的频率更高一些。在融入效果方面，男生平均水平为 3.58±0.83 分，女生平均水平为 3.57±1.00 分，独立样本检验显示，男生略高于女生，两者之间不存在差异（p=0.885＞0.05），说明羌文化在课堂中对小学男生总体融入效果略高于女生。

表 5-6　　男女学生对羌文化融入课堂认知的差异统计

	性别	N	均值	标准差	T	df	P
均值	男	142	3.4258	.67566	-.352	274.073	.725
	女	141	3.4565	.78749			
融入内容	男	142	3.6873	.87315	-.662	280.992	.508
	女	141	3.7560	.87156			
融入方式	男	142	3.3296	.68869	-.914	270.453	.361
	女	141	3.4128	.83519			
融入频率	男	142	2.7746	1.05912	-.936	276.494	.350
	女	141	2.6489	1.19559			
融入效果	男	142	3.5845	.83008	-.145	270.348	.885
	女	141	3.5686	1.00772			

2）不同民族学生对羌文化融入课堂认知的差异性分析

为了了解不同民族的学生对羌文化融入课堂的认知是否存在差异，以"民族"作为自变量进行了独立样本 T 检验。具体见表 5-7。

表 5-7　　不同民族的学生对羌文化融入课堂认知的差异统计

	民族	N	均值	标准差	t	df	P
均值	羌	146	3.5482	.68370	2.56	272.377	.011
	其他	137	3.3270	.76706			
融入内容	羌	146	3.8521	.86177	2.628	279.795	.009
	其他	137	3.5825	.86330			
融入方式	羌	146	3.4500	.72428	1.800	273.744	.073
	其他	137	3.2869	.80017			
融入频率	羌	146	2.8613	1.13640	2.315	280.677	.021
	其他	137	2.5529	1.10290			
融入效果	羌	146	3.6632	.83654	1.639	265.936	.103
	其他	137	3.4842	.99855			

由表 5-7 调查显示，羌族学生的总体融入水平为 3.55±0.68 分，非羌族学生的总体融入水平为 3.33±0.77 分，整体而言羌族学生略高于非羌族学生，两者之间存在显著性差异（p=0.011<0.05），说明羌族小学生对羌文化融入课堂的认知明显优于非羌族小学生。

在融入内容方面，羌族学生的平均水平为 3.85±0.86 分，非羌族学生的平均水平为 3.58±0.86 分，独立样本检验显示，羌族学生对羌文化融入内容的认知显著高于非羌族学生（p=0.009<0.05），说明羌族小学生相较于非羌族小学生对羌文化融入内容明显了解更多一些。在融入方式方面，羌族学生的平均水平为 3.45±0.72 分，非羌族学生的平均水平为 3.29±0.80 分，独立样本检验显示，羌族学生对羌文化融入方式的认知略高于非羌族学生，但两者之间不存在差异（p=0.073>0.05），说明羌族小学生与非羌族小学生对羌文化融入方式的认知没有明显的差距。在融入频率方面，羌族学生的平均水平为 2.86±1.14 分，非羌族学生的平均水平为 2.55±1.10 分，独立样本检验显示，羌族学生对羌文化融入频率的认知略高于非羌族学生，两者之间存在显著性差异（p=0.021<0.05），说明羌族小学生认为羌文化融入的频率明显高于非羌族小学生。融入效果方面，羌族学生的平均水平为 3.66±0.84 分，非羌族学生的平均水平为 3.48±0.99 分，独立样本检验显示，羌族学生对羌文化融入方式的认知略高于非羌族学生，但两者之间不存在差异（p=0.103>0.05），说明羌族小学生与非羌族小学生在羌文化融入效果上没有明显的差距，相较之下，羌族学生略优于非羌族学生。

3）不同年级学生对羌文化融入课堂认知的差异性分析

采用 SPSS 18.0 单因素方差分析羌文化在小学课堂的融入情况是否因年级不同具有显著性差异。

表 5-8　　　　　　　　方差齐性检验

	Levene 统计量	df1	df2	显著性
均值	.912	2	280	.403
融入内容	.385	2	280	.681

续表

	Levene 统计量	df1	df2	显著性
融入方式	2.031	2	280	.133
融入频率	1.391	2	280	.251
融入效果	1.179	2	280	.309

由表 5-8 方差齐性检验结果可以看出，不同年级学生对羌文化在课堂上的融入内容、融入方式、融入频率、融入效果维度的 p 值分别为 0.681、0.133、0.251、0.309，说明在这四个维度上均具有方差齐性（p>0.05），呈正态分布。在此基础上，我们还需进一步分析表 5-9 的结果。由表 5-9 的调查数据可以看出，所调查的 3 个年级在融入内容、融入方式、融入效果这三个维度的显著性均小于 0.05（p<0.05），在融入频率维度的显著性大于 0.05（p>0.05），表明羌文化在课堂上的融入内容、融入方式以及融入效果在不同年级学生存在显著性差异，而在融入频率上不存在差异。为分析不同学校之间的具体差异性，因此需要对每一个维度进行多重比较，并进行详细的分析。由表 5-8 的方差齐性检验结果所知，不同年级学生对羌文化在融入内容、融入方式以及融入频率维度上均具有方差齐性（p>0.05），因此，我们需要运用 LSD 值对其进行多重比较。

表 5-9　　　　　不同年级学生在各维度上的方差分析

		平方和	df	均方	F	显著性
均值	组间	6.486	2	3.243	6.273	.002
	组内	144.770	280	.517		
	总数	151.256	282			
融入内容	组间	6.171	2	3.085	4.153	.017
	组内	208.008	280	.743		
	总数	214.179	282			
融入方式	组间	8.671	2	4.336	7.765	.001
	组内	156.351	280	.558		
	总数	165.022	282			

续表

		平方和	df	均方	F	显著性
融入频率	组间	6.820	2	3.410	2.708	.068
	组内	352.584	280	1.259		
	总数	359.404	282			
融入效果	组间	5.730	2	2.865	3.434	.034
	组内	233.611	280	.834		
	总数	239.341	282			

表 5 – 10　　　　　　　　融入内容的多重比较

因变量		(I) 年级	(J) 年级	标准误	显著性
融入内容	LSD	四年级	五年级	.12584	.010
			六年级	.12410	.018
		五年级	四年级	.12584	.010
			六年级	.12678	.808
		六年级	四年级	.12410	.018
			五年级	.12678	.808

由表 5 – 10 融入内容维度的 LSD 检验结果显示，四年级与五年级和六年级之间均存在显著性差异，p 值分别是 0.010、0.018（p < 0.05）；而五年级与六年级之间不存在差异（p = 0.808 > 0.05）。

表 5 – 11　　　　　　　　融入方式的多重比较

因变量		(I) 年级	(J) 年级	标准误	显著性
融入方式	LSD	四年级	五年级	.10910	.001
			六年级	.10759	.001
		五年级	四年级	.10910	.001
			六年级	.10992	.913
		六年级	四年级	.10759	.001
			五年级	.10992	.913

由表 5-11 融入方式维度的 LSD 检验结果显示，四年级与五年级和六年级之间均存在显著性差异（$p=0.001<0.05$）；而五年级与六年级之间不存在差异（$p=0.913>0.05$）。

表 5-12　　　　　　　　　　融入频率的多重比较

因变量		(I) 年级	(J) 年级	标准误	显著性
融入方式	LSD	四年级	五年级	.16383	.501
			六年级	.16157	.024
		五年级	四年级	.16383	.501
			六年级	.16507	.120
		六年级	四年级	.16157	.024
			五年级	.16507	.120

由表 5-12 融入频率维度的 LSD 检验结果显示，五年级与其他年级不存在差异，p 值分别是 0.501、0.120（$p=0.001>0.05$）；而四年级与六年级之间存在显著性差异（$p=0.024<0.05$）。

由表 5-13 融入效果维度的 LSD 检验结果显示，五年级与四年级和六年级之间均不存在差异，p 值分别是 0.071、0.497（$p=0.001>0.05$）；而四年级与六年级之间存在显著性差异（$p=0.012<0.05$）

表 5-13　　　　　　　　　　融入效果的多重比较

因变量		(I) 年级	(J) 年级	标准误	显著性
融入方式	LSD	四年级	五年级	.13336	.701
			六年级	.13151	.012
		五年级	四年级	.13336	.071
			六年级	.13436	.497
		六年级	四年级	.13151	.012
			五年级	.13436	.497

4）不同学校羌文化融入课堂的差异性分析

采用 SPSS 18.0 单因素方差分析考察羌文化在小学课堂的融入情况是否因学校的不同而具有显著性差异。

表 5-14　　　　　　　　　　方差齐性检验

	Levene 统计量	df1	df2	显著性
均值	23.238	2	280	.000
融入内容	19.736	2	280	.000
融入方式	15.917	2	280	.000
融入频率	7.394	2	280	.001
融入效果	6.538	2	280	.002

从表 5-14 的方差齐性检验结果可以看出，不同学校羌文化在课堂上的融入内容、融入方式、融入频率、融入效果维度的 p 值分别为 0.000、0.000、0.001、0.002，说明在这四个维度上均具有方差不齐性（$p<0.05$），呈偏态分布。在此基础上，我们还需进一步分析表 5-15 的结果。从表 5-15 的调查数据可以看出，所调查的 3 所学校在融入内容、融入方式、融入频率这三个维度的显著性均小于 0.05（$p<0.05$），在融入效果维度的显著性大于 0.05（$p>0.05$），说明不同学校羌文化在课堂上的融入内容、融入方式以及融入频率存在显著性差异，而在融入效果上不存在显著性差异。为分析不同学校之间的具体差异性，因此需要对每一个维度进行多重比较，并进行详细分析。由表 5-14 的方差齐性检验结果所知，不同学校羌文化在融入内容、融入方式以及融入频率维度上均具有方差不齐性（$p<0.05$），因此，我们需要运用 Tamhane 方法对其进行多重比较。

表 5-15　　　　　　不同学校在各维度上的方差分析

		平方和	df	均方	F	显著性
均值	组间	3.197	2	1.598	3.023	.050
	组内	148.060	280	.529		
	总数	151.256	282			

续表

		平方和	df	均方	F	显著性
融入内容	组间	26.258	2	13.129	19.562	.000
	组内	187.921	280	.671		
	总数	214.179	282			
融入方式	组间	9.236	2	4.618	8.300	.000
	组内	155.786	280	.556		
	总数	165.022	282			
融入频率	组间	12.489	2	6.244	5.040	.007
	组内	346.915	280	1.239		
	总数	359.404	282			
融入效果	组间	.196	2	.098	.115	.892
	组内	239.145	280	.854		
	总数	239.341	282			

表5-16融入内容维度的Tamhane检验结果显示，Y小学与L小学之间不存在差异（p=0.307＞0.05），而B小学与Y小学和L小学之间均存在显著性差异（p=0.000＜0.05）。

表5-16　　　　　　　融入内容维度的多重比较

因变量		(I)年级	(J)年级	标准误	显著性
融入内容	Tamhane	Y小学	L小学	.12129	.307
			B小学	.13180	.000
		L小学	Y小学	.12129	.307
			B小学	.09930	.000
		B小学	Y小学	.13180	.000
			L小学	.09930	.000

表5-17　　　　　　　　融入方式维度的多重比较

因变量		(I) 年级	(J) 年级	标准误	显著性
融入内容	Tamhane	Y 小学	L 小学	.11836	.075
			B 小学	.11225	.000
		L 小学	Y 小学	.11836	.075
			B 小学	.08780	.145
		B 小学	Y 小学	.11225	.000
			L 小学	.08780	.145

表5-17融入方式维度的Tamhane检验结果显示，Y小学与L小学之间不存在差异（p=0.075>0.05），而Y小学与B小学之间存在显著性差异（p=0.000<0.05）；L小学与Y小学之间和B小学之间均不存在差异（p=0.075>0.05，p=0.145>0.05）。

表5-18融入频率维度的Tamhane检验结果显示，Y小学与L小学之间存在显著性差异（p=0.006<0.05），而Y小学与B小学之间不存在差异（p=0.543>0.05）；B小学与Y小学和L小学之间均不存在差异（p=0.543>0.05）（p=0.136>0.05）。

表5-18　　　　　　　　融入频率维度的多重比较

因变量		(I) 年级	(J) 年级	标准误	显著性
融入内容	Tamhane	Y 小学	L 小学	.16048	.006
			B 小学	.17440	.543
		L 小学	Y 小学	.16048	.006
			B 小学	.14861	.136
		B 小学	Y 小学	.17440	.543
			L 小学	.14861	.136

表 5-19　　　　　　　　　　融入效果维度的多重比较

因变量		(I) 年级	(J) 年级	标准误	显著性
融入内容	Tamhane	Y 小学	L 小学	.14181	.998
			B 小学	.13855	.956
		L 小学	Y 小学	.14181	.998
			B 小学	.11817	.978
		B 小学	Y 小学	.13855	.956
			L 小学	.11817	.978

表 5-19 融入效果维度的 Tamhane 检验结果显示，Y 小学、L 小学、B 小学这三所学校之间均不存在差异（p = 0.998 > 0.05）（p = 0.956 > 0.05，p = 0.978 > 0.05）。

(3) 羌文化融入课堂的各维度之间的相关性

为分析羌文化融入课堂各维度之间的关系，本节对各维度之间的相关性进行了分析。具体见表 5-20。

由表 5-20 的 Pearson 相关性与显著性（双侧）的值可以看出，"融入内容""融入方式""融入频率"这三个维度之间相互影响，并且这三个维度均对羌文化融入课堂的"融入效果"产生影响，且具有显著的相关性（p = 0.000 < 0.01）。从对"融入效果"产生影响的程度由高到低依次排序为："融入方式"（r = 0.619），"融入频率"（r = 0.573），"融入内容"（r = 0.548），说明羌文化融入小学课堂的方式对羌文化在小学课堂的融入效果影响最大，相较而言，羌文化在小学课堂的融入内容对羌文化在小学课堂的融入效果影响最小。其中，融入效果与融入方式之间呈高相关（r > 0.6），说明羌文化融入小学课堂的方式是影响羌文化融入小学课堂的效果的最大因素。由这四个维度之间的相关性检验可知，羌文化融入课堂与其融入的内容、方式、频率以及效果都具有密不可分的关系，这四者缺一不可，如果需要羌文化更好地融入小学课堂中，就必须要更加重视这四者的相互联系与相互作用，只有这样才能更好地提升羌文化融入小学课堂的水平，促进羌文化在课堂中更好地传承与发展。

表 5-20　　　　　　　　羌文化融入课堂各维度之间的相关性

		均值	融入内容	融入方式	融入频率	融入效果
均值	Pearson 相关性	1	.853**	.873**	.757**	.803**
	显著性（双侧）		.000	.000	.000	.000
	N	283	283	283	283	283
融入内容	Pearson 相关性	.853**	1	.620**	.501**	.548**
	显著性（双侧）	.000		.000	.000	.000
	N	283	283	283	283	283
融入方式	Pearson 相关性	.873**	.620**	1	.600**	.619**
	显著性（双侧）	.000	.000		.000	.000
	N	283	283	283	283	283
融入频率	Pearson 相关性	.757**	.501**	.600**	1	.573**
	显著性（双侧）	.000	.000	.000		.000
	N	283	283	283	283	283
融入效果	Pearson 相关性	.803**	.548**	.619**	.573**	1
	显著性（双侧）	.000	.000	.000	.000	
	N	283	283	283	283	283

注：**，在 .01 水平（双侧）上显著相关。

（四）羌文化融入小学课堂的现状总结

1. 羌文化融入小学课堂的总体情况

就目前而言，羌文化在小学课堂中的融入总体情况处于中等水平，整体的融入效果仍不尽人意，甚至在一些方面存在比较大的问题，如融入的频率。在访谈中也证实了这一结论，多数的小学老师表示在日常课堂教学中羌文化教育的比例较小，甚至有个别科目老师完全不会涉及，他们认为制约其在课堂中开展羌文化教育有以下几方面：一是缺乏适切的教材，当地有出台过相对应的羌文化教材，但是很多知识过于笼统，没有结合具体实际教学内容，不便于老师开展课堂教学；二是教学任务繁重，很多老师认为一节课内本身的教学任务都无法完成更没有时间去进行其他教学任务；三是实用性不高，很多老师也认为羌文化的内容应用性不强，已经被其他文化融入；四是教师与学生的认知与情感出现偏差，导致其行为缺失，很多教师认为对羌文化完全不了解或了解得不够深入，无法开展羌文化教学，还有些教师认为不仅自己不喜欢而且学生也不感兴趣，没必要进行羌文化教学。融入的内容大多数是学生较为熟知的，但也存在个别学生几乎不了解的领域，融入的方式比较全面，但是很多方式只是表面的存在，但几乎不运用，也存在一些较为缺乏的方式。因此，当前羌文化融入课堂呈现出浅表化，学生学习到的羌文化内容不仅少而且缺乏深度与广度，对其所产生的影响也较为有限。

2. 羌文化融入小学课堂过程中的差异性

（1）男女学生对融入内容、融入方式、融入频率以及融入效果等方面的认知都不存在显著性差异。就总体而言，羌文化融入小学课堂对女生的影响略大于男生，但就融入效果而言，男生优于女生。

（2）羌族学生与非羌族学生对融入内容与融入频率等方面的认知都存在显著性差异，羌族学生分值明显高于非羌族学生，在融入方式与融入效果方面不存在显著性差异，但在融入效果上，羌族学生的分值略高于非羌族学生。就总体而言，羌文化融入小学课堂对羌族学生的影响大于非羌族学生，其融入效果也是羌族学生略优于非羌族学生。

（3）不同年级学生对羌文化在课堂上的融入内容、融入方式以及融入效果等方面的认知存在显著性差异，而在融入频率上不存在显著性差异。其中，四年级在融入内容以及融入方式均与五年级和六年级存在显著性差异，整体融入情况低于其他两个年级，而五年级与六年级之间不存在显著性差异。在融入频率与效果方面，五年级与四年级和六年级之间均不存在显著性差异，而四年级与六年级之间存在显著性差异，四年级相较而言，整体融入情况都低于五年级与六年级。

（4）不同学校羌文化在课堂上的融入效果上不存在显著性差异，均处于中等水平。而在融入内容、融入方式以及融入频率方面均存在显著性差异。其中，在融入内容方面，B 小学与 L 小学和 Y 小学存在显著性差异，B 小学明显优于 L 小学和 Y 小学；在融入方式方面，Y 小学和 L 小学与 B 小学存在显著性差异，Y 小学和 L 小学明显优于 B 小学；在融入频率方面，L 小学与 Y 小学存在显著性差异，Y 小学明显优于 L 小学。

二　问题

通过调查表明，羌文化融入小学课堂的相关研究取得了一定成果，但也存在以下问题。

（一）碎片融入：缺少科学系统的羌文化课程资源

所谓碎片融入，是指将羌文化的内容不仅随机、分散地融入课堂，而且只是将羌文化当作符号生硬地融入教育教学，学生只知道字面意思，却不能领悟其精神本质。通过调查也证实了这一点，在羌文化的融入内容方面，仍存在不够丰富的现象，学生们在问卷中给习俗礼仪、手工技艺以及服饰文化的分值也都偏低。在访谈中，当问到课上老师讲过的羌文化知识时，学生们几乎没人说到习俗礼仪，有关手工技艺与服饰文化也提及较少。同时，教师在课堂讲到的羌文化知识也过于碎片化，很多老师表示他们更多的是"偶尔想到觉得合适会加入一点，但都不会太多"。由于老师们缺少系统化的教材和一定的专业知识，因而在一定程度上并不能使学生深入系统地去了解羌文化。加之有教师在访谈中讲到"其实一直在提倡教学中加入羌文化，我们也适当地加了一些，但是感觉对学生的影响不大"，其实根本原因在于学生并没有真正地领悟到羌文化的精神本质、体会到羌文化的魅力所在，也就是简单地将羌文化作为一种符号，教师作为符号融入课堂，学生将其作为符号被动地接受，并没有真正将羌文化贯穿进课堂中，使羌文化的内容呈现碎片化、符号化的趋势。

羌文化作为羌族地区特色的课程资源，是羌文化融入课堂的前提条件。当前羌文化课程资源的建设缺乏科学系统的整合，在羌文化课程资源开发、羌文化教材等方面仍存在不足。

第一，羌文化课程资源的开发缺乏持续性。在被调查的三所学校中，几乎都有开设羌文化的相关课程，但由于学校没有专业化的羌文化教师队伍，多是各科老师兼职授课，又因自身教学任务繁重，最终这些课程被搁置，出现中断现象。第二，羌文化课程资源开发有待深化。在访谈中，有一部分老师就明确表示羌文化内容应用性不强，对学生的日常生活没有实际影响。这表明羌文化课程资源的开发深度不够，未能结合学生的实际，更多的是一种浅表化的传授。第三，尚未形成科学化、系统化的羌文化教材。经调查发现，虽然 B 县小学有发放羌文化相关的教材，但利用率较低，授课教师大都使用自己编写的教学讲义，并未使用发放的羌文化教材。由此可见，尚未形成科学系统的羌文化课程资源，在课堂上，无论是教师的"教"，还是学生的"学"都较为分散，使学生掌握不到系统化的羌文化知识，进而致使羌文化在课堂中的碎片融入。

（二）离身融入：缺乏羌文化的浸入式融入

所谓离身融入，是指在羌文化融入课堂的过程中，其融入形式较为单一且枯燥，同时仍是以教师为主的单向传递，学生被动地接受知识，缺乏学生的身体体验。通过调查也证实了这一点，在羌文化的融入方式方面，其方式多以直入式融入为主，如大多数直接通过教师在课堂上讲授关于羌文化的知识，或通过直接开设羌语、羌绣等课程，或邀请羌文化传承人进课堂。但在访谈中，不管是老师还是学生都讲道："虽然有相关课程和邀请传承人进课堂，但这些方式很少用到。"还是以教师讲授的方式为主，其他的方式运用次数屈指可数，甚至几乎没有。在问卷数据中显示，羌文化教材、学科结合、社团等转化式融入就较少，参观博物馆、传承基地等浸入式融入几乎没有。同时，羌文化融入课堂的方式多以教师向学生的单向传递为主，具有单向性，使学生不能发挥自身的能动性，较为被动，致使其缺少参与的积极性，因而难免会使学生认为羌文化融入课堂教学是无用的、枯燥的、无趣的。在访谈中，有学生明确表示对羌文化知识不感兴趣，甚至认为没必要在课堂中加入羌文化知识，因此当问及他们是否会主动想向他人介绍羌文化时，他们的答案更多的是否认。这足以说明只是一味地通过教师的单向传递是远远不够的，学生的主动参与在羌文化融入课堂中是至关重要的。

传统课堂学习忽视身体与环境在知识学习中的作用以及影响，呈现出一种无生命的、静态化的课堂学习状态。[①] 当前羌文化在融入过程中，多以直入式与转化式融入为主，缺乏浸入式融入，在一定程度上忽视身体和环境在课堂学习中的作用及影响。第一，缺乏身体的参与体验。教师在课堂中对羌文化的融入仍停留在对羌族的语言文化、民间传统文化以及生活文化等基本知识的简单介绍，并没有任何身体的参与、体验。第二，脱离对羌文化的环境感知。在羌文化融入课堂过程中，教师更在乎的是教学主体与客体之间的交流，忽视了羌文化的氛围与环境对课堂教学的影响。例如，虽然大多学校有关于羌文化的展示墙，但是这些都变成一个形式化的存在，很多学生在访谈中都提到"我们有羌文化展示墙啊"，但当被问及对展示墙内容是否有深刻了解时，有学生回答道"不是特别了解，就是路过会看一眼"。综上所述，在羌文化融入课堂过程中，缺乏浸入式融入方式，致使学生无法通过身体体验与环境熏陶感知羌文化，从而导致羌文化在课堂中的离身融入。

（三）静态融入：忽略羌文化知识的动态传承

所谓静态融入是指羌文化在融入课堂的过程中其运用的时间少且零散的现象，致使羌文化知识呈现一个静态传输的过程。经调查发现，融入频率维度的分值是唯一一个小于3的维度，由此可见，融入频率在羌

[①] 肖菊梅、李如密：《从"离身"到"具身"：课堂学习环境的新构建》，《教育理论与实践》2018年第1期。

文化融入课堂的过程中存在较为严重的问题。在访谈中，有老师就讲到"羌文化只作为文化遗产，应用性不强，没必要花大部分时间在上面"。也有老师认为"教学内容与羌文化不沾边，本身教学任务就很重，学生也不感兴趣"。此外，还有老师讲到之所以自己课堂不讲羌文化源于"自己对羌文化了解不深入"。除此之外，还有一部分教师在访谈中也讲到自己有在课堂中融入羌文化的内容，但被问及一般如何安排时间和教学计划时，有教师回答"偶尔会放一些相关的视频，但一般时间不固定"，也有教师回答"没有教学计划，觉得合适就讲一点"。由此可见，许多教师在课堂上对羌文化知识的融入是"随心所欲"，事先并不会写教学计划、准备相关材料。很多学生在访谈中也提到"其实很多羌文化内容学校老师在课堂都会讲到，但是讲到的时间很少，有时候一学期没有几次"，也有学生提到，"喜欢老师多讲羌文化，但是就是真正在课堂听到的时间太少，也就不期待了"，这也说明融入频率的欠缺在一定程度上会影响学生对羌文化知识的喜爱度，致使学生失去对羌文化的兴趣，导致羌文化融入频率呈现零散化。

  在羌文化融入课堂过程中，往往只是对羌文化知识的一个静态传输过程，忽略了对其的动态传承，主要表现在以下几个方面。第一，融入频率较低，缺乏持续性。羌文化融入课堂的过程应该是一个不断延续与发展的过程，但经调查发现，教师每周在课堂上讲解的羌文化知识大都低于1个课时，有教师在访谈中讲到"没有时间，平时教学任务都很难完成"，也有教师讲到"很多羌文化专业知识不了解，又没时间去学习"。第二，融入过程缺乏可持续性发展。例如，很多羌文化知识停留在浅表化的字面学习与理解层面，教师未能将其转化成对学生可持续发展有用的教学内容，使其对学生产生更深层次的影响，并且很多内容只是笼统地学习，未将其进行细化与深化。在访谈中，一些教师就提出"应用性不强，对孩子的可持续性发展没有帮助，不能满足不同阶段学生的需求"等问题。综上所述，在羌文化融入课堂的过程中，只是对学生进行基本知识的讲解，进行静态传输是远远不够的，这样容易忽略不同阶段学生的成长需求，造成羌文化在课堂中的静态融入。

（四）被动融入：轻视师生对羌文化的意识形态

所谓被动融入是指在羌文化融入课堂过程中，忽视了师生的羌文化意识形态，直接影响师生认知、情感与行为的偏差，从而致使羌文化在课堂中的被动融入。通过调查发现，在对羌文化融入课堂的认知方面，一些教师认为对学生进行羌文化教育没有实际价值，可以作为特色进入课堂，但不要占用过多的课堂时间，对学生的将来没有可持续发展的用处。如有老师讲到"有些孩子喜欢羌文化，有些孩子不喜欢，孩子长大后，并不是所有人都会从事与羌文化有关的工作"。在对羌文化融入课堂的情感方面，老师和学生有一部分也表示自己根本不了解羌文化，因此谈不上喜欢。其中，有学生就明确表示不喜欢羌文化教育，认为"学了没什么用处，与升学考试又没有关系，我爸妈也不会关心这方面的学习的，又没有成绩"。由此可见，在融入的过程中，应试教育思想的根深蒂固，有些教师和学生在认知和情感上容易产生偏差，这也导致其在行为上出现缺失，如在问卷调查中，在"我会在课堂或者日常生活主动向其他人介绍羌文化知识"这一栏填写了"不符合"或者"非常不符合"。当在访谈中问到为什么时，有学生回答道："了解不够，觉得没必要给别人讲，讲这些也没什么用啊！"这些回答足以说明这些学生对羌文化的认同感不高，从而导致其缺少主动弘扬与传承羌文化的责任感。其实也有部分学生对羌文化的认知与情感表现出积极的态度，但在行为上面却不尽如人意，他们也不会主动与人分享羌文化，这也是表明在羌文化融入过程中的另一个问题，很多学生在学习的过程中，无法切身去感受到羌文化，仅凭字面去理解羌文化知识，最终在行为上也不会达到好的效果。

意识形态是人们对事物的理解与认知，不同意识形态会造成对同一事物的不同理解与认知。在羌文化融入课堂的过程中，由于不够重视师生对羌文化的意识形态，从而直接影响师生对羌文化的认知、情感与行为，主要表现在以下几个方面。第一，导致师生对羌文化的认知产生偏差。由于应试教育的根深蒂固，很多教师仍旧认为学生最重要的任务是学习基础知识，为以后的考试作准备。很多学生也认为："羌文化并不是课堂学习的重要知识，对自身的学习与生活没有多大用处。"第二，致使师生对羌文化的情感产生偏差。调查发现，一些教师与学生明确表示不喜欢羌文化，也不希望将羌文化纳入课堂教学内容中，其中，由于某些学校盲目地强调羌文化的课程化，让一些师生产生了抵触情绪。第三，引起师生对羌文化的行为产生偏差。人对同一事物产生的不同行为在一定程度上是源于其对这一事物的不同认知与情感，如果对羌文化不了解甚至不喜欢将直接导致其不愿意去主动传承羌文化，如一些教师在访谈中提到"不是很了解羌文化，不知道该如何进行融入"。综上所述，在羌文化融入课堂过程中，如果对师生的羌文化意识形态不够重视，将直接引起师生认知、情感与行为的偏差，从而引起羌文化在课堂中的被动融入。

（五）前喻融入：忽视师生课堂关系的新需求

师生关系是课堂教学中最基本的人际关系。随着信息化、全球化时代的到来，传统的师生关系已经无法满足新时代师生课堂关系的需求，其原因主要有以下几个方面。第一，教师知识权威的消解。在信息化时代，教师的知识权威已不再占据主导地位，因而很难再利用传统的知识结构和思维方式去给予学生正确的指导。经调查也证实了这一点，很多教师对羌文化的认识知之甚少，甚至有些教师对羌文化处于完全不了解的状态。反而，很多学生会经常通过网络媒体去了解有关羌文化的知识与动态。第二，教师与学生产生文化冲突。作为新时代的学生，其思想都较为开放，很容易与教师在价值观念及其所形成的生活行为规范、文化心理上产生冲突，这种冲突都是源于各自生活经验以及所处阶段生理与心理需求的差异。第三，缺乏对羌文化知识的现代转化。很多教师只是一味地强调羌文化的实用性不强对学生成长的意义不大是其在课堂中融入少的根本原因，却并未在课堂上结合新时代的发展需求对羌文化知识进行转化与创新。综上所述，在羌文化融入课堂过程中，如果师生关系仍处于传统的以教师为主的传递主体时期，就势必造成羌文化在课堂中的前喻融入危机。

第三节　方式与路径

在羌族地区小学课堂中或多或少会有羌文化的融入，但由于多方面因素影响，其融入的程度和效果都不够理想。因此需要结合当前融入过程中所存在问题，寻求相应的适切方式与优化路径，以实现羌文化教育的有效发展。同时，羌文化融入小学课堂作为优秀传统文化进入中小学课堂的一个国内案例，根据其实践得出的相关适切方式与优化路径，对于其他小学优秀传统文化的进入也提供一定的现实参考。

一　方式

从文献梳理与实践观察中得出，当前羌文化在小学课堂中的融入方式大致可归纳为：直入式融入、转化式融入以及浸入式融入。现实课堂教学中，融入方式多以直入式融入与转化式融入为主，较少采用浸入式融入。

（一）直入式融入

直入式融入是指在日常课堂教学中直接引入羌文化中具有典型文化表征的元素，如人物、事迹、故事、格言、谚语、习俗等，或者在政策制度中对羌文化的内容进行直接宣传与灌输，进而在课堂教学中使这些要素所蕴含的精神价值得以凸显，达到羌文化在课堂中融入的目的。这一方式虽然过于简单，但就当前文化氛围而言，是较为有效的方式，通过这种直接的引入可以激发学生对羌文化的兴趣。例如，在政策制度中，直接将羌文化内容纳入学校的课程体系，制定有关羌文化的课程或者在某些课程中加入具有羌文化理念的课程观、课程目标、课程内容或课程活动等；在课堂教学实践过程中，在语文、数学、英语等基础课程中直接引入羌文化中的生活实例、谚语、民族故事等内容，设置羌语等特色课程以及羌绣、羌笛等具有羌元素的实践课程。这样不仅可以提高羌文化融入课堂的实际效果，还能增加羌文化融入课堂的深入性以及实效性，从而促进羌文化的传承发展。

(二) 转化式融入

转化式融入是指在日常课堂教学中，利用多种手段与方式对羌文化中保存的优秀的物质与精神元素进行加工、包装，使之变成更加能被学生理解与接受的形态融入课堂教学中的各个环节，以达到羌文化融入的目的。其实质就是将一些比较抽象、静态的羌族优秀传统文化通过各种方式加以转变，使其变成更为具体的教学资源，以活态传承的方式得以发展。例如，在日常课堂教学中，编排一些羌族文学作品、舞蹈、戏剧或者微视频等进行展示；结合各学科特点，编写艺术、民俗、体育等有关的羌文化教程；当前正处于信息化时代，如何将现代技术与传统文化结合，从而吸引学生们的课堂注意力与参与积极性是尤为重要的，因此通过"数字+"的方式实现羌文化的转化也是必不可少的，譬如可以对非遗传承人所掌握的非物质文化进行视频录制，将录制好的视频分为几个部分，然后通过微视频的方式播放给学生，或者通过将其放入学校的在线学习平台，学生可以自由选择感兴趣的内容进行播放学习，这样不仅能够吸引学生主动学习与参与，而且能够进一步扩大羌文化传承的力度和范围。除此之外，学校也可通过组织羌文化的社团，让学生自觉参与其中，以个人兴趣为基础，这样能激发学生的好奇心，使学生能够自觉传承羌族文化，进而提高学生的文化自觉程度。

(三) 浸入式融入

浸入式融入是指将羌文化的元素融入课堂教学的各种环境、场景、方式以及载体中，使学生在日常课堂教学中一直沉浸于羌文化的氛围之中，对其进行潜移默化地熏陶，进而达到羌文化融入课堂的目的。其实质是利用各种情境间接地影响学生的情感，对其进行潜移默化地熏陶感染，在不知不觉中提高学生对羌文化的认同感。例如，将具有羌文化元素的绘画、雕刻、手工艺品等艺术作品放置于教室、走廊、校园文化墙等学生日常所接触的环境中，让学生沉浸在浓厚的羌文化环境氛围之中得以熏陶感染；充分利用当地的文化资源，组织学生参观、体验民俗博物馆、传承基地、具有民族传统文化元素的建筑等，如羌族博物馆、羌绣传承基地、羌寨等，将其置身于原生态的民族文化场景中，使其能切身感受到民族文化的魅力所在；在科学课上，可以组织学生进入羌族村寨了解该羌族的知识，开展社会调查，让学生们在自主探究中深入了解羌族文化，提高对其的认知；鼓励学生积极参与到学校组织的各类羌族节日活动与羌族艺术展示活动中，让学生们去切身体会羌族文化的魅力，增加学生的民族自信心与自豪感。只有这样，才能真正将羌文化融入课堂，融入每个学生的心里。从而自愿承担起传承与保护羌文化的责任。

二　路径

实现羌文化有效融入小学课堂，不仅要探讨相关理论问题，更重要的是要在实证调查的基础上，提出可能、合理的优化路径，这既是理论研究观照现实的必然需要，也是羌文化融入有效实现的根本保障。

（一）整合融入：构建系统化的羌文化课程资源库

课程资源建设是羌文化融入课堂的基础，新一轮课程改革提出要深入挖掘包含丰富思想和体现民族特色的教学内容，促进特色学校的建设和人才培养模式的创新。羌族传统文化是羌族最为丰富、最具有代表性的特色课程资源。因此，要将羌文化融入小学课堂中，遵循发展性、主体性、具身性以及传承性的原则，构建系统化的羌文化课程资源库。

建立羌文化课程资源库，从而使羌文化在课堂中达到整合融入的目的。第一，建立羌文化课程资源开发团队。建立专业的开发团队是构建课程资源库的先决条件，也是保障羌文化课程资源开发得以延续的根本力量。只有建立一个包括政府领导、职能部门、学校领导、教师、家长、学生以及社区等不同群体在内的人力资源支持系统，才能有效整合羌族地区各个群体主体的优势资源，形成优势互补，达到资源最优化。如当地博物馆、传承基地以及民间传承人团队等机构组织与学校合作，为羌文化课程提供共享资源、活动场所以及专业教师等支持。第二，建设多样化、分层化的课程资源。羌文化课程资源不仅要体现其民族性、典型性、实用性、知识性和趣味性等多样化，也要遵循发展性、主体性、具身性以及传承性的原则，体现针对不同阶段的学生选择不同的课程资源的分层化。如在小学低年级阶段，可开设一些体验型课程，选编一些羌绣、羌笛等生活化的羌文化内容；小学高年级阶段，可开设一些实践性强的课程，如动手制作羌绣、绘制羌元素的图画等。第三，编写科学系统的羌文化教材。教材作为课程资源的重要组成部分，是系统化实施羌文化融入课堂的依据。在编写的过程中，我们需要遵循发展性原则，满足新时代社会发展的基本需求，同时要遵循主体性原则，满足学生发展的个性需要，整合各个学校的有关羌文化教学的优势资源，形成优势互补。在此基础上，结合学生不同成长阶段的特点与发展需要，既让教材符合学生的实际需求，又能实现资源整合与优化。

（二）具身融入：采取沉浸式教学

沉浸式教学是一种情景式教学，是将学生的身心整体完全"浸泡"在羌文化环境中，使学生在浓厚的文化氛围中通过身体体验与实践学习羌文化的知识，强调环境氛围与学习的相互作用。因此，将羌文化融入小学课堂，应采取沉浸式教学。

采取沉浸式教学，使羌文化在课堂中达到具身融入的目的。第一，以身体主体、身体创造为核心教学理念。教师应遵循主体性原则，充分认识到学生身体的主体地位，以身体教学为主，多进行实践体验。如开设一些羌绣、羌笛、萨朗以及雕刻等实践性较强的羌文化课程或社团；在小学实践课程中，组织学生到羌文化传承基地、民俗文化博物馆等，亲身观察体验"非遗"文化的制作加工过程，了解羌文化的历史与发展。第二，合理地建构具有羌文化特色的教学环境。教室作为教师与学生相互交流的主要场所，其环境的布置将直接影响教师的教学效果以及学生学习效率。由此可见，在融入过程中应遵循具身性原则，打造由各种羌文化元素以及制作好的羌文化艺术作品为主的羌文化特色教室，同时在布置过程中可以为学生留一块展示区，用以展示学生在羌文化课堂所学习到的作品。除此之外，还可以建立以羌文化为主题的校园文化，在校内设置羌文化走廊，让学生通过文化走廊可以自主学习关于羌族的文化，从而增强学生对羌文化的认识与了解，也可在校内设置羌文化墙及羌文化展板，通过这种文化氛围去影响学生对羌文化的认知，也是沉浸式教学必不可少的。

(三) 活态融入：采用生成性教学

生成性教学是一种动态教学，也是一种多样化的教学，更多强调的是教学的动态生成与学习的自主构建。羌文化的认知是一个动态系统生成的过程，要将羌文化融入课堂中，采用生成性教学是必不可少的。

采用生成性教学，达到羌文化在课堂中活态融入的目的。第一，确保羌文化在课堂的融入频率。在课程设置上，学校要保证课表上每班每周都有相应的羌文化课程，同时建立相关课程的监察制度以保障课程顺利的开展；在课程时间安排上，学校至少每周要安排一个课时 45 分钟的羌文化课程时间，这期间不得以任何理由占用该课时。这样既能保证羌文化在课堂中的融入频率，又能使羌文化的持续性增强。第二，分阶段教学。将学生分为不同阶段进行生成性学习：首先，认知阶段（1—2 年级），这一阶段学生可以通过羌文化传承人讲解或者专业教师以及日常生活中去认识和了解羌文化的基本知识，以此培养学生的认知与观察能力；其次，实践体验阶段（3—4 年级），这一阶段学生可通过深入羌寨中去观察体验羌族人民的风俗民情来深入了解与巩固之前在课堂中所学习的羌文化内容，以此培养学生的观察、实践能力；最后，动手操作阶段（5—6 年级），这一阶段由学生根据之前所学的羌文化知识以及去羌寨的实践体验，自定主题进行研讨并制定调查计划，最终形成一份关于羌文化的调查报告或呈现出小组的羌文化作品。这样既能有效地培养学生的合作探究能力，又能激发学生的创造能力。通过这样的分阶段生成性学习将会使学生在一步一步的自我学习中构建出自己对羌文化的认知。

(四) 自觉融入：重视师生对羌文化的意识形态

文化自觉是指生活在一定文化中的人对其文化有"自知之明"，[①] 即首先要了解和认识清楚自己的文化。羌文化的意识形态是人们对羌文化的理解与认知，也是形成羌族文化自觉的基础。

重视师生对羌文化的意识形态，主要从以下方面着手。第一，注重师生对羌文化的认知。在融入过程中选用贴近学生生活，且在生活中较

---

① 费孝通：《文化的生与死》，上海人民出版社 2009 年版，第 185—186 页。

为实用的内容以使学生能够真正认识到羌文化的现实价值；转变教师陈旧的应试教育观，拓宽其文化视野，让教师认识到保护与传承羌文化的重要意义。第二，注重师生对羌文化的情感。在融入过程中，增加体验羌风民俗的活动，让师生深入原生态的民族文化氛围中，从而自然而然对羌文化产生自豪感与责任感，进而真正在情感上认同羌文化。第三，注重师生对羌文化的行为。在融入过程中，在师生充分了解羌文化的基础上，对其行为进行引导。例如，学校可利用相关政策适时激励师生对羌文化的行为，凡是参与羌文化的活动以及获奖者都可得到相应奖励；在课堂中能主动分享与羌文化有关内容的学生也可获得相应奖励。

（五）共生融入：建立互哺型师生课堂新关系

所谓互哺是指由于信息化社会的到来，学生拥有"信息富有者"的话语地位，教师与学生之间在交往中形成一种相互学习、共同发展的师生关系现象。将羌文化融入小学课堂中，须建立互哺型师生课堂新关系。

建立互哺型师生课堂新关系，从而达到羌文化在课堂中共生融入的目的。第一，教师要更新自身文化观念与认知。在信息化时代，学生相较老师更能快速接收符合时代发展的新观念。因此，在羌文化融入过程中，老师应发挥学生的主观能动性，多倾听学生对羌文化的新认识与新理解，适时地更新自身文化观念。第二，教师要改变态度，重新定位自己的角色。教师不再占有知识的绝对权威地位，学生在信息化时代更易通过网络获取更多的羌文化知识。因此，在羌文化融入过程中，教师要尊重学生的主体地位，与学生互相学习。例如，运用翻转课堂，让学生利用网络的优质教育资源，在课后学习更多的羌文化知识，然后在课上师生间进行相互交流、学习，在与学生互动的过程中接受学生的反向传递。第三，教师需适时对羌文化知识进行现代转化。针对羌文化在课堂中的融入，教师不能只停留在对羌文化知识的"复制"中，而应转变自己的思维方式与观念，遵循传承性原则，使羌文化知识获得新时代的释义以适应当下学生对羌文化知识的需求，同时更好地发挥教师的正向传递功能。

第六章

国外借鉴：英国、加拿大、澳大利亚、新西兰

弘扬优秀传统文化，需要与时俱进地寻求和借鉴他国的已有经验与模式，不断地完善我国优秀传统文化的传播方式，将坚持弘扬中华优秀传统文化与借鉴国外传统文化传递方式相结合。本章将致力于探究英国的绅士文化、加拿大的因纽特文化、澳大利亚的土著文化、新西兰的毛利文化进入中小学课堂的方式以及对我国的借鉴启示。

第一节 "绅士文化"（英国）

以绅士文化教育著称的英国传统文化教育，一直成为研究者关注的课题。通过研究绅士文化教育进入英国中小学课堂情况，以此来启发我国优秀传统文化进入课堂的路径与方法，使我国中小学生能够更好地感悟具有深厚文化底蕴的中国历史，增加我国中小学生的文化自信与民族自信，进一步形成强烈的国家认同感与自豪感。

一 英国"绅士文化"教育的内涵

绅士，英文为 gentleman，在中古英语中写为"gentilman"，最早于12世纪使用，意为高贵的或温柔的人。绅士一词的出现与骑士和骑士精神密切相关。在拉丁语中绅士与骑士为同一词汇，在西班牙语中，绅士写

为"caballero",原意为"骑术高超的骑士"①。可以说,绅士是骑士以及骑士精神的进一步演化。中世纪的欧洲社会盛行骑士文化,崇尚骑士的名誉、礼仪,强调忠诚谦卑、举止优雅,这为绅士文化教育奠定了基调。进入文艺复兴时期,欧洲各国推崇绅士文化,开展绅士教育成为当时新兴资产阶级的普遍追求。早在1404年,意大利教育家弗吉里奥(Pietro P. Vergerio)完成《论绅士风度与自由学科》一文,在近代欧洲最早提出"绅士"一词。在弗吉里奥看来,需要从知识、道德和身体三方面培养身心健全和有世俗情调的人②。著名教育家蒙田(Michel Eyquem de Montaigne)也是绅士教育的倡导者,他提出培养"完全的绅士"③,强调通过身体训练、德行养成以及知识学习等实用教育培育热情勇敢的绅士。真正将绅士教育推向新高度的当属英国,英国提倡和推动绅士教育的主要代表有16世纪的埃利奥特(Thomas Elyot)和吉尔伯特(Sir Humphrey Gilbert),17世纪的克莱兰和洛克(John Locke)④,这其中洛克最为著名。洛克的绅士教育思想集百家之长,最为系统完备,是绅士教育思想的集大成者。他的思想主要体现在1693年出版的《教育漫话》中,在这一著作中,他系统阐明了绅士教育的内涵,将教育的目的归结为培养绅士,认为绅士应兼具"高尚的德行""聪颖的智慧""良好的礼仪"和"丰富的学问"⑤,这四者是绅士文化教育必不可少的要素,也是作为一个绅士所必须的品质。而这四种品质的培养,洛克认为应主要从体育、智育和德育三方面来进行。洛克的这一思想对英国教育影响深远,时至今日,在英国教育中占有重要地位的公学,迄今仍以洛克的绅士教育思想为指导,在日常教育教学中注重运用体育、智育、德育培养学生的德行、智慧、礼仪和学问,这也成为英国绅士文化教育的主要内容。

---

① 顾明远:《世界教育大系——英国教育》,吉林教育出版社2000年版,第118页。
② 单中惠、勾月:《近代欧洲绅士教育简论》,《合肥师范学院学报》2011年第1期。
③ 吴式颖主编:《外国教育史教程》,人民教育出版社2015年版,第166页。
④ 易红郡:《从埃利奥特到洛克:英国绅士教育思想体系的形成》,《贵州大学学报》(社会科学版)2016年第3期。
⑤ [英]约翰·洛克:《教育漫话》,杨汉麟译,人民教育出版社2006年版,第128页。

(一) 推崇"忍耐劳苦"的体育训练培育学生强健的体魄

在洛克看来，强健的体魄是绅士首要必备的素质，因为"健康的精神寓于健康的身体。凡是二者都具备之人就不必再有其他的奢望了；然而一个人的身体与精神若有一方面存在缺陷，即使功成名就，也绝无幸福可言"[1]。为了培养儿童强健的体魄，洛克主张要避免娇生惯养，注意脚的锻炼与冷水浴，培养游泳技能和户外运动能力，注重衣着舒适，饮食清淡、简约，反对舒适的睡眠条件，强调养成早睡早起的睡眠习惯，同时要适度用药等。如此细致的要求无不深刻体现着忍耐劳苦、反对奢靡享受的思想，这是绅士教育的重要内涵。时至今日，洛克的这一思想仍旧为英国教育界所广泛接受，并深刻体现在英国公学教育中。以伊顿公学、哈罗公学、温切斯特公学等为代表的英国公学，无不实行严格的封闭式管理，强调严酷的精英式教育。学生必须寄宿学校生活，遵守严格的作息制度，必须在规定时间内用餐、洗冷水澡、排队领钱、就寝等[2]，同时必须经历强制性的体育项目、严酷的军事训练。当前不少公学仍然保持每周一次的清晨祷告，每天坚持冷水浴等[3]。重视体育训练依然是英国公学的普遍做法，每天下午体育运动成为"没有列入课表的必修课"，学生联合军训更成为训练学生吃苦耐劳品质的重要手段。

(二) 倡导"高贵美善"的道德教育涵育学生的德行教养

德育作为英国绅士文化教育的核心内容，实属重中之重。在洛克看来，在儿童获得强健的身体后，接下来重要的是"如何使精神保持正常，使之在一切场所的一切行为举止得当，呵护一个理性动物高贵美善的身份"[4]，能够克服自身的欲望而合乎理性。洛克主要从理性教育、礼仪教育、交友教育等方面论述作为绅士教育内容核心的德育部分。

---

[1] [英] 约翰·洛克：《教育漫话》，杨汉麟译，人民教育出版社2006年版，第7页。
[2] C. Shrosbree, *Public Schools and Private Education*, Manchester: Manchester University Press, 1962, pp. 135 – 165.
[3] 原青林：《英国公学英才教育的主要特点探析》，《外国中小学教育》2006年第12期。
[4] [英] 约翰·洛克：《教育漫话》，杨汉麟译，人民教育出版社2006年版，第29页。

1. 理性教育

"对我来说有一件清楚明白的事情是：一切德行（virtue）与美善（excellence）的原则在于，当欲望得不到理性认同时，我们需要具有克制自身欲望得到满足的能力。这种能力的获得及改进依靠习惯，而使之轻松、熟练地发挥则靠早期实践。"① 洛克有关对绅士的理性教育与卢梭所强调的灵魂说不谋而合。卢梭认为，人有三种灵魂，分别是植物的灵魂、动物的灵魂以及人的灵魂，这三种灵魂分别对应的是欲望、激情和理性。人之所以为人就是因为人能够用理性战胜激情和欲望，用理性控制欲望与激情，这才是为人的最基本原则。因此，理性教育对于绅士教育来说是必不可少的内容。洛克提出应该在孩子童年时期让其养成遵守纪律的习惯，服从理智的命令。如果一味溺爱放纵孩子的非理性要求，会促使他们养成任性、傲慢的不良品行。因此洛克主张及早管教儿童，并形成幼年严厉、成年随和的亲子关系。为此，洛克提出"儿童的年龄越小越要多用（严格的管理），一旦运用恰当，获得效果之后，便应放松，改为采用比较温和的管教方式"②，但洛克并非一味强调肉体的惩罚，"我们若想使儿童变成明智、贤良、机灵的人，将鞭挞及其他奴隶性的、肉体的惩罚运用于他们的教育中，不是合适的方法；只有在万不得已的场合与极端的情形之下，才能偶尔使用"。③

2. 礼仪教育

礼仪是绅士必备的品行，这一方面源于骑士教育的传统，另一方面也与英国宫廷教育的影响密切相关。洛克高度重视礼仪的训练，为了能够有效提升德育成效，养成学生高贵美善的品德，洛克强调"不良教养在行为举止上有两种表现……要避免这两种情况就须恪守一条规则，即：不可轻视自己，也不要藐视他人"④。为了能够具备最受欢迎与最令人愉快的性情，必须在容貌、声音、言语、动作、姿势以及整个外在的举止

---

① ［英］约翰·洛克：《教育漫话》，杨汉麟译，人民教育出版社2006年版，第34页。
② ［英］约翰·洛克：《教育漫话》，杨汉麟译，人民教育出版社2006年版，第38页。
③ ［英］约翰·洛克：《教育漫话》，杨汉麟译，人民教育出版社2006年版，第41页。
④ ［英］约翰·洛克：《教育漫话》，杨汉麟译，人民教育出版社2006年版，第132页。

都庄重优雅,"应主要通过观察、向那些教养得体的人们的举止学习"①,除此之外,洛克主张通过舞蹈培养儿童的自信心和举止行为。

3. 交友教育

人的社会性必然使得人作为一个合群动物而存在,绅士风度的培养也应该要在社交场合来开展与体现。因此,通过对儿童进行良好的交友教育,是培养其绅士风度的重要途径之一。但需要明确的一点是,洛克在对儿童进行交友教育方面的理论是存在一定缺陷的。在洛克看来,真正的朋友是帮助儿童树立优雅榜样的朋友,而仆人是不能提供这种优雅榜样的,他们往往迎合儿童,"以至削弱了父母斥责儿童的力量,从而对父母的威信造成损害"②。洛克主张不与地位低下的仆人交友,不与社会底层儿童交友,家庭德育优于学校,这些思想是需要批判的,也被当下的公学抛弃。目前英国公学普遍采用寄宿制管理的方式,强调集体生活,重视高年级同学的榜样引导作用,引导学生通过社团、俱乐部活动相互结交朋友,扩大学生的社交场域。

(三)倡议"慧识兼备"的智育培育学生的智慧学问

强调培育兼备智慧与学问的学生是绅士文化教育一个必不可少的侧面。埃利奥特曾为贵族子弟设计了一套完整的教学体系。7—14岁主要学习古典语言,如拉丁语、希腊语;14—17岁修习实用知识,诸如辩证法、雄辩术、历史学、地理学等;17—21岁主要研修哲学,尤其是道德哲学,以养成雄厚的智慧,便于治理国家。③ 对于智育的教育内容,洛克根据当时的教育发展现状,提出了较为详尽的教育计划。通过智育主要培养绅士具备"聪颖的智慧与丰富的学问",这是作为绅士所必不可少的两个品质。洛克认为,智育的目的在于传授实用知识,培养学生具备处理实际问题的智慧。他强调智育不是要造就满腹经纶但却无实际才能与本领的学术人才,而是要培养具备实际才能的实用人才,智育的目的不能简单

---

① [英]约翰·洛克:《教育漫话》,杨汉麟译,人民教育出版社2006年版,第133页。
② [英]约翰·洛克:《教育漫话》,杨汉麟译,人民教育出版社2006年版,第55页。
③ 易红郡:《从埃利奥特到洛克:英国绅士教育思想体系的形成》,《贵州大学学报》(社会科学版)2016年第3期。

停留在对学生知识的传授方面，而是应注重对其智力的培养，洛克有关智育的这一论述仍有参考价值。

二 进入方式

在了解绅士文化教育进入英国中小学课堂的方法之前，我们可以先了解一下英国传统文化的承载形式，主要是通过电影、文学作品、体育运动、歌曲、历史建筑及宗教信仰等多样形式传承传统文化。众多学者通过研究英国历史上著名的电影作品、文学作品、歌曲以及历史建筑、宗教信仰等来达到对人们的警示作用。以电影为例，20世纪80年代以来，英国兴起了以历史题材与古装电影为主要特色的"遗产电影"，诸如《烈火战车》《霍华德庄园》《理智与情感》等[1]，将错综复杂的英国传统文化与电影艺术完美交织，阐释出诸多的传统文化教育内涵，如怀旧情感与展现昔日英国的矛盾心态，英国文化传统中的保守倾向与英国的电影文化、遗产电影对英国电影的健康发展所造成的严重损害等。了解上述提到的英国传统文化的主要承载形式，有利于我们更好地理解以绅士文化为代表的英国传统文化进入中小学课堂的方式，从而对我国优秀传统文化进入中小学课堂带来一定的启示作用。

绅士文化教育借助于上述提到的承载形式，如电影、文学作品、体育运动及歌曲等，从而进入英国中小学的课堂，在国家政策的支持与保障下，通过课程的设置以及具体的教学、学校环境的安排与布置等方式对绅士文化进行传播。以绅士文化为主要代表的英国传统文化，广泛存在于学校的教育教学，除此之外，英国社会利用传统文化资源，结合学生的特点开展丰富多彩的传统文化教育，提升青少年的传统文化素养。总体而言，绅士文化教育主要通过以下几个方面进入中小学课堂。

（一）通过国家课程设置确保绅士文化课程的地位

英国国家课程设置充分考虑绅士文化的传承与发展，自1988年开始实施国家课程以来，始终坚持尊重儿童的兴趣，同时重点考虑形成学生

---

[1] 石同云、纵向东：《遗产电影与英国文化传统》，《北京电影学院学报》2001年第4期。

的国家认同，并始终秉持人文主义的自由教育观，通过宣传英国绅士文化，不断提升学生对国家、民族、历史的认知、认同与传承。2014 年颁布的《英格兰国家课程框架》提出，每个国家资助的学校都必须提供平衡且基础广泛的课程，该课程应促进学校和社会学生的精神、道德、文化、心理和身体发展，并使学校学生为以后的机会、责任和经历做好准备，要求向学生介绍已经被认为和说过的最好的东西；有助于激发学生对人类创造力和成就的欣赏。这一课程框架深刻体现了新保守主义的主张，在新保守主义者看来，必须向学生提供广泛而深刻的课程内容，不断增进学生的国家意识，保卫国家文化遗产，捍卫传统的价值观念，最终实现文化的重建。

（二）通过主要课程实现绅士文化的传承

新保守主义的传承传统的主张在英语、艺术、公民、历史等科目中体现得淋漓尽致[1]。

1. 英语

英语作为英国的国语，在传承英国绅士文化方面起到主导地位。高质量的英语教育将教会学生流利地说和写，与他人交流想法和情感，并通过阅读和听力，实现与他人的深度沟通。英语在国家课程中的首要目标是通过让学生掌握口语和书面语来提高语言和文化水平，并通过广泛阅读来培养他们对文学的热爱，进而欣赏丰富多样的文学遗产[2]，实现对国家传统文化的认知、体悟、欣赏与践行。

2. 艺术和设计

艺术和设计作为影响学生创造力的关键学科，始终是英国国家课程的核心组成部分，自 1988 年以来普遍开设。在艺术和设计的课程目标中，提出建设高质量的艺术和设计教育，以吸引、激励和挑战学生，使他们具备实验、发明和创造自己的艺术、工艺和设计作品的知识和技能。

---

[1] 王璐、尤铮：《英国传统文化教育研究》，《比较教育研究》2014 年第 6 期。

[2] Department for Education, "The National Curriculum in England: Framework Document", July 2014, https://dera.ioe.ac.uk/20514/4/National_ Curriculum_ Framework_ Doc_ 14_ May_ inc_ KS4_ EM. pdf.

引导学生知晓艺术和设计如何反映和塑造英国的历史，包括从古代到今天的时期、风格和主要运动，为国家的文化、创造力和财富做出贡献①。

3. 公民

在公民课程中，提出学生应对联合王国的治理方式、政治制度以及公民如何积极参与政府的民主制度获得正确的知识和理解，对法律和司法系统在社会中的作用以及法律是如何形成和实施的形成正确的知识和理解。教育学生掌握如下内容：英国民主政府政治体系的发展，包括公民、议会和君主的作用；议会的运作，包括投票和选举；政党的作用；英国公民享有的宝贵自由；规则和法律的性质以及司法系统②。

4. 历史

在历史科目中，要求学生了解并理解英国岛屿的历史，将其作为一个连贯的、按时间顺序排列的故事，分析人们的生活如何塑造了英国，英国如何影响了更广泛的世界，并被更广泛的世界影响。通过这种古今对比、域外对比，引导学生更加正确认知英国的发展历程以及在世界中的地位③，激发学生的民族自信心、自豪感，加速学生对国家、文化、历史的认同与传承。

（三）开设古典及宗教课程使绅士文化教育进一步融入课堂

通过古典课程及宗教课程的设置，以此来培养学生良好的礼仪素养与德行，是英国公学普遍的做法④。古典课程及宗教课程一直作为英国公

---

① Department for Education, "The National Curriculum in England: Framework Document", July 2014, https://dera.ioe.ac.uk/20514/4/National_Curriculum_Framework_Doc_14_May_inc_KS4_EM.pdf.

② Department for Education, "The National Curriculum in England: Framework Document", July 2014, https://dera.ioe.ac.uk/20514/4/National_Curriculum_Framework_Doc_14_May_inc_KS4_EM.pdf.

③ Department for Education, "The National Curriculum in England: Framework Document", July 2014, https://dera.ioe.ac.uk/20514/4/National_Curriculum_Framework_Doc_14_May_inc_KS4_EM.pdf.

④ 吴明海：《试释英国公学的课程设置》，《高等师范教育研究》1999年第4期。

学的主要课程而存在,即使随着社会环境的变化与发展,这两种课程在整个英国公学的课程体系中的比例虽有变化,但其作为传播绅士文化教育的重要地位始终没有改变。英国公学迄今仍开设古典课程①,学生入学后的第一年学习的古典课程包括拉丁语和古典教育;第三年可以选修拉丁语、古典教育、希腊语等科目②。进入高年级后,学生自由选择的机会增多,古典课程的内容仍占据较大比例,以哈罗公学为例,高年级学生可以选修意大利语、拉丁语、希腊语、古典教育等科目。

宗教教育是英国国家课程中不可或缺的重要内容。1944年英国颁布《1944年教育法》,法案规定所有公办、民办以及领取公费津贴的学校开展统一的宗教教育,设立宗教训导,开展每日集体礼拜③,这为宗教教育进入学校提供了法律基础。进入21世纪以来,《宗教教育非法定指导》的颁布,进一步规范了宗教教育内容。目前英国中小学宗教教育涉及六方面,包括与自我的关系、与亲人的关系、与社会的关系、与人类的关系、与非人类的关系、与上帝的关系等。2004年英国进一步推出了宗教教育法定大纲,进一步推动宗教教育在中小学的普及。

(四)通过社团活动及文化人士进校园等途径保障绅士文化的课堂教学效果

作为课堂教学的补充,公学还设置相应的配套活动,开展丰富多样的社团活动、俱乐部活动,诸如舞蹈协会、戏剧协会、古典研究会、雄辩术协会。学生可自由结社,可以根据自己的兴趣与实际情况,有自己的选择权力。

除此之外,英国中小学还通过邀请社会文化人士走进校园,配合教师共同完成传统文化教育,这些校外人士包括艺术家、历史学家、诗人、舞蹈家等社会知名人士,学校通过这种方式向学生分享传递英国传统的文化,引导学生体悟传统文化的底蕴、精神面貌,进而在不知不觉

---

① 祝怀新:《英国基础教育》,广东教育出版社2003年版,第140页。
② 原青林:《英国公学的课程特色:全面设置与重点开发》,《外国中小学教育》2006年第6期。
③ 张嵘:《英国宗教教育的历史与现状》,《世界宗教文化》2016年第5期。

间,实现对传统文化的理解与认同。同时学校还利用各种推广活动,带领学生进入文化组织场域,走进博物馆、美术馆、文化遗产现场,帮助学生近距离接触传统文化实物,为学生学习提供丰富鲜活的文化场景[1],利用具体体验的方式增强学生的感性认识,丰富学生的具体感知。

(五)通过聘请毕业于公学的学生当教师保障绅士文化教育有效实施

聘请优秀的公学毕业生任职公学教师成为保障绅士文化教育的一大特色。公学优秀毕业生一般进入牛津大学、剑桥大学深造,毕业后通常会回到当初读书的公学任教,这一举措从源头上保障了英国公学中教授绅士文化的师资队伍的优越性,这与伯恩斯坦的编码理论有异曲同工之处。在伯恩斯坦看来,如果编码以强的分类方式组织,就会形成集合编码,即同质者更加集中,形成集合;如果编码以弱的形式组织,则这种集合就不会出现。对于公学而言,进入公学的生源往往经过系统完整的绅士教育训练,更加熟悉认同绅士教育内容和具体实施,也更加认同这一文化样态,其毕业后进入公学,会天然地按照强分类的方式实现对绅士文化的认同,不会试图改变原学校的绅士教育模式,进而强化公学的绅士教育传统。英国公学的师资聘请措施再一次验证了伯恩斯坦的这一理论,从公学接受绅士文化教育的学生毕业之后带着根深蒂固的绅士文化教育理念进入公学,教育着另一批学生,周而复始,从而使绅士文化理念得以传承发展。

(六)实行寄宿制以塑造学生进入课堂所应具备的绅士品质

英国公学通过寄宿制锻造绅士的完满人格。他们认为,寄宿制保障了学生的学习和生活时间,为学生提供了广阔的活动时空,使得学校的教育观念更容易影响学生,更易于塑造未来的绅士。英国知名的公学,如伊顿公学、哈罗公学等均采用严格的寄宿制,实行严格的管理,制定严格的校规、舍规使得学生能够严格遵守,培养学生遵纪守法的良好习惯。寄宿制的设置与洛克绅士教育中的德育思想中的交友思想不谋而合。

---

[1] 王璐、尤铮:《英国传统文化教育研究》,《比较教育研究》2014年第6期。

寄宿制作为英国公学的一大传统对英国学生绅士风度的培养起了至关重要的作用。

三 启示

（一）注重将中华优秀传统文化有机融入课程及各个学科之中

一是从意识层面重视传统文化教育的开展。英国重视从意识形态的高度对待绅士文化教育，重视运用艺术、电影等作为传统文化的传承载体。参考这一做法，建议从意识层面高度重视传统文化的传播，将传统文化融入国家课程标准的制定过程中，从而在制定课程时也能够充分重视传统文化。我国高度重视将优秀传统文化有机融入国家课程中，并取得了一定成效。未来在扩大优秀传统文化内容融入国家课程方面还有进一步思考的空间，同时在扩大艺术、电影等承载优秀传统文化，使之更加切合国家课程实施，仍值得深入探索。

二是将中华优秀传统文化有机融入各个学科的教学内容之中。探索各门学科进行传统文化教育的最佳方式，如语文文本内容的选取、历史及地理对我国大好河山及风俗地貌、历史古迹、名人事迹的介绍都可以渗透我国优秀的传统文化，还可以从教科书的编制以及教学内容的制定等方面开展传统文化教育。可喜的是，2021年教育部印发的《中华优秀传统文化进中小学课程教材指南》，已经就学科融合下的传统文化教学内容开发提出了指导意见，提供了教学方法参考，未来还需要在实践中加以有效实施。

（二）注重课程内容传统性的创造转化，以提升传统文化传承效率

一是注重将传统文化创造性转化，融入课程内容中。课程内容是符合课程目标要求的一系列比较规范的由间接经验和直接经验组成的用以构成学校课程的文化知识体系，是课程的主体部分[1]。课程内容既有传统性的一面，又兼备时代性的特征，进入课程内容的传统文化内容既要守住传统的"根"，又要与时代相契合，在新的时代背景下实现创造性的转

---

[1] 靳玉乐：《课程论》，人民教育出版社2015年版，第219页。

化,以增强传统文化的传承效率。换言之,课程内容选择不仅要考虑传播传统文化,更应该赋予传统文化以新的时代内涵,用当代学生喜闻乐见的形式实现传统文化的再创造、再转化,这样更有利于被学生接受。在传承与创新之间把握好分寸,既不歪曲传统文化所蕴含的深刻意义,又要与当今时代所弘扬的内容相接轨。

二是创新课程内容的承载转化形式。对传统文化的内容传授不应局限于教科书以及教师的教学之中,更需要广泛运用多样化的形式实现传统文化的创新性发展。如注重运用非正式学习的形式促进传统文化的转化。非正式学习是指包括信息和内容在内的一切事物,非正式的环境设置、人与人的交流等都是其表现形式,这些非正式的活动往往在潜移默化中起到暗示强化的作用。非正式学习对传统文化的传播作用十分巨大,学生通过非正式学习途径学习到的传统文化,如在地铁站看到的广告牌上标明的"敬——老吾老以及人之老,幼吾幼以及人之幼",可以更好地理解"尊老爱幼"的真正内涵。

(三)注重提升教师的传统文化素养,增强传统文化传承的成效

一是强化准教师培养阶段的传统文化熏陶。教师是课堂教学的主导者,是传统文化在课堂传播的主力军。教师的传统文化素养高低直接影响着传统文化教育的成效,因此对于"准教师"的师范生要加大传统文化教育力度,以师范专业认证为契机,适当增加传统文化内容比例,引导师范院校以及综合院校中的师范类专业加大传统文化内容渗透力度,涵育"准教师"的传统文化素养,提升和加大他们对传统文化的热爱与践行力度。

二是提升职后教育阶段传统文化教育培训。职后培训是有效提升教师专业素养的途径之一,利用教师继续教育和深造的契机,在培训课程中增加传统文化内容的比例,借助体验式的传统文化培训,通过体验、分享、交流、整合、应用等具体培训环节,强化在职教师的传统文化认知,激发他们对传统文化的热爱情感,促进他们将培训所学所得融入日常教学,在潜移默化中实现对学生的引导,最终提高学生的传统文化素养。

（四）注重融通课堂教学与课外活动，保障学生深入体认传统文化

一是充分发挥课堂课外双渠道的育人成效。课堂教学是传统文化教育的主渠道，对传统文化的传承与创新起到了至关重要的作用。但课外活动对于传统文化的传播价值同样值得珍视。英国公学普遍运用多样化的社团组织，如舞蹈协会、美术协会等，开展丰富多彩的社团活动，对于传承绅士文化起到了不容忽视的作用。因此，在充分发挥课堂传播主渠道的同时，利用组建蕴含传统文化的学生社团、俱乐部，定期开展传统文化社团活动，对于广大的中小学生而言，既增长了传统文化知识，又愉悦了身心，起到事半功倍的成效。这方面我国不少学校已经做出了不少尝试，也取得了不错的成果，例如天津西青实验小学组建年画社，广泛开展杨柳青年画课外活动，定期展示学生作品，在当地学生心中深植下喜爱传统年画的种子。

二是有效搭建校内校外协同育人的桥梁。采用走进来的方式，邀请社会各界文化人士进入学校，协同开展传统文化教育，实现优势互补的同时，更容易激发学生对传统文化的探索热情；采用"走出去"的方式，为学生提供走进校外传统文化基地的机会，通过他们亲身的视听感受，在设身处地的具体体验中，更容易激活蕴藏在学生内心的探索之情、热爱之心，更有益于实现润物无声的育人效果。

任何民族都具备其独特的传统文化，传承本民族优秀传统文化，这既是民族存续发展的根基，也是世界丰富多彩的基石。绅士文化作为英国的传统文化，对于形塑英国国民绅士文化素质重要性不言而喻。而对于我国而言，传承创新发展中华优秀传统文化同样意义非凡，中华优秀传统文化对于塑造新时代中国国民、提升国民整体素养、增强文化自信具有无可替代的价值，让我们更加深入地研究中华优秀传统文化，更加自觉地将优秀传统文化融入课堂教学中，更加自信地展现古老东方的独特魅力。

第二节　因纽特文化（加拿大）

加拿大是一个由 100 多个民族组成的多元文化的国家。因纽特人

(旧称爱斯基摩人）是创造加拿大文化源头的民族之一。因纽特人以其独特的生活方式和文化传统吸引着世界的目光。通过研究因纽特文化进入加拿大中小学课堂的情况，可为我国优秀传统文化融入中小学课堂提供启示和思考，以更好地引导学生感悟具有深厚文化底蕴的中国历史传统，增强我国学生强烈的文化自信心和文化自豪感。

一 文化内容

因纽特民族文化属于加拿大的本土文化。他们有自己民族的语言、价值观念和文化传统，并蕴含着丰富的文化内容。

（一）语言

因纽特民族语言是因纽特文化的重要组成部分。因纽特语是一种没有文字的语言，知识技能通常靠口头传授。外来传教士为因纽特人创设了文字语言。因纽特人除用口头语言表达之外，还使用肢体动作语言表达自己的情感和感受。早期的传教士对因纽特人的书面语言做出了巨大的贡献。"事实上传教士为因纽特民族创造了两种语言书写形式。第一种书写形式由莫拉维亚教派的牧师为拉布拉多因纽特人创立的。这种书写形式是以罗马字母为基础的。第二种书写形式由卫理公会的牧师为克里印第安人发明的，其中包括反映因纽特人语音的各种音节符号。"[1]

（二）歌舞

歌舞是因纽特人的传统文化之一。因纽特人经常在有手鼓的伴奏下演唱民族传统歌曲并伴之传统舞蹈。因纽特人的歌舞传递出民风淳厚、古朴的风俗。"在传统节日中，如海猎开始和返回陆地的日子，因纽特人都坚持唱古老的民歌。由于有一些是用现代鼓乐伴奏的，所以那种古老的气氛已经消失了，但由于是传统的节日，技艺高超的舞者往往能够献上快速轻松的表演，将观众带入古老的氛围之中。"[2]

（三）雕刻艺术

因纽特人的雕刻艺术是其传统文化的重要方面。一般来说，因纽特

---

[1] 吴金光：《加拿大的因纽特人（上）古代的因纽特人》，《民族译丛》1993年第2期。
[2] 安家瑗：《因纽特人的艺术品》，《文物世界》2006第2期。

人喜欢雕刻海豹、鲸鱼、北极熊等动物，因为这些动物与他们的生活密切相关；雕刻形式主要包括石雕、象牙雕和骨雕等，雕刻材料主要包括皂石、鲸鱼骨和象牙等。"据考古发现，因纽特人利用这些材料制作工具和雕刻品的历史可以追溯至公元前 3000 年左右。历史上，因纽特人的雕刻作品主要是宗教性的护身符、面具及人体雕塑、动物雕塑等。因纽特人的雕刻手法原始稚拙，高度简练，蕴含着因纽特人对生命、对自然的崇拜。目前加拿大博物馆、美术馆都有因纽特人艺术品陈列。在国际交往中加拿大政府也往往选择富有民族特色的因纽特人雕刻品作为馈赠礼物，以展示本国独特的民族文化。"[1]

二　具体途径

因纽特文化进入中小学课堂的具体途径主要包括政策资金保障、学校和社区长老支持、语言和技能课程开设、多样化教学方式以及教师培养五个层面。

（一）从国家政策与资金层面确保因纽特文化融入课程[2]

加拿大政府出台了一系列相关政策，以保障因纽特文化融入课程。如 20 世纪 40 年代中期，政府出台了语言教育政策，将因纽特文化和语言纳入学校课程内容中，以保持因纽特语言与传统文化的多样性与独立性，促使学校能够使用本族语言进行授课，同时以本族文化架构为基础设计开发课程。"2004 年，埃德蒙顿公立学校联合会发布《在阿尔伯塔核心课程中融入土著内容》的报告，重申在该省的中小学课程中融入因纽特文化的必要性和紧迫性。2005 年，阿尔伯塔基础教育委员会重新修订了课程的内容，目的在于把因纽特文化融合教育落到实处，并在该省推出系列教材，明确表示无论是土著或非土著学生必须学习因纽特民族的文化习俗、历史知识以及因纽特人对国家的贡献等内容。"[3] 2009 年，加拿大

---

[1] 隋立新：《加拿大因纽特人雕刻艺术》，《收藏家》2005 年第 5 期。
[2] 沈沫：《学校教育视域下的民族文化传承研究述评》，《民族教育研究》2018 年第 4 期。
[3] Petten, C., "Long Way to go to Meet Student Needs", *Wind Speaker*, December 12, 2004, p. D2.

的萨斯喀彻温省举办了"加强原住民文化"全国性对话教育峰会，明确文化内容、课程资源、教学方法等文化教育方法，并提出将因纽特文化与知识融入高中必修课程中。

除了政府出台相关政策，还设立专项资金用来鼓励因纽特文化进课堂。部分省份的教育局为当地学校和学区提供资金，鼓励支持学校结合自身的具体情况，进行文化融合教育的课程改革。如教育局给予开设土著融合课程的学校教育补贴。资金奖励不仅激发了学校和学区开设土著课程的参与性和积极性，而且也激励了土著学生学好传统文化的决心。另外，原住民文化教育中心每年举办各种活动项目来传承因纽特传统文化，其中极具代表性的项目包括因纽特文化教育中心资助项目和第一民族教育中心项目。

（二）学校与社区长老协作支持因纽特文化进入课堂[①]

因纽特文化教育顺利开展的重要保障就是学校与社区的参与和支持。学校发展需要与各地区教育局、教育工作者、家长和学生进行广泛协商，同时需要与因纽特长老、因纽特人组织和努纳武特政府部门合作，将因纽特人的价值观和信仰转化为学校的工作模式和目标。社区参与支持主要表现为社区与学校密切合作。"部落文化传承人或德高望重的长老被学校邀请，定期向学生讲授因纽特文化知识、礼仪和习俗等。"[②] 学生在长老的引导教育中增加了生活智慧和技能。学校还会定期举办"土著意识日"，该节日主要以传统服饰、传统食物和原住民工艺品的展示为特色，以此帮助学生了解文化。努纳武特教育部成立了因纽特文化课程研发小组。因纽特民族长老加入研发小组之中，参与课程设置、教学活动、日常管理等。通过学校与社区长老协作式课程研发，20世纪60年代，因纽特人的语言、文化、价值观等被纳入课程中，其地位与数学和科学等正

[①] 王红艳、姜雪梅：《土著文化融合教育的经验与借鉴——以加拿大四省为例》，《延边大学学报》（社会科学版）2014年第5期。

[②] Wotherspoon T., *The Legacy of School for Aborig-inal People: Education, Oppression and E-mancipation*, Don Mills: Oxford University, 2003, p.104.

式课程相同①。"20 世纪 70 年代，努纳维克地区开始开设以因纽特语为主要授课形式的传统文化、宗教和北极陆地远足课程。"②

（三）开设因纽特语言与技能课程，实现传统文化传承

1. 开设因纽特传统语言文化课程

努纳武特地区的个别学校设置了因纽特口述史课程、因纽特文学课程、因纽特人宇宙观课程、因纽特语言学课程、北极生态特征课程、因纽特服饰设计课程、因纽特艺术学课程以及传统小型工具制造课程等多项与北极传统语言文化相关的课程。其中，"与长老沟通、社区响应、团结合作、追求未来的四大主题思想贯穿于语言文化课程研发的整个历程。第一，与长老沟通。这一主题思想包括两种情形语义：获取力量和进行分享，在因纽特语言课程开发中起着重要作用。长老的建议对课程的开发、设置、理解乃至之后的实施均起到指导作用。尤其是在探寻教育方向、课程目标的第一年，课程研发小组成员通常最先向长老请教和咨询。第二，社区响应。社区响应这一主题思想包括工作人员对 1995 年秋季颁布《因纽卡地吉尼克草案》的反应与其他工作细节。该草案是努纳武特政府对西北地区和极地东部学校颁布试行，并成立了北部教育者区域委员会，负责课程体系的完善和建设工作。第三，团结合作。这一主题思想源自课程编写与制定人员的初衷，主要包括最初决策和行动的信息，以及形成决策和行动的想法和理念。同时，这一主题思想还与研究小组有关，在小组形成中如何寻找到因纽特语言与文化在过去的传播方式，以及如何有效回应政府官员对课程实施过程的监管。第四，追求未来。人们表现出对追求未来的主题的最强烈的共鸣，在教学计划发展、教师的微观实践与草案的宏观指导达到了融洽的契合。"③ 新课程成为传授因纽克提图特语的基础课程。课程尤为关注青年教育，坚持引导学生学习

---

① Duffy, R. Q, *The Road to Nunavut*, Kingston and Montreal, McGill: Queen's University Press, 1988, p. 67.

② 杨艳、肖云南：《北极原住民教育政策历史演变及启示——以加拿大因纽特语言教育为例》，《大学教育科学》2013 年第 2 期。

③ 魏莉：《加拿大努纳武特教育课程对因纽特语言与文化的保护》，《楚雄师范学院学报》2012 年第 5 期。

和谐、协作的理念。同时，课程教师肩负着传承传统文化、激发成员对传统文化的兴趣的使命。教师把课程视为一个起点，连通社会研究与长老建议，进而使学生认识到传统文化回归的深刻意义。

同时，在低年段学校开设了浸润式课程，以促进因纽特儿童学习因纽特语言。以因纽特语为母语的学校从低龄段开展语言浸润式课程，直至小学三年级。"在因纽特语较为缺乏的拉布拉多省、纽芬兰以及西北地区，对以英语或法语为母语的儿童开展因纽特语言早期浸润式课程，以提高其因纽特语的水平。"[1] 努纳维克地区的部分学校还提出了平衡双语的理念，认为学生只有在浸润式语言学习中打下坚实的基础后才能进行第二语言的学习，成为平衡双语者。

2. 开设用因纽特语讲授的生存技能课程

20世纪80年代，"加拿大西北地区戈登·罗伯逊中学最先开设以因纽特语为主要授课形式的传统文化和生存技能课程，如石雕、海洋和陆地狩猎、雪橇制作、北极冰屋、雪地摩托、徒步旅行、露营等课程"。[2]

同时，学校开设了因纽特民族手工艺课程。"努纳武特地区开设因纽特民族手工艺课程，旨在增强学生的环保意识，掌握生存技能，并在10~12年级增设了区域性传统职业课程，如雪地靴制作、因纽特式风雪大衣制作等市场价值高的手工艺课程以及猎海豹、猎狐等传统生活技能课程等。"[3]

3. 设置文化适切课程[4]

加拿大西北领地努纳武特地区教育机构，"根据努纳武特地区原住民历史文化传统、现实问题以及当地环境，开发出与之相适切的一系列文化课程。文化课程主要包括两种类型：一是，特定组合类课程，主要包

---

[1] 杨艳、肖云南：《北极原住民教育政策历史演变及启示——以加拿大因纽特语言教育为例》，《大学教育科学》2013年第2期。

[2] 杨艳、肖云南：《北极原住民教育政策历史演变及启示——以加拿大因纽特语言教育为例》，《大学教育科学》2013年第2期。

[3] 高霞：《加拿大非官方语言文化的保存及发展》，《上饶师范学院学报》2010年第2期。

[4] 王周娓：《试论加拿大原住民教育的实施策略及其主要特征》，硕士学位论文，东北师范大学，2015年。

括因纽特人历史、当代问题、土地权利、因纽特人与政府的关系；另一类是技能发展课程，如英语、因纽特语、因纽特人的音乐和计算机。其中，课程内容初步融入了因纽特人文化知识与技能"。[1] 学生要学习因纽特语和因纽特人传统音乐课程，并加强自身的文化表演技能，学习传统歌唱方式、嗓音吟唱、跳鼓舞等。文化表演技能主要由努纳武特地区的长老（教师）进行传授。长老帮助学生理解这一项特别文化，并进行再处理。音乐课程主要是为了通过音乐感染的方式增加学生的文化认同。"其中，多元化音乐教育和培养学生的综合音乐素质两大要素贯穿于整个音乐课堂教学之中。"[2] 教师可以利用故事法、图形节奏综合法、声势律动的方式，结合当时的教学情境，发掘学生发现美、鉴赏美的能力，帮助学生在音乐美中感悟因纽特民族文化。

4. 融入学科课程

因纽特文化融入多学科课程之中。学生在课程学习时能够在学习基本经验和知识的基础上，了解原住民的文化经验，而不失去自身的文化身份。[3] 例如学生可以通过数学课理解相关概念，"掌握数学教材中呈现的建筑，服装，绘画，计数单元，计时器，日历计算方法和宗教信仰等相关知识"[4]，同时，学生可以根据自己的兴趣，进行跨学科学习、合作学习等，以更深地理解学科文化。

因纽特文化融入七年级学生的科学课程。不列颠哥伦比亚省在其原住民的支持下，开发了七年级学生的科学课程。加拿大科学教育者最先采取、借鉴的美国版原住民相关材料，但是出现了"水土不服"的问题。为了解决该问题，教育者吸纳因纽特文化的特有资源，研发出萨斯喀彻

---

[1] 王周娓：《试论加拿大原住民教育的实施策略及其主要特征》，硕士学位论文，东北师范大学，2015年。

[2] 张亚丽：《加拿大多元文化音乐教育溯源及发展》，《教育史研究》2020年第2期。

[3] 王周娓：《试论加拿大原住民教育的实施策略及其主要特征》，硕士学位论文，东北师范大学，2015年。

[4] Ezeife and Anthony N., "Mathematics as a Cultural Role Player in School Development: Perspectives From the East and West", *Mathematics and Development*, Vol. 45, No. 1, May 2016, pp. 1 – 16.

温省的科学课程。该课程整合了原住民科学与西方科学的内容,并贯穿于每一个单元之中,为学生提供了详尽了解文化科学知识途径。每一个课程单元以不同的语言进行表达,"涉及因纽特民族社区的重要主题:《夜空》《幸存于土地上》《野生稻》《捕获》《雪地鞋》。同时,单元主题需要学生到原住民社区进行实践。例如学生们可以穿上雪地鞋,到田野里寻找本地作物,聆听长者的教诲。长老在课堂上帮助学生认知本地作物的生长特点、药用价值以及生态作用等,以培养学生对原住民知识的尊重与理解,传承原住民的智慧。通过学习,原住民学生与本地文化一脉相通"。[1] 在《雪地鞋》和《捕获》这两个单元里,"主要研究雪地鞋和捕获器的科学技术水平。教师在课堂上采取讲述科学故事的形式,传授关于力、压力、能量等科学知识,帮助学生掌握准确预测技术变化的技能、技巧"。[2]

(四)利用多样化教学方式提升因纽特文化的课堂教学效果

在教学过程中,注重有责任感的原住民教师与非原住民教师联合指导,采取多种教学方法,具体包括以下几个方面。

其一,学校支持和鼓励教师利用个别辅导、语言修习、心理咨询等形式进行教学,帮助他们提高民族身份认同感,培养他们的自信心和自豪感。

其二,语言是土著知识和文化生存的关键,因纽特课堂教学中采取的是双语教育。[3] "双语教育具体包括添加式、缩减式、保持式以及浸入式四大类型模式,其中主要采用保持式和浸入式模式。"[4]

其三,课堂中采取多样化的教学形式进行文化传授。第一,"说圈。

---

[1] Gloria J. Snively and Lorna B. Williams, "Coming To Know: Weaving Aboriginal and Western Science Knowledge, Language, and Literacy into the Science Classroom", *Educational Studies in Language and Literature*, Vol 12, No. 1, August 2008, pp. 112 – 129.

[2] 王周娓:《试论加拿大原住民教育的实施策略及其主要特征》,硕士学位论文,东北师范大学,2015年。

[3] Sarkadi L., "Nunavut: Carving Out a New Territory in the North", *Calgary Herald January*, November 5, 1995, p. 4.

[4] 原一川:《中国—加拿大民族与文化多元性比较》,上海交通大学出版社2012年版,第265页。

谈话或分享的圈子是一种传统的本土技术，用来让人们以一种安静、尊重的方式聚集在一起，以达到教学、倾听、学习和分享的目的"。① 参与者被鼓励不仅要从头脑中说话，还要从内心说出来，而且圆圈中的每个人都有机会发言。第二，视频演示。视频或电影的使用尤其有效，因为它可以让学生获得一种体验，并允许学生观察。为了提高学生观看的效果，教师会在观看视频之前、期间和之后使用多种方法。第三，从实践经验中学习。传统上土著儿童通过做事情来学习，学生有机会对他们正在学习的概念进行物理操作、观察或聆听。其中较好的方式是在自然环境中学习。当学生能够在自然环境中体验这些概念时，他们可能更容易将学习概念和自己的生活经历建立联系。第四，"合作学习。当教师使用合作学习的时候，土著儿童可能会更愿意表现出新的技能，但重点应放在可以作为联合项目执行的任务上，而当教师主要使用语言教学时，他们可能会脱离或避免竞争"。② 第五，支架式教学。脚手架是一个术语，由更有能力的人提供支持和指导。当学生掌握这项任务时，支持就会逐渐退出。第六，"写作方法训练"③。由于写作方法训练比语法技能开发更可取，"所以课程强调学生需受到语言的整体化写作方式训练"④。第七，"榜样示范学习。教师会指导学生阅读因纽特民族或梅蒂斯民族的榜样人物传记、传奇故事，帮助学生分析榜样在文化传承中的贡献，引导学生体悟文化传承可以超越年龄、性别或时代"⑤。如因纽特人的榜样苏珊·阿格露（著名歌手），她用自己的歌声积极地传承着因纽特人的传统文化。在榜样示范学习策略实施过程中，学生须在教师的引领下主动表达

---

① 樊智慧：《小学教师传统文化教学创新现状研究》，硕士学位论文，天津师范大学，2020年。

② 王周娓：《试论加拿大原住民教育的实施策略及其主要特征》，硕士学位论文，东北师范大学，2015年。

③ 樊智慧：《小学教师传统文化教学创新现状研究》，硕士学位论文，天津师范大学，2020年。

④ Ledoux and Jacqueline, "Integrating Aboriginal Perspectives into Curricula: Aliterature Review", *The Canadian Journal of Native Studies*, Vol. 26, No. 2, June2006, p.26.

⑤ 王周娓：《试论加拿大原住民教育的实施策略及其主要特征》，硕士学位论文，东北师范大学，2015年。

自己的真实想法。

（五）强化文化意识和加强教师培养提升因纽特文化教育的实效

"教师是优秀传统文化的传承者和践行者。"① "培养教师正确的优秀传统文化观至关重要。"② 不列颠哥伦比亚省制定的《土著教育促进协议》明文指出"教师是政策发展和执行之间的重要纽带；教师仅次于学生的家长，在学生形成态度和倾向方面扮演重要的角色"③。教师是学生和传统文化的直接媒介，教师应熟悉他们学生的文化，并理解他们的学生，由此须强化自身的文化意识。此外，"加拿大政府尤为重视双语教师队伍建设与人才储备，培养出一大批实力雄厚的优质师资和科研人员，例如像吉姆·卡明斯这样的领军人物，他们从事专业化的双语教学和科研工作，并取得了丰硕的科研成果，为因纽特文化进课堂做出了杰出贡献"④。

三 启示

（一）关注政策和经济两维度，确保和推动优秀传统文化进课堂

在国家政策制度中应将优秀传统文化纳入教育体系中，提高对其的认识和地位。我国是一个多民族国家，少数民族优秀传统文化亦是我国传统文化的有机组成部分。从政策层面保障优秀传统文化进课堂，文化教育内容要多元化设计，内容既要全面，又要高度浓缩，还要通俗易懂，具有趣味性和知识性⑤。此外，国家还需从经济维度入手，在经济上帮助学校开展传统文化教育。政府与相关教育部门在政策、制度上扶持学校文化传承活动开展，并出台少数民族校本课程开发的相关政策，鼓励学

---

① 王红艳、姜雪梅：《土著文化融合教育的经验与借鉴——以加拿大四省为例》，《延边大学学报》（社会科学版）2014 年第 5 期。

② 魏莉：《加拿大努纳武特教育课程对因纽特语言与文化的保护》，《楚雄师范学院学报》2012 年第 5 期。

③ Fife, S., "The Impact of Education on the Canadian Aboriginal Experience", *The CAP Journal*, Vol. 12. No. 2, June 2004, pp. 23 - 41.

④ 李强：《中加双语教育与民族文化传承比较》，《民族教育研究》2014 年第 1 期。

⑤ 陈兴贵：《多元文化教育与少数民族文化的传承》，《云南民族大学学报》（哲学社会科学版）2005 年第 5 期。

校加大对文化传承活动的经费投入力度。以上举措与加拿大部分省份推出的土著文化融合学校课程激励政策、补贴政策、奖项与荣誉政策等颇为相似。因此，可从政策制度和经济两个维度着手，促进优秀传统文化进课堂。

（二）学校与当地社区合作，保障传统文化的更好传承

"学校需与当地社区合作，以保障传统文化的更好传承。"① 其中较为有效的形式是邀请文化传承人结合当地优秀传统文化参与课程设计。文化传承人了解当地的仪式习俗、技能技艺、文化艺术、节庆活动等文化内容，可将其告知学校课程设计小组。课程设计小组根据传承人告知的情况，学生的年龄特点和心理特点等进行课程设计，提高课程设计的适切性。此外，学校可定期组织学生到文化社区参观，并由文化社区讲解人员为学生分析该社区的文化历史和文化价值，也可要求文化传承人亲自带领学生实践，以提高课程实施的实效。例如我国苗族古歌融入课程设计就可以借鉴加拿大学校与社区合作的方式。"苗族古歌是苗族文化和苗族精神的集中体现，但苗族没有自己的文字，靠古歌实现自身文化的口头相传。"② 这就需要苗族古歌传承人为课程设计人员讲述苗族古歌的历史积淀、古歌精神和古歌唱法等。课程设计人员从思想维度、教育维度和文化维度对其进行分析，融入课程设计。

（三）利用多样课程资源 保证学生接受传统文化教育

课程资源呈现出多种样态，从呈现形式上看，显性课程资源为学生传统文化教育提供了系统化的文化知识、引导学生养成文化自觉意识、重视显性课程资源的同时，充分利用隐形课程资源，在潜移默化的内在文化熏陶中，将文化教育融于学生的生活之中。加拿大的文化适切课程为我们提供了很好的借鉴。③ 社会文化氛围、理念、规则、人际关系等构

---

① 王红艳、姜雪梅：《土著文化融合教育的经验与借鉴——以加拿大四省为例》，《延边大学学报》（社会科学版）2014年第5期。

② 康晓丹、柯琳：《民族文化传承的隐性维度研究——以苗族古歌为例》，《贵州民族研究》2015年第3期。

③ 王周妮：《试论加拿大原住民教育的实施策略及其主要特征》，硕士学位论文，东北师范大学，2015年。

成的文化集合都是一种隐性课程资源。隐性课程相较于显性课程具有灵活性,能够更好地实现生生、师生间的文化互动。此外,多样化的课程资源利用,须充分发挥社会、学校、家庭三方的协力。在社会层面上,应充分保障课程资源的利用和支持力度;在学校层面上,须引导教师具备文化敏感性以及跨学科视野;在家庭层面上,家长应注重学生交往能力、文化自觉意识的培养与塑造。

(四)注重双语教师培养 强化教师文化教育观

语言蕴含着丰富的文化内容与经验,离开了语言很难有效感知文化的变化和流动。双语教育推动着少数民族文化的交流与传承,双语教育的关键是双语教师的培养。双语教师既发挥着通用语言普及引领的作用,又促进着少数民族优秀语言特质的传承。双语教师的培养过程不是一蹴而就的,加拿大双语教师培养项目为我们提供了借鉴:"不仅要注意双语教师的储备,还应在规划教师培训项目时重视与少数民族文化相关的知识与技能培训,帮助教师建立文化敏感性,更应加强非少数民族教师的文化教育培训,帮助他们理解所教授的文化背景,了解如何帮助学生建立民族自豪感与文化自觉意识。"[①] 此外,双语教师培训项目的内容设计还需关注学生的文化需求,强调学生主动参与而不是被动接受。学生诉求为学校的课程设计以及教师教学开展提供了参考。

(五)探索内生型路径 借助综合载体开展传统文化教育

借助综合载体,探索传统文化教育内生型路径是传统文化融入课堂的关键。首先,从文化维度认清文化教育发展内生型路径的基点,尊重不同优秀传统文化的差异性。各地区独特历史孕育了独特的传统文化,这是文化教育的内生力。其次,整合各个地区和省份间文化共生性资源。我国是一个统一的多民族国家,存在着多样态的民族文化,蕴含着丰富的文化教育资源,并呈现出相互融通、彼此影响的特征。有效整合利用这些资源,可使传统文化教育形式更加多元、丰富。如此,文化的交流与传承才会成为不同地区教育发展的内在驱动力。最后,需要借助综合

[①] 李强:《中加双语教育与民族文化传承比较》,《民族教育研究》2014 年第 1 期。

载体推进优秀传统文化教育融入课堂,充分发挥博物馆、美术馆、纪念馆、文化馆、图书馆、音乐厅、故居旧址、名胜古迹与文化遗产的育人作用。同时,家风的作用不容忽视,设置一些需要与家庭成员配合完成的活动,打破传统文化教育场所的局限,摆脱学习手段仅限于书本的问题,让家长陪同参与重要的传统节日活动,培育良好的家风以发挥文化育人的作用。

第三节 土著文化(澳大利亚)

作为澳大利亚国家人口的重要组成部分,澳大利亚原住民拥有着历史悠久的土著文化。澳大利亚土著语言和艺术等文化形式在当代社会发展中仍然具有重要的地位和价值。澳大利亚土著文化进入课堂是通过国家政策制定、学校社区联合、制定土著文化教材、加强师资队伍建设等方式进行的,具有一定借鉴性。

一 背景与内容

(一)形成背景

澳大利亚原居民,也称为澳大利亚土著居民。澳大利亚土著延续至今已有四万年的历史,是最早生活在澳洲大陆及其附近岛屿的民族。17世纪初,葡萄牙、荷兰殖民者先后抵达于此,18世纪70年代,该地沦为英国殖民地;随着亚洲等移民的逐渐到来,澳大利亚于20世纪初组成了澳大利亚联邦,并于20世纪30年代发展成为英联邦内的独立国家,可见澳大利亚是一个具有鲜明多元文化特色的国家。直至今日,土著居民仍然是澳大利亚人口的重要组成部分之一。作为澳洲土地上历史最为悠久的一族文化,澳大利亚土著文化仍充满活力,如澳大利亚土著语言及土著艺术在当代社会的发展中一直具有重要价值,因此作为重点论述的对象。

(二)内容

1. 土著语言

研究表明,在18世纪末欧洲移民迁徙至澳大利亚时,土著居民人口约为 30 万至 80 万，他们分散在 500 余个部落，使用着 200 多种不同的语言。① 然而，由于不断的社会同化与英语语言对国家资源的垄断，英语成为大部分土著居民使用的第一语言或第二语言。1987 年，为了延续土著语言所代表的传统文化流传和发展，澳大利亚政府颁布《国家语言政策》，强调了土著语言在澳大利亚社会中的重要意义和特殊地位，要求政府鼓励原住民提高对土著语言的认识，以保护并使用土著语言。② 随后，澳大利亚政府又于 1999 年发布《21 世纪澳大利亚学校教育的国家目标》，指出原住民学生应享有同等的受教育权，尤其是语言教育的权利。这一政策鼓励所有学生理解并认可土著语言和文化资源对澳大利亚社会的价值，掌握土著文化知识与技能，加深对土著文化的理解，从而为原住民族群和非原住民族群的重新融合做出贡献。③ 在政府的一系列政策推动和鼓励下，学校和社会开展的针对土著族群的语言教育项目得到广泛开展。

2. 土著艺术

传承并发扬民族传统艺术，使其发挥历久弥新的影响力，是促进优秀传统文化繁荣发展的重要力量。澳大利亚土著艺术的表现形式多种多样，至今仍存有一定数量的文化遗迹。

（1）美术与绘画。澳大利亚历史悠久的土著美术在西方美术创作媒材和美术评论的影响下，经过土著艺术家的探索创新，逐渐实现古老土著美术的当代化创新，并成为充满活力的澳大利亚当代美术生态的一个象征。五万年到六万年前，澳洲土著人登陆澳洲以来形成的美术传统，被认为是现存最为悠久的艺术传统之一。作为澳大利亚土著人生活世界的重要组成部分，美术涵括石刻、雕塑、彩绘地面画和树皮画等形式，将过去与现在、人与土地、自然与现实连接起来。④ 直到 20 世纪

---

① Columbia University Press, "Australian Aborigines", The Columbia Electronic Encyclopedia (6th ed., 2012), http://www.infoplease.com/encyclopedia/society/australian-aborigines.html.

② Joseph Lo Bianco, *National Policy on Languages*, Canberra: Australian Government Publishing Service, 1987, p. 20.

③ 陈立鹏、张靖慧：《澳大利亚土著民族双语教学政策：内容、特点及启示》，《民族教育研究》2015 年第 4 期。

④ 张学忠：《澳大利亚土著美术的当代创新》，《西北美术》2016 年第 4 期。

70年代，澳大利亚土著美术开始逐渐得到西方艺术领域的认可，沙漠地区和海峡地区的原住民艺术家们在原有的土地、树皮、木材等材料基础上，融入了西方绘画的油彩原料，同时还改变了绘画方法与观念，为美术创作融入了新的生机。现今的澳大利亚土著美术发展形式多样，政府依据土著美术形式的不同风格与所属区域，将其划分为多个土著艺术区。人民通过美术馆、图书馆等文化场所，或是表演、媒体采访等现代媒介，均可以便捷领略到土著美术作品，提升了土著社区的艺术发展潜力。

（2）土著音乐和舞蹈。澳大利亚土著音乐一般以歌唱为主，有人群齐唱和个人演唱等形式，每个歌系列都是由一个特定的土著氏族拥有，而领歌者一般是族内资深、有威望的领导者。[①] 土著歌曲多以歌咏者和伴奏者代代相传的方式流传下来，由领歌者带领旋律歌唱。在宗教仪式上，伴随着节奏强烈的打击乐器伴奏，原住民们围坐成一个圆圈，众人拍打着节奏一同歌唱。圆圈内有绘制了人体彩绘的舞蹈者随着音乐旋律起舞表演，表达对氏族图腾的崇拜或赞美之情。澳大利亚的土著音乐与舞蹈主题基本以神话传说为主，通过宗教庆典等集体活动表达个人情感。

二 进入路径

源于对土著文化的重点关注，澳大利亚政府在法律法规和国家政策层面、学校和社区层面、课程内容和教材层面、教学以及教师层面逐步渗透出对澳大利亚传统文化的关注和支持。

（一）制定法律政策，保障土著文化传承

随着澳大利亚多元文化社会的发展，土著文化面临濒危的窘境持续受到社会各界的关注。为了使土著文化更好地融入学校和社会，澳大利亚政府于1984年首次发布《国家土著语言计划》，建议在国家层面制定

[①] ［澳］斯蒂芬·怀尔德、喻辉：《歌系列：澳大利亚原住民对民族音乐学理论的贡献》，《星海音乐学院学报》2013年第1期。

和协调语言政策,为各州社区学校或非政府教育组织中的土著语言教育项目提供补充性资金。① 同时,国家学校委员会应制定具体的指导意见、评估标准和方法指标,以确保各类土著语言教育项目能够有效地实施和运作。1990 年,澳大利亚政府又颁布了《原住民和托雷斯海峡岛民国家教育政策——21 个国家目标》,指明对土著语言的保护与支持有助于引导原住民学生理解、欣赏、认同他们的历史文化和民族身份,使所有澳大利亚学生尊重并珍视土著传统文化与现有文化。因此,社区与学校有义务制定保护土著语言发展的相关政策,提供相关教育服务,使原住民掌握管理自身社区的技能,传承发展社区内的土著文化。

为体现社会公平原则,澳大利亚政府在 1999 年颁布的《21 世纪澳大利亚学校教育国家目标》中指出学校教育目标的设定应以"能力、课程、公平"为基本遵循,强调学校教育应避免受到诸如性别、语言、文化和种族、宗教或残疾等歧视形式带来的教育结果不公,② 也应规避学生社会经济地位和生源地理位置的不同而带来的消极影响。

2000 年,澳大利亚政府发布《国家土著民族英语识字和算术能力发展战略》,表明"在教育计划和教学过程中,要确保使用具有文化包容性(culturally inclusive)的方法",③ 制定了相应的课程目标及行动方案,为原住民学生教育指出明晰方向。该文件明确规定要"提高土著学生入学率至国家水平"且"教学一定要认同并包容学生的社区文化和语言"。基于此背景,教授学生土著语言,开发具有文化回应性与包容性的课程成为这一发展战略的实践途径,④ 为培养土著学生自我意识、身份认同以及民族传统文化的传承和发展等方面奠定重要基础。

---

① Joseph Lo Bianco, *National Policy on Languages*, Canberra: Australian Government Publishing Service, 1987, p. 20.

② 陈立鹏、张靖慧:《澳大利亚土著民族双语教学政策:内容、特点及启示》,《民族教育研究》2015 年第 4 期。

③ Australian Department of Employment, Education, Training and Youth Affairs, "National Indigenous English Literacy and Numeracy Strategy (2000)", http://eric.ed.gov/?id=ED449925, April 12, 2015.

④ 顾明远、马健生、田京:《世界主要国家民族教育政策的基本趋势》,《外国教育研究》2015 年第 8 期。

整体而言，在语言方面，澳大利亚政府一系列政策规定学校教育体现社会公平，提高土著学生入学率，增加土著语言学习的相关项目，提供土著居民社区教育等形式服务。在艺术方面，澳大利亚致力于土著文化发展的跨文化，专家们成立了国家录音项目，通过音乐、舞蹈和仪式表演来保护和维持澳大利亚高度濒危的土著文化遗产，组建能够创新性转化土著传统文化的跨学科联盟，并通过悉尼大学出版社出版土著音乐系列丛书和专辑。

（二）加强协同合作，支持土著文化发展

为了更好地保留和传承澳大利亚土著文化，澳大利亚政府设立了土著语言项目，强调以学校和社区二级联动的方式，成立专门的委员会提供土著双语咨询服务。此外，学校还致力于多途径地（如报纸、杂志、图书馆、因特网、书店等）构建"土著语—英语"双语环境，从而共同传承发展澳大利亚原住民文化。

澳大利亚政府自1839年开始关注土著语言教育项目的设立，致力于土著语言文化保护。1972年，澳大利亚推行了"土著居民教育的自我决定权"政策，规定原住民儿童有权利使用社区内的土著语言接受基础教育。随后，澳大利亚各地区学校逐步设立并实施双语教育项目，协助儿童的土著文化发展。"土著语—英语"双语教育项目不仅在学校范围内逐渐推广，在原住民社区也开始行动，社区内的双语教育体系日渐完善。在澳大利亚的学校与社区，"土著语—英语"教育项目可以分为三类[1]：（1）双语项目，学生已掌握良好传统土著语言，并能够以土著语言进行沟通，作为学习部分课程的媒介；（2）语言学习项目，学生只了解一部分或完全不了解本社区的传统土著语言，但是期望获得该种语言的交流能力；（3）语言意识项目，学生想要学习一种或多种传统土著语言，但是在交际中不期望实际运用这些语言。

为保障这些土著双语项目的实施，澳大利亚政府成立了语言政策顾问委员会，通过设立常务委员的方式为原住民教育提供咨询服务，同时

---

[1] 吕华：《澳大利亚双语教育研究》，硕士学位论文，南京师范大学，2006年。

为土著语言社区的发展提供相应支持。澳大利亚语言政策顾问委员会隶属于国家土著教育委员会，其成员主要为受过良好文化与语言教育的土著居民，以更具针对性地为学生谋求双语发展。因此，澳大利亚的多个社区都具备资源丰富的双语教育环境，从报纸杂志、电视节目到图书馆藏书，都拥有多种语言的信息材料可供选择，在市集、广场等公共场合中，土著语言更是得到了广泛的运用。

将土著文化融入澳大利亚中小学课堂的协同合作还体现在学校与博物馆等校外教育资源的相互配合上。尤其在土著艺术教育方面，学校采取与博物馆协作的方式对学生进行土著文化教育，推进土著艺术的发展和传承。博物馆陈列了众多有关土著艺术类的作品，是土著历史汇集的主要场地，因此通过让学生参观博物馆了解相关的土著艺术以增强学生对土著知识的理解。[①] 在博物馆中，各具特色的活动吸引着不同兴趣方向、不同年龄层次的观众，不仅让学生"各取所需"展开学习，还能帮助更多学生受益于此。

（三）丰富课程资源，纳入土著文化元素

1. 开发土著文化的课程资源

2010年3月，澳大利亚政府颁布了首部基础教育国家课程，公布了英语、数学、科学和历史4门学科自幼儿园到10年级的课程方案。在这一课程体系中，各个学科课程都加入了澳大利亚原住民的土著文化内容，并对课程中的双语学习提出明确规定。如幼儿园的儿童要在英语课上了解学习其他同学的第一语言，并进行简单交流，从而意识到不同语言背后的文化特点。在政府政策的支持下，澳大利亚各级政府组织编写了多种土著语言学习资料供学生学习。例如：西澳大利亚州协同学校和土著社区的教学力量，编写了带有多种语言的双语学习资料，还向原住民和非原住民学生开设了20余门土著语言课程。

在土著艺术方面，文化多样性和土著文化遗产是所有艺术形式不可分割的一部分。在国家艺术教育课程内容的结构与要求方面，澳大利亚

---

① 李蕴慧：《澳洲土著艺术进入博物馆》，硕士学位论文，中央美术学院，2012年。

课程、评估和报告管理局（Australia Curriculum, Assessment and Reporting Authority, ACARA）要求：澳大利亚各地在编排艺术教育课程时，要将原住民和托雷斯海峡岛民的历史文化和可持续发展内容加入国家艺术教育大纲之中，保证课程体系和课程内容当中包含土著艺术文化。现有的澳大利亚教科书中，土著艺术元素主要是按照门类和年代进行分类呈现的。如美术教科书中的"雕塑"部分介绍了雕塑艺术的发展概况和艺术特色，讲述了原始土著居民信奉的"图腾崇拜"与"祖先崇拜"，致使早期雕塑的表现主题基本为"神人合一"的图腾偶像。[1] 又如"树皮画"部分，多展现了澳大利亚的原始狩猎场景和"梦幻时代"的神话故事。不难看出，尽管政府在艺术类课程标准中要求相关课程渗透土著文化内容，但是对土著艺术的系统介绍仍然较为稀少，且并不是以土著艺术这一概念进行系统归纳的。相较于教科书而言，澳大利亚博物馆针对中小学生文化教育出版的一系列书籍内容更为丰富多样，设计更为精美全面，通过激发学生兴趣，鼓励学生积极探索土著社区的历史文化与当代问题。

2. 以合作项目指导课程活动

以团队协作的形式，澳大利亚土著语言项目（National Aboriginal Language Project）为土著教师与学生共同搭建了一个多途径、全方位的教育支持网络。[2] 该项目包含母语保持、第二语言学习、语言振兴和语言意识等子项目，提供集咨询、指导、评估、语言教学和语言研究于一体的综合服务。母语保持项目注重培养学生的语言技能，尤其是双语技能，以保证学生正常的学校生活和社区生活。第二语言学习项目主要面向非原住民开展，将土著语言作为一门课程来开设。语言振兴项目旨在恢复极少数群体使用或已无代际传递的土著语言。语言意识项目并非将语言作为学习重点，而是帮助学生通过学习社会与历史知识来了解原住民的语

---

[1] 陈蕊：《土著艺术在高中美术课中的教学模式初探》，硕士学位论文，首都师范大学，2013年。

[2] Nola Purdie, Tracey Frigo, Clare Ozolins, Geoff Noblett, Nick Thieberger and Janet Sharp, Indigenous Languages Programmes in Australian Schools: A Way Forward, 2008, Canberra: Australian Council for Educational Research, 2008, p. 11.

言和文化。土著语言项目多是由土著语言专家、土著文化专家和卓越教师共同形成教学团队，共同指导课程活动。如新南威尔士州土著教育顾问小组和土著社区成员合作，为学校土著语言教学提供支持。

（四）拓展教学资源，加强土著文化教育

澳大利亚土著文化的课堂教学实践，体现出形式多样、资源丰富的典型特点。全澳各地的中小学校与博物馆合作紧密，开展了一系列与学校课程相关的教学项目，有计划地组织学生进行参观学习，使学生加强对土著文化的认识，了解自己国家的历史由来。在教学项目中，学校课堂教学内容与博物馆教学资源彼此渗透、彼此融合、彼此补充，土著文化教育不再是知识的口头讲述与直接灌输，而是鼓励学生手脑并用，形成情感的认同。

与此同时，学校还设置了"模拟课堂"，通过课堂对话形式进行土著文化渗透。"模拟课堂"事实上是学生对国家政要或公众人物的论坛采访活动，为青年学生提供了参与公民对话的机会。论坛活动多在澳大利亚国家博物馆的摄影室内进行，百余名中学生组成课堂班级的形式对嘉宾进行采访，受访者包括总理、总督、政府部门领导、政治家、电视台主持人、土著社区服务人员等。随着关注度的升高，该项目还延伸到了国家历史文物保存和讲述等方面。更进一步，澳大利亚国家博物馆和澳大利亚电影公司合作建立了"对话课堂"网站，将学生在土著社区的调查研究过程完整记录下来，与论坛视频一同播出。通过"模拟课堂"这样一系列论坛活动，国家博物馆真正营造出了浸泡式学习模式，参与调研和采访的学生能够全身心地投入土著文化探索中，加深学生们对土著文化知识的认识与热情，更进一步提出推动土著文化传承发展的课题。

（五）关注教师培育，渗透土著文化精神

传统土著文化教育，还有赖于一支经过良好专业训练、热衷于弘扬优秀传统文化的教师队伍。针对教师资源紧缺的问题，澳大利亚政府在国家教育委员会成立了土著语言教学和语言研究中心。该中心不仅为偏远地区的土著教师提供专业培训，同时为各学校教师进行"土著语—英语"双语教学指导，满足了各个语言教育项目中所面临的双语教育需求。

在教师教育方面，多所学校采取教师团队协同教学的方式，由土著语言专家、土著文化专家和卓越教师共同完成项目内的教师教学工作，致力于土著文化教育发展。

三　启示

（一）促进融入优秀传统文化的课程开发与实施

澳大利亚对传统土著文化的渗透主要是通过将土著语言纳入课程研究的范围，以及制定不同的土著语言课程材料，并通过双语教育、文学创作等多方合作指导课程的形式以保证课程实施。深化我国优秀传统文化教育，有必要进一步促进融入优秀传统文化的课程开发与实施。有关教育部门在课程编排的过程中要对传统文化内容进行系统的分析和梳理，以确保传统文化内容在课程中的丰富性和多样性；通过国家课程标准的落实实施以及校本课程对传统文化元素的充分发掘，增强学生对中华优秀传统文化的文化认同。此外，在关切课程资源开发的同时，还应保证传统文化课程的课时数和课程量，做到课程课时的合理设置与安排。仅重视中华传统诗词在语文课程中的比例而忽视了其他传统文化元素在课程内容上的呈现也是不可取的，对此，学校可注重合理地分配不同性质传统文化的课时比例，保证均衡发展。在此基础上，还需关切中华优秀传统文化的地方性特色课程的开发。针对不同的地域还可以充分挖掘不同的地方特色进行课程开发，以加强学生对传统文化的情感认同。

（二）丰富传承优秀传统文化的教学资源与模式

澳大利亚对土著文化的发展与传承，还采用了多方合作的方式加以实施。尤其是在土著语言教学的过程中，澳大利亚学校采取与博物馆等现有资源相结合的方式来开展土著文化教育教学活动。可见，加强政府、社区与学校的协同合作可进一步丰富融入优秀传统文化的教学资源与模式，促进学生对优秀传统文化的认知与认同。首先，教育部门与当地社区要协同学校积极挖掘当地的传统文化教育资源，引导学生通过历史博物馆、图书馆等场所多方面的接触与传统文化相关的内容，扩充学生的知识面。其次，学校可以结合学生已有的传统文化知识组织各种不同类型的知识竞赛、演讲比赛等专题活动，使学生感受到中华传统文化的博大精深。同时，学校应积极地加强与学生家庭的沟通与合作，倡导通过家校合作的方式共同增强中小学生的传统文化知识水平。

（三）加强弘扬优秀传统文化的教师团队建设

澳大利亚土著文化在中小学课程与教学中的融入，为澳大利亚传统文化的延续和发展带来了生机和色彩，这在一定程度上还得益于弘扬土著文化的教师队伍建设。弘扬传统文化的教师队伍专业化既可以弥补师资短缺而造成的教学人员不足等问题，还能够保障融入传统文化的教学质量提升。以此作为借鉴，首先，相关教育部门可制定统一且多样化的教师培训标准，教学内容在传习传统的基础上要结合地方特色进行专门的开发，以使教师们充分地了解当地的传统文化教学资源，为课堂教学做充分的准备。在教学模式上，教师在教学过程中可以结合双教师的协同教学模式进行教授：一位教师主讲，一位辅导教师做专门课堂内部辅导，就学生提出的问题进行详细的解答。此外，加强对偏远地区传统文化教师的重视和培训，积极引导教师自学和部门培训相结合，促进偏远地区中小学课堂对中华优秀传统文化的渗透及传承。

第四节　毛利文化（新西兰）

毛利文化是新西兰文化的一个独特部分，传统毛利文化中的雕刻、歌舞、编织以及礼仪等多种传统艺术具有独特的文化魅力，是人类历史文化发展的瑰宝。关于毛利文化的传承和发展，新西兰政府从政策制定、教育体系建立、课程改革以及师资培养等多个方面进行了积极的行为实施，为毛利语和毛利文化的发展提供了良好的环境，也为我国优秀传统文化进入中小学课堂提供了经验借鉴。

一　背景及内容

（一）背景

新西兰是一个位于南太平洋、四面环海的岛国，因受温带海洋性气候影响形成了各类独具风貌的自然景观,是享负盛誉的旅游国家。新西兰的领土面积不大,人口较少,主要包括欧洲移民后裔和毛利人等。其中,新西兰的毛利人是13—14世纪从萨摩亚附近岛屿迁移至此的波利尼西亚人。① 他们在这里生活和发展,经过漫长的岁月沉淀形成了带有自身特点的毛利文化。

毛利文化是新西兰毛利人文化,是新西兰文化的一个独特部分。"毛利人"一词经常被用作毛利文化的近似同义词,毛利后缀" - tanga"大致相当于英语中的定性名词结尾" - ness"。从新西兰历史发展的角度分析,毛利文化的发展与欧洲移民有着重要的关联。首先,在与欧洲广泛接触之前,该时期毛利文化依旧是以自身传统文化为主,并未受到其他民族文化的影响。其次,18、19世纪欧洲人开始迁移至新西兰,欧洲人的到来给毛利人生活生产带来了一定的改变,使毛利文化发生了一定程度的变革。② 20世纪以来,随着城市化发展、毛利人与欧洲后裔新西兰人更密切的接触以及传统习俗的复兴等,毛利现代文化随之发展起来。

毛利人的文化遗产被认为是新西兰历史以及文化宝藏的一个核心部分,毛利文化与教育发展也密不可分。就新西兰毛利人教育发展历程分析,新西兰政府一直在不间断地关注和调整有关毛利人的教育教学问题。比如,新西兰政府规定毛利语与英语同为官方语言,并积极推动毛利语在学校教育中的推广和应用等。③ 在2010年新西兰开始实行的义务教育阶段课程纲要体系中,强调学校课程要体现多元文化的基本原则、毛利文化要进入课程内容、所有学生皆须获得学习毛利文化遗产的机会等。④ 这一举措对推动毛利文化的传承和发展有重要的意义。

(二) 内容

毛利文化是新西兰文化的重要组成部分。从本质上看,毛利文化包

---

① 赵友斌、林知:《太平洋上的璀璨明珠:新西兰》,四川大学出版社2000年版,第65页。
② 赵晓寰、乔雪瑛:《新西兰:历史、民族与文化》,复旦大学出版社2009年版,第225页。
③ 郝时远、赵锦元主编:《世界民族与文化》,中央民族大学出版社1995年版,第391页。
④ 王薇:《新西兰基础教育的制度、特色及启示》,《外国中小学教育》2013年第10期。

括外在表现形式和上层建筑等层次内容，有语言文学、歌谣舞蹈、雕刻艺术、习惯传统、程序仪式等。① 随着时代的发展，毛利文化也融合了当代艺术，如电影、电视、诗歌和戏剧等。毛利文化内容多样、绚丽缤纷，且经历过历史洗礼的文化内容具有较好的文化内涵和研究价值。如毛利人的雕刻独具内涵特点，大多数的雕刻品将多个领域的神话元素相融合构成一个完整的故事，赋予每一件雕刻品独有的价值意义。② 因此，历史悠久的毛利雕刻艺术品也因此具有了较高的历史研究价值。此外，毛利语是毛利文化传承的重要载体。新西兰政府对毛利语强有力的政策扶持以及实践行动的实施，极大地推动毛利语的发展，这对毛利文化的推广和传承具有重要的发展意义。

二 主要途径

（一）制定相关政策文件，为毛利文化进课堂提供客观政策条件

语言作为文化的重要载体，担负着文化传承的主要任务。毛利语的发展是毛利文化传承的关键媒介，也是毛利文化进入学校课堂的重要内容。从毛利语的发展历程分析，在毛利语低落发展阶段，出现了无论是居住在农村的毛利人还是生活在城市的毛利人对于毛利语的使用都在逐渐弱化的现象，到了20世纪80年代会说毛利语的儿童已经不足5%。③ 针对当时毛利语的发展危机，毛利人开始积极实施复兴毛利语的行为活动，为毛利语在新西兰的发展做多方面努力，如毛利人起草的《毛利语言宣言》等。在这一时期，Waitangi 法庭的法官在广泛咨询和讨论后，向全国建议，政府应研议规划相关的教育政策，以增进毛利族人学习毛利语的机会等多条建议。④ 上述法庭建议为毛利语在新西兰的权力和地位的争取打下了良好的基础。在1987年，新西兰国会通过了《毛利语言法

---

① 张静河：《毛利文化》，商务印书馆2019年版，导言第4页。

② 王素华编著：《新西兰社会与文化》，武汉大学出版社2007年版，第62页。

③ Armitage, A., *Comparing the Policy of Aboriginal Assimilation: Australia, Canada, and New Zealand*, Vancouver: University of British Columbia Press, 1995, p. 175.

④ 谭光鼎：《原住民语言文化复兴——毛利人幼儿养护所经验的探讨》，《内蒙古师范大学学报》（教育科学版）2004年第10期。

案》(The Maori Language Act),"该法案的主要内容有:(1)毛利语与英语同为官方语言;(2)任何人都有权在法律程序中使用毛利语;(3)设立毛利语言委员会,负责推广毛利语的使用,监督毛利语的推行"①。这就使毛利语的发展得到了法律的保护,在一定程度上推动了毛利语和毛利文化进课堂的进程。

新西兰政府在 1989 年和 1994 年分别颁布了《1989 年教育法》和《面向 21 世纪的教育》两个重要的教育文件,对毛利人的教育发展具有重要意义。文件强调新西兰的教育发展应该注重毛利人的教育体系建设,帮助他们能够完全走进社会、参与各种社会活动以及融入现代社会生活,使毛利人能够适应时代的发展和社会的变革。② 此外,从 1999 年到 2008 年,新西兰政府又陆续颁发了《政府优先发展毛利教育政策》《加大毛利教育执行力度政策》等相关教育政策,一再重申毛利人教育的重要性,承诺将提高毛利人教育的质量等,如提升毛利人学校办学质量、强化相关教师毛利语的培养等。这一系列法律文件的颁布为毛利人教育提供了重要的法律保障,为毛利文化在学校教育中传承发展提供了政策支持,为毛利文化在中小学以及大学等学校课堂中的进入发展提供了客观条件。

(二)营造沉浸式校园文化环境,为毛利文化进课堂提供校内环境保障

学校是文化得以弘扬与传播的主要场所,而校园文化环境又是文化传承必不可少的重要途径。在新西兰,具有鲜明毛利文化特色的学校一般是毛利学校,而营造沉浸式校园文化环境则是毛利学校的特色之一。为了实现毛利语和毛利文化的发展,新西兰政府支持毛利学校的建立。毛利学校的建立和沉浸式校园文化环境的营造是实现毛利文化传承和毛利语言学习的重要措施,典型代表有语言巢、幼儿养护所以及民族学校等。毛利人在 1982 年成立的语言巢,其典型特点是通过营造文化环境让

---

① 李晶:《新西兰土著毛利人的历史与现状》,《世界民族》2006 年第 5 期。
② 高燕:《新西兰毛利人教育政策的历史发展研究与启示》,硕士学位论文,西北师范大学,2010 年。

儿童在毛利文化浸润的环境中学习毛利语。① 此外，幼儿养护所建立的目的也是以毛利文化和毛利语言营造一种儿童沉浸式学习的校园文化氛围，从教学的多个方面来激发儿童对毛利文化的学习。幼儿养护所要遵循如下四个原则：说毛利语、强调传统习俗、大家庭、自我决策。② 这些原则使养护所成为利于儿童学习毛利语的场所，成为儿童学习毛利传统习俗的乐园，成为家长参与儿童教育的地方，也是家校互动和谐的优秀典范。语言巢和养护所的成功经验，为毛利民族学校的发展提供了经验借鉴。

毛利民族学校包括了小学和中学，学校主要由毛利人规定和管理教育系统，依托毛利文化设置了以毛利文化为主的校园文化环境。③ 这些毛利民族中小学，学校从课程内容到校园文化环境营造等，处处彰显了毛利人的文化色彩。学生可以在课堂中学习毛利语和英语以及其他教学内容，比如学习毛利文化并了解相关传统习俗，建构系统知识体系。在校园中，具有毛利文化特点的建筑设计、毛利礼仪的行为实施、毛利歌舞的活动组织以及师生之间毛利语的交流等，营造出了毛利文化沉浸式的校园文化环境，促进了中小学生在课堂中对毛利文化的学习。此外，教室文化环境也是沉浸式校园文化的一个重要组成部分，中小学教室文化的建构是营造优质课堂环境的重点。毛利文化丰富多样且内涵深远，可见的文化图标、雕刻品、编织品以及不可见的文化意义都可以通过课堂环境的设计形成特殊的教室文化。基于对毛利文化内容的充分利用，老师和学生可以一起营造具有毛利文化的可见或不可见的毛利文化环境。比如，教师可以邀请毛利家长进入课堂给孩子们提供丰富的毛利口语环境；学生日常生活中所展现的相关毛利文化的服饰、编织物、民族食品以及仪式习俗等，也是毛利文化的另一种传播和展示，给教师和其他学生进行了毛利文化近距离、直观的认识，促进师生、生生之间的交流理

---

① 郑璐：《新西兰的毛利人教育》，《中国民族教育》2012 年第 12 期。
② 谭光鼎：《原住民语言文化复兴——毛利人幼儿养护所经验的探讨》，《内蒙古师范大学学报》（教育科学版）2004 年第 10 期。
③ 范丽娟：《新西兰毛利语言教育新政策研究》，硕士学位论文，西北师范大学，2018 年，第 43、44 页。

解。这就构成了可见和不可见的毛利文化教学环境,也是特殊的教室文化环境。在沉浸式校园文化环境中,不仅能够促进学生对毛利文化和毛利语的学习,而且也能够激发师生之间新思维的产生,在不断的思想交流和文化认知的形成过程中不断取得成就。因此,构建沉浸式毛利文化校园环境可以促进毛利文化进入中小学的课堂。

(三)充分利用社会系统中多样化资源,为毛利文化进课堂提供校外资源支持

社会系统是一个复杂的系统,其内容十分广泛,凡是涉及人类和经济活动的系统都属于社会系统。[1] 社会系统涉及了多样化的资源,充分利用这些资源可以促进毛利文化进课堂。这里从家庭资源、社区资源以及网络资源进行介绍。具体而言,要充分利用家庭资源。毛利文化教育不仅仅是利用学校教育进行传承,学校与家庭合理合作也能够共同为毛利文化进课堂提供良好的社会环境。例如,阿罗哈内特殊学校在学校改革方面提供了良好的教学经验。阿罗哈内特殊学校位于西奥克兰,学校内有五分之一的学生是毛利学生,随着《毛利人教育战略规划》的发布,奥克兰大学的保罗·曼森与校领导制定了毛利学生成就计划,决定将在教学中更多地体现毛利文化,加强与毛利大家庭的合作,并通过开展毛利文化艺术课,邀请毛利家长参与部分教学,深受学生欢迎,加强了学校师生对毛利文化认识,强化了学校与毛利家庭、社区的联系。[2] 在上述案例中,阿罗哈内特殊学校教学改革中毛利文化成功进入课堂的成功关键在于以下几点。第一,学校与毛利大家庭建立了良好的关系。学校领导积极创造与毛利家长的接触机会,使双方有机会倾听各自的发展需求和自身合作可提供的资源、能力等现实条件。在双方互相的沟通了解中,促进学校对毛利大家庭以及毛利文化的深入认识,为学校的教学改革做铺垫。第二,学校提供了毛利家长进入课堂的机会。毛利人文化中的传统艺术具有独特文化魅力,这些毛利传统艺术在毛利大家庭的成员中擅

---

[1] 王福林主编:《农业系统工程》,中国农业出版社2006年版,第180页。

[2] 阿力木江·阿巴拜克力:《新西兰〈提升—为成功而努力:毛利人教育战略规划2008－2012〉研究》,硕士学位论文,西南大学,2014年。

长者多之。在学校提供了可供毛利家长展现、传授这些艺术和工艺机会的时候，毛利家长就可以进入课堂进行相关内容的教学，学生可以进行相关的文化艺术学习，实现了毛利文化进入课堂教学的目的。第三，学校—家庭—社会形成了良好的协同环境。家庭、学校以及社会是一个相互协同和统一的整体，在政府政策的支持下，学校能够积极做出改变、家庭能够给予相应的回应、社会能够包容接纳，三者相互努力、资源合理利用，共同营造了促进和支持毛利文化进课堂的和谐环境。

此外，要利用好社区资源和网络资源。学校在与毛利人社区合作过程中，可以邀请社区资格较老的成员走进课堂来扩大毛利语和毛利文化的传播，通过让学生自主探索毛利文化的课堂活动设置，培养对毛利文化的兴趣。教师也可以带领学生深入毛利社区中去，让学生也有机会带着自己的兴趣去探索和体会毛利人的艺术和工艺品。同时，在充分利用网络资源方面，随着信息技术与教育的融合逐渐深化，网络信息对各类教育也产生了多方面的影响。在 2005 年，新西兰教育部进行了毛利文化习俗、遗产等内容的数字学习材料研发，进一步丰富毛利文化的网络资源。[①] 合理利用这一日益增长的资源对进行毛利语的教学来说是非常重要和有效的手段，教师应特别注意在线网站所提供创新方案和资源。例如，教师可以通过网络课程资源帮助学生进行毛利语言的学习，帮助学生进行发音、口语练习等，增加学习途径。网络信息技术的进步为现代新西兰学校师生的教学和学习提供了一个丰富的毛利语言资源库、优质教学资源库和便捷的学习渠道。此外，随着信息时代的到来，新西兰相关教育网站也在进行各类相关教育信息的更新，包括对毛利文化教育研究等，为教师的专业发展提供了更多的资源。因此，结合以上分析，随着信息时代的到来，海量的网络资源给毛利文化教学带来了极大的便利，通过有效的筛选、科学的应用，优质的网络教学资源可以促进中小学课堂毛利文化的教学和毛利语的学习。由此可见，充分利用社会系统中多向度资源，可以为毛利文化进课堂提供校外资源支持，为毛利文化进课堂的

---

① 郑璐：《新西兰的毛利人教育》，《中国民族教育》2012 年第 12 期。

实现提供更多的保障。

（四）依托多元化课程的设置，为毛利文化进课堂提供课程保证

学校课程教学内容是学校教学主体，也是毛利文化进行传承的重要载体，多元化的课程设置是实现教育目标的基本保障。新西兰政府在毛利人教育中开设了各种相关的课程用以促进毛利文化进入中小学课堂之中。

1. 依托双文化国家课程确保毛利文化进课堂

新西兰通过出台多项政策来帮助毛利文化的复兴与毛利语的使用，国家课程作为教育的中介和载体对毛利文化的传承具有极其重要的价值作用。有关课程方面的改革，新西兰政府和学校做出了积极的努力，课程改革措施包括"现行公立学校中实施双文化课程，以单独设科式介绍毛利人的语言和文化或者在部分科目中融入毛利文化；开办双语学校或者双语教学班"[1]。在国家课程层面，新西兰政府制定了英语版和毛利语版中小学平行课程大纲，并在相应的公立学校实行。[2] 双文化的国家课程的设定和学校的国家课程实施为毛利文化进入中小学课堂提供了更坚实的保障。

双文化的国家课程具有以下积极的价值意义。首先，在毛利语版国家课程大纲实行的学校，学生可以在课堂教学中学习到大纲所要求的基本知识技能以及文化艺术等内容，同时也能够对毛利文化和毛利语言等多项内容进行系统学习，从语言运用、传统文化的鉴赏以及现代工艺发展概况等内容的深度接触，增强自身对毛利文化和毛利语的认识和掌握。其次，双文化国家课程的设置可以增加毛利学生的国家认同。双文化的国家课程设置不仅强调了毛利语的社会地位，也彰显了新西兰社会对毛利文化的支撑和认同，政府积极的行为措施对增加毛利学生的国家认同感具有重要的推动作用。比如，在社会研究课的课堂教学中，教师通过

---

[1] 王飞：《新西兰毛利人教育对我国少数民族教育的启示》，《教育学术月刊》2012年第9期。

[2] 孙培健、滕琳、王胜男：《新西兰基础教育变革路径及其启示》，《教育探索》2019年第3期。

主流文化和民族文化的多样性教学来促进新西兰学生的国家认同和民族认同等。① 由此可见，开设毛利文化和其他文化并存的双文化课程有利于毛利文化和毛利语在学校课堂中的传承发展。

2. 依托社会研究课程，进行以毛利文化为主题的课堂教学

在新西兰的学校里，社会科学课程一直被视为一门综合性的学科。该课程教师的职责是通过主题的形式把社会科学研究纳入课程，主题内容包括科学技术、生活技能等内容。新西兰教育部也在关注社会研究课程的教学，如2007年新西兰教育部颁发的《新西兰课程》文件中强调文化是社会研究课程的主要内容之一。② 多元文化应该是社会研究课程的主要内容之一，教师可以通过多样的教学方式进行多元文化的教学。文化内容能够深度融合于课堂教学之中的关键之一在于教师，教师对于课程内容的理解、教学内容的设计等对学生学习具有至关重要的作用。毛利文化是新西兰文化中的一个重要组成部分，在社会研究课程中，教师通过多种形式设置不同毛利文化主题，如编织主题、雕刻主题等来进行相关文化活动的设计与实施，把毛利文化融入社会研究课堂教学中，促进学生对毛利文化的理解和学习。因此，社会研究课程中设置毛利文化的教学主题是促进毛利文化有效进入课堂的一种有效方式。

（五）以毛利传统文化活动吸引学生兴趣，为毛利文化进课堂提供动力支撑

毛利传统文化活动具有浓厚的毛利文化色彩，部分传统文化活动具有良好的艺术气息，充分利用毛利文化传统文化活动，引起学生的参与和学习兴趣，激发学生内生对毛利文化的内生动力，这对毛利文化进入课堂具有重要的意义。国王运动和卡帕哈卡舞蹈表演等传统文化活动以其自身特点吸引了较多学生的喜爱，并融入在学生的学习生活之中。

毛利人的国王运动（Maori King Movement）是19世纪50年代毛利人

---

① 陈效飞、傅敏：《新西兰社会研究课程公民身份认同培育及启示》，《外国教育研究》2015年第9期。

② 范丽娟：《新西兰毛利语言教育新政策研究》，硕士学位论文，西北师范大学，2018年。

开始的一种维护毛利人传统利益和毛利社会完整的运动。[1] 彰显了毛利人的文化精神和价值追求。国王运动被作为一种毛利文化活动一直在传承，深受毛利人的喜爱。瓦哈基是国王运动的主要中心地区，每年 10 月，毛利国王运动的追随者会在瓦哈基都会聚集一堂，卡曼格学校的学生每年都参加并仔细观察长者的行为活动、认真听演讲。[2] 国王运动是毛利人盛大的传统文化活动，充满了毛利人的传统艺术气息和文化特点，学生会在此活动中观察、倾听以及参与，来了解相关的毛利文化。

毛利歌舞保留了古代音乐的优美、流畅、质朴以及内容丰富等优点，舞蹈内涵颇为丰富，且动作明快，多与歌曲相结合。[3] 毛利歌舞深受学校师生的喜爱，例如卡帕哈卡表演是每个学校活动的一部分，学校的 kapa-haka 团体在 marae 活动、国王运动以及在运动比赛等社会活动时进行表演。同时，Kapahaka 计划从学前语言巢开始实施，并持续孩子的整个学年，且许多成年人也会参加文化表演团体以及参加一年两次的区域和国家比赛，这些比赛的评委是最受尊敬和知识渊博的毛利语言和文化专家。[4] 毛利人的歌舞表现含有优秀的传统文化意蕴，通过舞蹈动作和歌唱乐曲来表达情感意志，独特的文化意蕴吸引学生产生更多的学习兴趣，进而激发学生产生对毛利文化的学习意愿。兴趣是激发学生学习动力最好的催化剂，毛利传统文化活动以独特的文化特点、表现形式以及独具一格的舞蹈风采吸引了中小学生的参与和学习。在学习兴趣的驱动下，学生能够对相关的毛利文化活动投入更多的精力去学习，掌握相关的文化知识内容，丰富自身的文化素养。因此，以毛利传统文化活动吸引学生兴趣，是毛利文化进课堂的动力支撑。

---

[1] 戴炜栋主编：《英语国家背景知识词典》，大象出版社 1998 年版，第 718 页。

[2] 何花：《少数民族乡土知识与现代学校课程的整合——新西兰让卡曼格学校毛利语教育项目个案研究》，《中国民族教育》2012 年第 1 期。

[3] 梅箐编著：《五彩缤纷的民俗》，山东友谊出版社 2008 年版，第 220 页。

[4] Harrison, Barbara and Papa, Rahui, "The Development of an Indigenous Knowledge Program in a New Zealand Maori‐Language Immersion school", *Anthropology and Education Quarterly*, Vol. 36, No. 1, Mar 2005, p. 57.

三 启示

（一）制定相关教育政策，以适切的法律文件保障优秀的传统文化进课堂

制定和颁布相关的教育政策不仅是给教育工作者的正确指引，而且也是一种积极宣传方式。毛利文化在课堂中成功的渗透离不开相关教育政策的颁布，如 2008 年政府颁布了《加大毛利教育执行力度政策》，旨在通过政策引导加大对毛利人教育的支持力度，使毛利人感受到毛利人教育的重要性，从而更好地发展毛利人教育。近年来，我国对中华优秀传统文化的教育愈加重视，出台了一系列相关的教育政策，如 2017 年《关于实施中华优秀传统文化传承发展工程的意见》对中华优秀传统文化教育进行了更为具体的规划，2018 年 5 月教育部发布了《关于开展中华优秀传统文化传承基地建设的通知》以鼓励和推动优秀传统手工艺走进高校，这些政策及文件必定会提高学校及相关人员对我国传统文化的重视程度，认识其重要价值。此外，在 2021 年 1 月，教育部印发了《中华优秀传统文化进中小学课程教材指南》，进一步推动和保障了中华优秀传统文化在中小学课堂中的传承发展。

（二）构建校内外文化环境，以良好的文化氛围推进优秀传统文化进课堂

注重校内外的文化环境建设，以校内外良好的文化氛围构建可以推进优秀传统文化进课堂。校内外文化环境的构建主要包括以下几个方面。首先，校园和教室文化的构建。依托校园内报刊栏、新闻广播以及主题活动等，充分融合中华优秀传统文化内容，从校园生活环境来营造文化氛围；教室是学生学习的场所，也是学生生命成长的重要场域，从教室的装饰物品、公共书籍刊物、班级主题活动等融入文化元素，可以彰显优秀传统文化的魅力、促进学生的文化学习理解。其次，构建校外文化环境。学生的生活不仅在校园也在社会与家庭之中，社会与家庭中的文化氛围的营造也应当重视。如前文所述，新西兰在毛利文化的传承过程中充分发挥了家庭的作用，并取得了良好的效果。因此，积极推进社会

以及家庭文化环境的营造是加深学生优秀文化学习的重要途径。比如，在家庭文化环境构建方面，可以通过家校协同的方式帮助父母进行家庭文化氛围的营造，充分发挥家庭教育的效果。最后，可通过活动主题设置，充分调动学生对家庭生活环境传统文化的发掘和了解，调动学习的积极性。因此，构建校内外文化环境，在良好的文化氛围中推进优秀传统文化进课堂。

（三）优化传统文化课程建设，结合网络教学资源支持优秀传统文化进课堂

课程是教育的重要载体，是落实相关教育以及实现其教育目的重要途径。因此，开发传统文化课程对于我国传统文化教育的发展有着极其重要的作用。我国部分小学已经开设了传统文化课程，课程内容涉及了多种传统经典，但在课程实施中存在不足之处。[①] 在我国已有的课程经验基础之上，关于优化传统文化的课程建设可从传统文化课程目标的设置、相关课程资源整合以及课程评价等方面进行课程开发和优化，但是网络技术和网络课程资源是优化传统文化课程建设的关键途径。新西兰毛利文化教育中网络资源已经发挥的重要作用，因此，随着信息化时代的到来，借助网络技术、整合网络教学资源是优化我国传统文化课程建设重要措施。比如，通过网络技术可以再现具有爱国精神的历史典故，借助网络资源可以在课堂中观察我国传统工艺的流程等。由此，结合网络教学资源为优秀传统文化进课堂提供了便捷途径。此外，在开发传统文化课程的同时也应该开展相关传统文化活动，用以调动学生的积极性，引起学生的兴趣，如书法、武术比赛等。

（四）深度挖掘学科知识特点，以有效的学科渗透推动优秀传统文化进课堂

传统文化教育只靠一门课程或者一门学科的渗透是远远不够的，要有效地开展传统文化教育，应该深度挖掘各学科的知识特点，找到与中

---

① 李群、王荣珍：《小学中华优秀传统文化课程建设：北京扫描》，《中小学管理》2016 年第 4 期。

华优秀传统文化知识的契合点，进而将中华优秀传统文化与各个学科知识相结合，从而渗透到各门课程中。而今我国中小学各门学科课程中其实已经有很多涉及相关传统文化的渗透，如在美术课程中涉及国画、陶艺、刺绣等，在体育课程中涉及武术、舞龙舞狮等。但这些相应的学科渗透都缺乏整合，没有进行深刻地挖掘和利用。因此，我们需要合理地整合相关的学科知识与传统文化，从而使传统文化在各个学科中进行有机渗透。例如，将经典诵读整合到语文课堂中去，将传统戏曲、戏剧整合到音乐课堂中去，将传统的舞龙舞狮有机地融入体育课堂，将传统刺绣、画脸谱融入美术课堂等。

第七章

多维构建

构建优秀传统文化进入中小学课堂的路径不能拘于一隅，需要综合考虑教学、学科、师资以及有代表性的内容，最终实现学生对优秀传统文化的传承与认同，进而上升为国家认同。本章将从优秀传统文化教学、学科经验、国家认同、乡土文化教育认同以及师资培养等多维视角，探讨优秀传统文化进入中小学课堂的多元路径。

第一节 优秀传统文化教学的意蕴、困境与转向[①]

2014年，教育部印发《完善中华优秀传统文化教育指导纲要》，强调分学段开展优秀传统文化教育。2017年，中共中央办公厅、国务院办公厅印发《关于实施中华优秀传统文化传承发展工程的意见》，提出一体化、分学段、有序推进优秀传统文化全方位融入教育全过程。开展优秀传统文化教学是落实两份文件精神的应然之举，对增强学生文化自信，建设文化强国、实现中华民族伟大复兴具有重要意义。

一 意蕴

开展优秀传统文化教学既是文化传承，又是新时代条件下文化创新

[①] 纪德奎、张永健：《优秀传统文化教学的意蕴、困境与转向》，《课程·教材·教法》2019年第10期。

转化的活动。优秀传统文化教学是将优秀传统文化中的核心理念、传统美德和人文精神融入教育的各个环节,利用教材、活动、公开课等多种形式全面展示优秀传统文化的魅力,培养学生的文化自信心、自豪感。开展优秀传统文化教学既不能脱离优秀传统文化的实践特质,又要培育学生的情感和增进情感认同;优秀传统文化教学也不能强制灌输,而要春风化雨,使之成为无意识的教学活动。

（一）优秀传统文化教学是一种注重德性培养的创新性实践

在英国哲学家麦金太尔看来,实践是复杂协调的人类活动形式,是涵养德性、发展德性的活动,人类"通过它（实践）……获取优秀的能力以及人们对其中涉及的目的与善的认识都得到系统的扩展"[1]。传统文化的这种实践气质反映在教学中表现为重视品德的培养与塑造,注重人伦礼仪的训练与践行。优秀传统文化教学应充分利用这一实践特质,重在培养学生的德性。

1. 优秀传统文化教学是注重培养德性的实践活动

重视德性培养是传统文化的特质。以儒家为代表的传统文化将修养德性、明人伦视为一生的追求。在孔子眼中,"仁"既是最高的道德准则,也是君子一生的奋斗目标。孟子将"仁义礼智"视为君子必备的品德。对于道德的追求使得传统文化教学具备了浓厚的德性特质,教学成为培养德性高洁、兼济天下的君子的活动。当下优秀传统文化教学需要培养德才兼备、心系天下,将个人的身心品性、德行修为与国家、民族的命运相统一的大批优秀人才。这既是优秀传统文化教学的价值旨向,也是优秀传统文化教学应该遵循的重要原则,是《完善中华优秀传统文化教育指导纲要》重点强调的内容。同时,德性培养须将德性转化为切实的行动。传统文化教学重视通过礼仪践行德性,礼仪贯穿古代教学的全过程。从这一角度而言,优秀传统文化教学也应重视礼仪的价值,注重通过礼仪活动实现德性的培养。

---

[1] [美]麦金太尔:《追寻美德——伦理理论研究》,宋继杰译,译林出版社2003年版,第238－239页。

2. 优秀传统文化教学重在创新性转化

教学是文化知识的再生产和再创造过程。优秀传统文化教学不是单纯的文化传承，而是根据时代的新要求，充分考虑学生的心理发展阶段和喜欢形式，将传统文化的精华再生产和再创造的过程。它将优秀传统文化蕴含的精神内涵、德性追求转化为时代精神，注重采用学生喜闻乐见的方式进行创新性的转化。在契合新时代中国人发展需求的同时，能够对接当下学生的生活、学习，促使优秀传统文化"活化"，赋予优秀传统文化以时代的生命力，进而塑造具有传统德性品质和时代精神的一代新人。正如《关于实施中华优秀传统文化传承发展工程的意见》指出的那样，"不断赋予（优秀传统文化）新的时代内涵和现代表达形式，不断补充、拓展、完善，使中华民族最基本的文化基因与当代文化相适应、与现代社会相协调"。

（二）优秀传统文化教学是一种积极体验的情感认同过程

优秀传统文化教学的实践过程是一种蕴含着积极情感体验的过程。这一过程注重引导学生在学习中体验先民的理想追求，感悟祖先的生存与生活智慧，通过教学感染学生，增进学生对优秀传统文化的情感认同，培育学生的民族自信心、自豪感，实现优秀传统文化的传承发展。

1. 优秀传统文化教学是增强学生积极情感体验的过程

学生在日常生活情境中已接触过古典文化典籍、传统节日活动等优秀传统文化，对优秀传统文化蕴含的真善美有了初步认知。优秀传统文化教学应充分利用学生的认知优势，借助情境化的设计，依托形象的直观教具、丰富生动的语言，进一步向学生系统、全面呈现蕴含在优秀传统文化中的真善美。唤醒学生的兴趣，引导学生体会、体悟蕴含在传统文化典籍、艺术等中的优美语言、强烈情感与深邃思想，引导学生在与诗词、典章的交融中，产生情感的共鸣，不断增强学生对优秀传统文化的积极情感体验，强化他们对优秀传统文化的认知。

2. 优秀传统文化教学需要实现学生的情感认同

教学的目的不仅在于激发学生的积极情感体验，更重要的在于引导学生完成情感认同,从情感上完成自我身份确证和群体归属。情感认同的过程也是主体内在地自主建构过程,牵涉主体识别认知、情感寄托、自觉行动等一系列过程。[①] 优秀传统文化教学期待通过教学引导学生了解我国优秀传统文化的丰富多彩和对世界的卓著贡献,感知前人的经验和智慧,深化学生对优秀传统文化的认知;联通学生的生活经验,帮助学生确证自身的文化身份,在积极的文化体验中深化他们对优秀传统文化的自豪感、自信心,促使学生全面认识中华优秀传统文化的现代价值,自觉成为优秀传统文化的践行者。

(三) 优秀传统文化教学是一种潜移默化的无意识活动

教学是意识教学与无意识教学的统一体,既是唤醒学生情感体验的有意识过程,也是潜移默化的无意识教学过程。激发兴趣、榜样示范、暗示引导是无意识教学的重要原则。优秀传统文化教学通过呈现丰富多彩的传统文化素材,引发学生兴趣,运用榜样示范与暗示引导,营造浓厚的传统文化氛围,达到潜移默化的教学效果。

1. 优秀传统文化教学是激发学生兴趣的榜样示范活动

兴趣教学原则是近现代教育教学的重要原则,赫尔巴特强调教育要引发学生多方面的兴趣,杜威表示要重视兴趣在学校教育中的地位。[②] 激发学生兴趣是优秀传统文化教学取得良好效果的保证。优秀传统文化教学并非强制学生对优秀传统文化的体认、确证、认同以至自觉践行,而是利用优秀传统文化中的诗词、艺术等唤醒学生的好奇心,让学生在学习中感受快乐,激发他们对优秀传统文化的浓厚兴趣。同时,教师在教学过程中对优秀传统文化的喜爱,举手投足间展示的优秀传统文化魅力,能起到榜样示范作用,吸引学生的注意,激发他们的学习兴趣,实现潜移默化的教学效果。

2. 优秀传统文化教学是注重暗示熏陶的活动

暗示性的环境能够在无意识层面对学生产生积极影响。[③] 课堂教学中

---

① 纪德奎:《农村中学生乡土文化教育认同研究》,《教育科学研究》2019 年第 1 期。
② 郭戈:《关于兴趣教学原则的若干思考》,《教育研究》2012 年第 3 期。
③ 廖坤:《洛扎诺夫暗示教学法的技术特点分析》,《比较教育研究》2003 年第 6 期。

的艺术性布置能够营造舒适、愉快、亲切的环境氛围，使学生产生愉快的感觉，在潜移默化中影响学生的学习效果。优秀传统文化教学同样离不开学校文化氛围的创设，设置蕴含优秀传统文化的校园文化氛围、课堂教学氛围，使学生不断受到熏陶暗示，达到氤氲其中不自知的教学效果，在不知不觉中实现学生对优秀传统文化的认同。

二 现实困境

影响优秀传统文化教学效果的因素是多重的，当前优秀传统文化教学主要面临以下三个方面的问题。

（一）德性的转化不充分阻碍了创新性实践的深化

优秀传统文化教学是发掘蕴含在传统文化中的德性，将其转化为时代精神并加以践行的过程。但当下的课堂教学在挖掘德性、转化时代精神和礼仪践行等方面仍存在不足。

1. 未能有效发掘优秀传统文化背后的德性，使教学实践浅表化

优秀传统文化在当前的课堂教学中多是潜隐在语文、历史、美术以及各种特色活动中的。课堂教学或侧重优秀传统艺术知识讲解，或重视传统文化节日、当地风俗介绍，或侧重经典词章的习诵、词义辨析，或强调传统美德知识的简单传授。潜隐在词章、技艺等背后的德性价值与追求并未得到深度挖掘。教师在教学中往往过于重视显而易见的传统文化之"知"，让学生记住更多的知识、掌握更多的技能，而对传统文化背后德性精神的关注、挖掘不足，造成学生对优秀传统文化认知停留于浅显的层面，对蕴含其中的德性体悟不足，距离培养学生的传统文化德性较远，教学实践多流于表面化，阻碍了创新性实践的深化。

2. 德性未充分转化为时代精神，割裂传统德性与现代精神的内在联系

优秀传统文化的德性与当下生活存在一定差距。课堂教学须将传统德性规范、思想品格、价值取向转化为新时代的精神追求。但在实际教学中，一是教材中未能有效将仁爱、民本、大同等优秀传统文化的思想理念与友善、民主等社会主义核心价值观进行有效对接，沟通传统与现

代、历史与当下,贴近学生生活,方便学生感知习得;二是教师在课堂教学中对传统文化德性与时代精神的转化不足,未能与社会主义核心价值观进行有效对接,割裂传统德性精神与现代价值。例如讲解"言必信,行必果"时,往往侧重词义解释,忽视利用现代生活中的诚信事例加以说明,弱化了传统德性的现代价值。

3. 践行德性的礼仪未转化为时代所需,阻碍教学实践的深化

仪式感、礼仪化是贯穿传统文化教学过程的。通过教学仪式践行德性,形塑学生身心,促使学生获得"秩序感",实现文化心理结构的积淀以及文化的传承。① 但目前教学中一些仪式与时代要求相去较远:一是与现代生活相脱节,如有的学校将"释奠礼"简单化为强制性地跪拜孔子像,既未体现尊师重教的内涵,又与现代的礼仪要求不相适宜;二是与学生生活体验相脱节,如在讲授"孝悌"礼仪时,只是单纯介绍礼仪知识,未与现行的中小学生守则中的孝亲要求相对接,也未与学生的敬老爱幼体验相结合,影响了学生对传统文化的认同。

(二)去情境化教学忽视情感体验,导致认同弱化

"所有的思维、学习和认知都是处在特定的情境脉络中的,不存在非情境化的学习。"② 在教学过程中呈现教学内容产生的具体情境,能够唤醒学生的已有体验,激发学习动机,助益学生的学习。③ 优秀传统文化教学离不开具体的情境,通过设置情境能够帮助学生熟悉优秀传统文化,强化积极的情感体验,提升教学效果。但当前优秀传统文化教学普遍存在去情境化现象,导致学生情感体验不佳、认同弱化。

1. 教学过程中对情境的设计不足,影响学生积极的情感体验

优秀传统文化与现代生活存在一定距离,创设具身化的情境有利于增强学生对传统文化的认识。但目前不少教师的传统文化修养不足,对

---

① 易晓明、朱小蔓:《初论秩序感的教育价值及其教育建构》,《教育研究》1998 年第 7 期。

② [美]戴维·H. 乔纳森:《学习环境的理论基础》,郑太年、任友群译,华东师范大学出版社 2002 年版,第 66 页。

③ 张琼、胡炳仙:《知识的情境性与情境化课程设计》,《课程·教材·教法》2016 年第 6 期。

传统文化的理解存在局限，因此创设的情境难免过于粗糙；对微视频、虚拟技术等的运用存在一定短板，制约教师营造逼真的传统文化实境，影响了学生积极的情感体验。

2. 对学生生活经验的重视不足，阻碍了学生的情感认同

一些教师在教学中重视传统文化知识的讲解，但对传统文化与生活的联系关注不足，与学生生活环境和经验的衔接、交融不充分，使得传统文化成为悬置于学生身心之外的"物"，难以激活学生已有的认知、体验，无法有效打开学生的情感世界，阻碍了学生的情感体验，难以增强学生的情感认同，导致优秀传统文化教学的低效。

3. 对优秀传统文化知情意行重视不足，制约了情感认同的转化

优秀传统文化教学的情境化要求通过亲历、亲知，增强学生感知，深化情感认同，从"知之"转成"好之""乐之"，并能转化为行动，实现知情意行的有机统一。但当下教学过分看重词章诗文习诵、释义、考据，对于传统经典《论语》《道德经》等只知其大略，对于其蕴含的精微义理、为人处世之道知而不行的现象每每发生；对于孔子、范仲淹等历史名人的学习，仅局限于书本文字，而缺乏深入实境的情感体验，难以实现知情意行的协调统一。

（三）榜样暗示的缺位影响着无意识习得

优秀传统文化教学应在教学中充分发挥榜样的力量，特别是教师的榜样作用，同时注重多方位的暗示，引导学生在不知不觉中构建内在的模仿，实现内化。审视当下的优秀传统文化教学，榜样的运用和暗示的呈现存在明显缺位，弱化了学生的无意识习得。

1. 教师的榜样示范引领不到位，降低了学生对优秀传统文化的无意识习得

教师既是学生学习的引导者也是模仿的榜样，教师对优秀传统文化的知晓度、熟识度、热爱、践行是学生最好的榜样。但不可否认的是，时下不少教师对优秀传统文化的熟悉程度是参差不齐的，在日常教学过程中也未能充分展现优秀传统文化的魅力，对学生的引领示范不到位。这固然有深刻的社会原因，也与教师所受教育培训有关。目前多数教师

在师范教育阶段受到的是分科教育训练，学习的是现代学科分类下的科学知识，对优秀传统文化的接触较少，缺少传统文化的洗礼和学术训练，使不少教师对优秀传统文化的知晓多限于诗词曲赋，因此，教师的榜样作用存在先天不足。

2. 榜样呈现的方式相对单一，影响了无意识教学的效果

优秀传统文化教学并非局限于课堂，而是贯穿学校教育的全过程。传统节日、校园文化活动等都是展示优秀传统文化教学成果的重要时机和平台，是呈现榜样的关键节点。选择端午、七夕、中秋、重阳等传统文化节日展示师生在传统文化方面的成果，既能加深学生对传统节日的了解，又能增强他们对传统文化技能的掌握程度，同时也对其他不了解传统文化的学生起到很好的示范作用。但不少中小学校在利用传统文化节日和校园文化树立榜样时的认识和做法参差不齐，在一定程度上影响了榜样教学的丰富性，制约了学生对优秀传统文化的无意识习得。

3. 环境暗示系统规划缺位，未能有效发挥期待效应

学校环境和班级文化氛围对学生的暗示引导效果是潜移默化的，通过张贴代表优秀传统文化的名人名言、优秀作品，能够营造浓厚的传统文化氛围，同时能无意中熏陶学生，实现"皮格马利翁效应"。目前一些学校已经开展有益尝试，例如，用先贤圣哲为班级命名，如苏轼班、韩愈班等，在无意之中影响、塑造着学生的优秀传统文化素养。但还有不少学校在创设学校文化过程中，对优秀传统文化的定位和规划不够系统，或缺少优秀传统文化展示，或传统文化、国外文化混搭无序等，使学校环境暗示、文化暗示明显不足，未能有效实现榜样期待效应。

三　转向

优秀传统文化教学应直面当前面临的困境，注重本体研究和实践创新，推动优秀传统文化教学走出困境。

（一）注重德性三重转化，做好礼仪加减，深化实践创新

修身崇德是优秀传统文化的精髓之一，将传统文化中对德性的追求、向往与坚持，进行传承、发展，正是优秀传统文化教学的旨趣所在。

1. 注重德性三重转化，实现传统文化现代化

传统文化中的德性与当下社会的价值理念既有相通之处，又存在一定差别，须根据时代的要求予以创造性转化。

一是将德性转化为时下的价值追求。将德性与社会主义核心价值观相对接，将传统文化中的安民富民、天人合一、道法自然、仁爱亲民、和而不同、天下为公的理念转化为富强、民主、文明等社会主义核心价值观，将"修身齐家治国平天下"转化为社会责任感,[1] 将"修齐治平"的个人追求与现代社会关注国家命运、人民幸福相统一，依托课堂教学、校本课程、校园环境、课外活动、社会实践等承传中华传统文化核心理念，实现传统德性的价值转化。

二是将德性转化为现实的道德规范。将传统德性中的孝悌忠信、礼义廉耻、崇德向善的道德规范转化为孝亲、爱国、守法、友善等道德公约。在日常教学中，用现代语言、时代道德话语阐释古代经典，打通古代与当下的时空阻隔，"活化"传统美德为师生日常遵守的规约，实现传统德性话语的跨时空转化。

三是将德性转化为具体的学生守则。将传统德性的亲师重道、正义、明道、慎独内省等转化为学生日常的班级行为规范和学生行为守则。根据学生的年龄差异和阶段特征，分别制定尊师、追求学问、强调反思、迁善改过等蕴含传统德性的班级规章、学生守则，创设具有中国传统文化特色的班规班纪和学生行为守则，实现传统德性的生活化转化。

2. 做好礼仪"加减"法，深化传统文化创新

礼仪规范能够协调人际关系，帮助师生获得和谐的秩序感。传统文化教学中的不少仪式化的要求至今仍有借鉴价值，既可以补益当下课堂教学的仪式欠缺，也能匡正目前不合理的仪式，实现传统文化与现代生活的有序衔接。

一是做加法，增加传统文化中有益的仪式。系统分析整理传统文化

---

[1] 李群、王荣珍：《论中小学中华优秀传统文化课程的开发与实施》，《课程·教材·教法》2018年第3期。

中有价值的尊师礼仪、学生礼仪等，如"南开镜箴"《童蒙须知》《习斋教条》《白鹿洞书院揭示》中的对学生仪容、气象、问答、应对、读书、写字、修身、处世等要求。将上述礼仪规范加以适当改造，注意与课堂教学规范、学生守则相对接，创设具有班级特点、学校特色的教学礼仪。一旦制定教学礼仪，就要求师生共同身体力行，不轻易改弦更张，持之以恒，做到日日践行，最终实现"少时若天性，习惯成自然"的境界。

二是做减法，减去不合理的仪式。摒弃传统文化教学中跪拜等不合时宜的仪式，摒弃不符合学生身心发展规律的仪式，如小学生上课时双手背后、跪拜孔子像等。在转化传统课堂教学中的仪式的同时，实现教学仪式的人性化和现代化，使其成为师生共同接受遵守的现代教学仪式。

（二）创设具身情境，强化情感体验，实现认同自觉

具身情境的教学能够将教学内容与现实联系起来，强化学生的认知，增进情感体验，深化情感认同。优秀传统文化教学应利用具身情境深化学生情感体验，对接学生生活经验，实现学生对优秀传统文化的自觉认同。

1. 创设具身情境，增强现场体验，强化文化认知

优秀传统文化教学应充分利用多样化的具身情境，丰富强化学生的文化体验，深化他们对优秀传统文化的认知。一是利用真实材料创建实感情境。如书法课可准备书法作品，音乐课准备传统器乐、影视作品等，让学生通过视觉、听觉、触觉等真实感受优秀传统文化作品，激发他们积极的情感体验。二是借助信息技术手段创建实境情境。如虚拟现实、增强现实甚至还原传统文化场景，实现学生的"在场"，在身临其境中感知传统文化，体会其中的魅力。例如，可以利用故宫 App 软件"游览"故宫，直接感受中华艺术的魅力。三是运用言语解说、肢体动作乃至相关课件创建离线情境。结合学生已有经验创设情境，提升学生的感知、体会，陶冶升华他们对优秀传统文化的情感。在创设情境时须考虑学生

的认知负荷和环境负荷,[①] 坚持适度原则,在达到增强学生情感体验、强化文化认知目的的同时不造成信息负载。

2. 回归生活,强化生活体验,提升文化认同

回归现实生活并非简单回到日常生活世界或日常生活状态,而是回归师生已有的经验世界以及可能的体验世界。师生在日常生活中或多或少已经接触过传统文化的内容。不论是传统文化节日活动,还是诸如《中华诗词大会》《经典咏流传》影视节目,以及学校教学中的传统文化典籍、技艺的学习,这些已经成为师生的已有经验。回归生活即是将这些已有的经验与教学相衔接,唤醒学生对优秀传统文化既有的积极情感体验,助益学生对优秀传统文化的认同自觉。

回归生活的途径有二。一是实现课程内容的生活化。将优秀传统文化的内容,特别是与学生日常生活体验过的相关内容加以融合,实现课程内容的生活化。在内容选择上,可以将学生日常经历过的传统文化节日、当地传统风俗、二十四节气等与语文、历史、地理、美术等课程相融合,也可以将上述内容与单独的传统文化教材相衔接。打通学生体验与课程内容间的鸿沟,实现两者的无缝衔接,起到强化学生的情感体验的作用。二是利用体验式教学方式。将教学内容作主题化活动处理,可以灵活运用游戏、课外活动、研学旅行、参观访学等多种形式开展教学,让学生在主题活动中增强情感体验,在体验中深化认知,实现有知、容情、立意、笃行合一,增强文化认同。例如,可以在讲述《论语》时,依据学校条件参访曲阜"三孔",直接感受儒家学问的魅力。教育部先后多次组织"少年传承中华美德"系列活动,引导中小学生在小小百家讲坛、墨香书法展示、寻访红色足迹、小小传承人等活动中传承美德、显露才艺。[②] 不仅增强了学生的情感体验,磨炼了学生的爱国意志,同时激发了学生爱国奋进的行为,有效实现知情意行的统一,推动了学生的文化认同自觉。

[①] 王辞晓:《具身认知的理论落地:技术支持下的情境交互》,《电化教育研究》2018 年第 7 期。

[②] 王定华:《中小学生优秀传统文化教育的提升路径》,《中国教育学刊》2015 年第 9 期。

对学生的经验应秉持辩证的态度，学生的经验既可能深化体验、促进学习，也可能产生负面影响。倘若学生在以往的经历中感受到传统文化的真善美，会增强学习传统文化的信心和内生动力；而学生在以往经历中如果过多接触传统文化中的糟粕，同样会影响甚至阻碍他们对优秀传统文化的认知，让他们产生消极的情感体验，难以达成情感认同，更遑论自觉践行。因此，有必要在开展教学前，准备相应的"导学案"，课后准备相应的"反馈案"，及时化解阻碍学生学习的难题，引导学生感受传统文化的真善美，增强学生的积极情感体验，达到以情促行、认同自觉的目的。

（三）精准培训与广泛示范，增强榜样暗示，达到无意识教学效果

班杜拉指出，榜样是一种不可或缺的替代性经验，能够有效影响学生学习。教师的言传身教是学生最好的学习榜样。提升教师的传统文化素养，广泛开展示范，对于无形中塑造学生模仿行为、潜移默化中引导学生自觉践行优秀传统文化意义重大。

1. 精准培训，提升教师传统文化素养，为无意识教学奠定基础

教师的言传身教本身就是学生成长的重要榜样。教师对优秀传统文化的钟爱、身体力行，是学生学习、传承乃至创新优秀传统文化的重要影响因素，特别是学生自己班级任课教师的言行举止、传统文化底蕴对学生的影响更为直接。因此，提升教师的传统文化修养是提升优秀传统文化教学效果的重要环节。需要针对教师的短板、不足，对全体教师开展精准的优秀传统文化培训，尤其是相关任课教师进行精准培训，邀请精通传统文化的专家、学者、教师开展系列讲座和技能传授等活动，采用知识竞赛、集体测试、定期考核等评价手段，引导、鼓励、强化教师熟悉优秀传统文化内容、熟练掌握传统文化的技能（如书法），从而提升全体教师的优秀传统文化素养，为教学奠定基础。与此同时，学生也能从系列活动中体会优秀传统文化的价值和魅力，起到暗示引导的效果。

2. 广泛示范，增强榜样暗示，达到无意识教学效果

优秀传统文化教学离不开榜样示范引导和环境氛围的暗示熏陶，学校要在树立榜样和环境暗示等方面入手。一是充分发掘在传统文化教学

中典型的教师代表，将他们热爱传统文化、注重言传身教的事迹在学校中予以宣传推广，塑造传播、发展、创新优秀传统文化的榜样，激发学生的学习兴趣，并能在潜移默化中增强无意识教学效果。二是广泛利用学校重大节日、仪式等契机，展现蕴含在教师身上的传统文化魅力。例如，利用学校文化节，邀请教师诗词朗诵，展示书法、绘画作品；利用学校开学典礼、毕业典礼展示教师的琴棋书画等传统艺术魅力。营造优秀传统文化博大精深、魅力无穷的良好气氛，在潜移默化中引导学生向往优秀传统文化，喜欢并尊崇、践行优秀传统文化，达到春风化雨的无意识教学效果。三是努力营造尊重传统文化的校园氛围、班级氛围，在学校文化、班级文化建设中加大优秀传统文化的比例和表现形式，如创设以传统文化为主题的黑板报、班报、墙饰、班级名称等，同样可以起到润物细无声的教学效果。

总之，开展优秀传统文化教学，传承创新优秀传统文化是新时代教育的重要使命，也是增强文化自信、提升民族自信心的重要途径。优秀传统文化教学特有的实践、情感和无意识特性为时下教学提供了借鉴路径，我们应不断探索优秀传统文化的德性转化、创设具身情境、回归现实生活、广泛运用榜样示范，不断开创优秀传统文化教学的美好未来。

第二节 优秀传统文化进入中小学课堂的学科经验[①]

在文言文教学过程中，传承我国古代优秀传统文化，既是语文学科的责任与使命，又是发展学生语文核心素养的实现途径。根据学生的学习方式与文化的传承特点来确定文言文教学内容，有利于在语文课堂中科学合理地渗透传统文化，更好地提升学生的人文素养。

一 以学定教：立足于学生学习文言文前后的认知图式

首先，考察学生学习文言文之前具备的认知图式。对文言文的教学，

---

① 郭子超：《传统文化视域下文言文教学内容的构建》，《语文建设》2018年第36期。

应该建立在学生原有认知图式,即现代汉语的基础上,适当地从现代汉语角度来观照文言文教学。文言文语言虽离我们现在的时代很远,但是一些现代汉语的常见用法仍然在沿用着文言文的词语和句式,如"养生丧死无憾"的"生""死"原是动词,表示动作行为,句中动词"养"(赡养)和"丧"(安葬)缺少宾语,所以在这里动词活用为名词,表示"活着的人""死了的人",现代汉语中的"吃穿不愁",这里的"吃穿"动词活用为名词,是一种心理过程,作为现象,是人们所感觉的事物。由传统文化形成的典故或成语,也会在现代汉语中出现,如成语"扶摇直上"出自《庄子·逍遥游》:"鹏之徙于南冥也,水击三千里,抟扶摇而上者九万里,去以六月息者也。"在语文教学中,对这些与现代汉语用法相近的,与传统文化相关的词语用法应加以说明,联系学生原有的现代汉语认知图式,建立现代汉语与文言文之间的联系,帮助学生逐步地完善原有的认知图式。

其次,分析学生学完文言文之后应该产生的认知图式。学生学习文言文之后,总要有一定的收获,对于预期的学习结果来说,主要有两方面:其一是文言语感的形成与外化,其二是传统文化的内化。在语文教学层面上,文言语感的形成一方面来自教材的文言文选文,另一方面,来源于学生课外阅读典籍的语料积累。文言语感具有直觉性、同化性、情感性、整体性,是主体对语言所产生的敏锐的直接感受和对语言形式、语言意义进行再加工再创造的心理行为能力,其主要作用是判断言语的可接受性、依据语境理解各种言语与按照交际需要创造性地进行语言表达。文言语感的外化是经过直觉思维训练后,学生身上产生的实际结果,进而提高学生语言文字表达能力。文言语感的形成是基础,一方面需要立足语文教材,在课堂教学中进行适当的拓展,给学生呈现多种风格的经典文学作品,让学生直接接触经典,做好语言积累,加强语言的习得;另一方面需要强化文言语言的训练,感受古人用词的简练、优美,要突出语言的习得与学得,进而诱发学生对文言文作品的审美情思。传统文化的内化是指在教育文化传播中将已有的客体文化内化为主体自身的文化,进而"在这个过程中形成人的文化再生和创造能力"。① 传统文化的内化本质上是一种建构性的文化传播，这可以从两个层面上来理解：一是主体文化与传统文化之间的双向转化，二是课堂教学中师生之间借助课程资源产生的文化双向传递，这种双向转化，使得传统文化的"内化—外化"经历着一个不断循环的过程，才有了中国传统文化的繁殖、丰富与发展。相应的，文言文教学也应借助语料积累，使学生形成文言语感，促进传统文化的内化与外化。

二 层次分析：依托于文言文本身的育人特性

首先，语言性内容是文言文教学的基础层次。在语文教学中，主要包括以下三方面。其一是文言，即古汉语的字词，朱自清先生认为："青年人不愿意接受有些古书和古文学，倒不一定是怕那'毒'，他们的第一难关还是语言文字，打通了语言文字这一关，欣赏古文学的就不会少。"② 文言文的学习首要问题就是教师要帮助学生消除由于时代差异而产生的对语言文字的理解障碍，只有立足于这一点，才能让学生进入欣赏的层面。其二是语法和句法，即古汉语特殊的语法结构及句式，如字词的使动、意动用法，句式的判断句、倒装句等，有的用法与现代汉语相同，有的差别很大，这里就需要语文教材提供相应的注释，帮助学生准确地理解字义。其三是经典作品的语言形式，即文章是怎么说、怎么写的，以及关于文章结构、写法的学习。

其次，实用性内容是文言文教学的准则层次。在语文教学中，主要是通过不同文体的文言文学习，找寻与现代白话文阅读、写作文体使用的交集，进而在阅读和写作中增强文体意识。文体呈现为"文类—语体—风格"这样一个系统。文要讲体，文体的选择和运用对于作家来说是十分重要的，"作家一旦决定了写什么，在动笔写的那一刻开始，创作的整体过程都是在营造文体"，③ 可见，文体在文学作品中是以隐性准则

---

① 曹明海：《语文教育文化过程研究》，山东人民出版社2015年版，第182页。
② 朱自清：《朱自清古典文学论文集》（上册），上海古籍出版社2009年版，第28页。
③ 童庆炳：《谈谈文学文体》，《语文建设》2009年第9期。

的方式而存在的,从作者的视角来看,关系到文学创作所能产生的效果;从读者的视角来看,关系到从作品中获得的初步印象,读者能够通过这个初步印象进而感受到作者的语言风格。

再次,审美性内容是文言文教学的中间层次。在语文教学层面上,主要指文言文本身具有的文学性。具有审美性的文学作品是介于文化、文体、文言文学习本体三者之间的,其中,文化是文学的实践旨归,文体是支撑作品文学性的结构形式,而文言文学习本身又是学生感受、理解作品文学性的必要基础和前提。审美性的文学是语言的艺术,而审美是文学艺术的特质,缺少了审美性,文学作品就成了一些人、事、景、物的堆砌;有了它,即使是那些庸常丑怪的事物也会产生艺术魅力。文学是语言的"突出",是语言的综合,也是一种审美对象,文言文选文是经过文化筛选的经典作品,应该能让学生充分地欣赏文学作品中的美。"要透过语言对作品进行审美观照,兼顾语文学习的工具性和文学教育的审美性,让文学教育回归自身,实现技能教授与生命对话的统一,让诗与艺术在文学教育的范畴内达到和谐。"①

最后,文化性内容是文言文教学的最高层次。文学是一种独特的文化实践,它能够总结和反思经验,从而构建人类主体的现实经验,因此,文化是文学的实践场域与经验集合。文化是以文字记录为主要方式,以流传下来的语言、社会意识、社会结构为媒介的结构体,其本质是传播性。传统文化的内化是依靠教育影响每个社会个体,并传播到每个个体那里去。在语文教学中,文言文是传承我国古代传统文化的重要载体,一方面要让学生尽可能全面地触及古代经典作品中的文化,另一方面要考虑古代经典作品的现实意义。

因此,文言文的教学内容是一个立体的层次,依托于文言文本身的育人特性。其中,语言性内容制约着学生对文言文的理解、欣赏、感悟;实用性内容作为文体规制而存在,组成了每篇文学作品的文法结构和语

---

① 靳彤:《强化作品细读 回归文学审美——关于文学教育合法性的思考》,《教育研究》2012年第12期。

体特点，为作品的文学性和语言特点注入隐性的规范；审美性内容联系着语言性、实用性与文化性内容；文化性内容是文言文教学内容的实践旨归和最终目的，在个体与文化之间，通过语文教学这一中介，两者能够更为有效地实现相互转化，语文教学的作用就是不断地把外在于个体的传统文化内化于个体的文化心理结构中，从而促进着以具有特定社会文化特质和内涵为基本表征的新人的文化生成。

三　文化引领：根植于对古代优秀传统文化的精神认同

文化引领是精神层面的问题，一方面是学生通过学习文言文，产生实际的语言文字运用能力、读解文本的能力、情感价值观有何变化。另一方面是如何使用语言来构建我们生活世界的图景，实现与古代优秀传统文化的精神认同。它的范畴不仅仅包括文学和文化内容，还包括如何将课堂上所学的文言文灵活运用到现代汉语的表达上来，要把握好文化选择、文化习得和文化运用三个阶段。文化选择是基础和前提，是教师教学应该首要考虑的问题；文化习得及运用是在教师引导下，学生主体对古代优秀传统文化的吸收和外化。

（一）文化选择：满足学生对传统文化的多方面需求

在文言文教学中，文化选择是重要的前提。杜威曾在学校教育提供的特殊的联合生活模式中，提出学校的功能应该注意"复杂的文明过分复杂，不能全部吸收。必须把它分成许多部分，逐步地、分层次地、一部分一部分地吸收"。① 在文言文教学内容中，文化选择是重要的前提，科学的文化选择是学生文化习得和运用的必要前提，从浩若烟海的传统文化中，逐步分层地把文化作品中攫取优秀的言语作品给学生，要求语文教材编者与广大一线教师共同努力，满足学生对传统文化的多方面需求。

文化选择主要包括广义和狭义两方面，共同构成了文化选择的基本

---

① ［美］约翰·杜威：《民主主义与教育》，王承绪译，人民教育出版社2001年版，第26页。

要素。广义的文化选择是指与自然选择相对应的人的实践活动,是对人的存在方式的选择。① 狭义的文化选择,是指文化环境发生改变时,关于文化改造与发展的态度、取向及行为的设计。这里主要是指"人化"的问题,康德(Immanuel Kant)提出:"在一个理性存在者里面,他能具有的达到任何他自己抉择的目的之能力的创造过程,因而也就是一个生存于自由之中的存在者之能力的创造过程,就称为文化。"② 在这段论述文字中,康德重视外在文化与"主体性抉择"之间的关系,即文化的内化过程,并把主体自身文化的内化过程最终指向客体文化的创造过程。这种内化与外化的来源便是教育文化,是经过教育者精心筛选的有利于学生综合素养发展的文化,"只有教育文化才决定我们人的生命价值,保障人的道德进步,使人具有人格、自由和尊严,使人真正成为'人'"③。文言文教学应该让学生了解文学作品背后的文化内涵,用科学全面的文化选择来提高学生内化文化的广度,进而拓宽学生自身文化外化的深度。

(二)文化习得:促进主体性文化图式的形成

经过教师与教材编者科学的文化选择之后,呈现出适合学生学习的言语文本,学生会吸取传统文化的精华,促进学生自身文化图式的形成。有学者提出:"人类在社会文化氛围中是以文化实践为参照,在对主体文化意识的确证中实现自身对时代文化精神的体认,达到文化意识的拓展和深化,而发展深化了的文化意识通过文化教育主导着主体进行新的自我提升、自我超越。文化的进步在其核心价值取向上必然是人的自我实现,即人的全面发展。"④ 每个学生根据自身的特点,在习得传统文化时,会产生不同的主体性文化。文化习得的作用一方面能够丰富学生文化实践的体验,实现对传统文化的全面体认;另一方面形成学生自身的主体性文化心理结构。通过教授经典文言文作品,学生感悟字里行间的,来

---

① 付秀荣:《论文化选择中的文化自觉》,《学习与探索》2004年第6期。
② 范进:《康德文化哲学》,社会科学文献出版社1996年版,第47页。
③ 张应强:《中国教育研究的范式和范式转换——兼论教育研究的文化学范式》,《教育研究》2010年第10期。
④ 李健:《论文化意识与人的全面发展》,《教育理论与实践》1999年第1期。

自传统文化中的情感和意志。文言文教学使文化延续和更新是通过把人类共创的文化财富转化为个体的知识、才能、思维能力、实践能力等，再通过个体发挥智慧、才能的活动，体现出已有文化对今日社会的功能或创造出新的文化成果，从而丰富人类文化的宝库，推进人类文化的发展。

（三）文化运用：培养学生创造精粹文化的能力

文言文作为一种"过去"的形态，要运用过去产生出现代的意义。过去是未来的源泉，但条件是必须把过去看成现在的过去，要突出传统文化对现实生活的功用。人为了顺应社会，就必须掌握一定的文化；人为了改造社会，就必须创造一定的文化。作为文化的主体，人不仅仅是接受和内化，更重要的是要将存在于人本身的主体文化外化为一种客体的文化。

在语文教学中，文化的运用主要是指学生在学习文言文之后，是学生根据自身的接受情况、原有水平，通过自身不断地内化传统文化，运用自身的语料积累，以获得的关于语言运用和文学审美的能力，是学生自身语言系统发生的外显性变化。每一篇古代经典作品中都蕴含着丰富的文化内涵。文言文是我国古代流传下来的经典言语作品，是语文教材中继承古代优秀传统文化的重要载体，文言文教学就是要让学生科学全面地学习、接触经典的文化作品，使传统文化内化为学生自身的文化，从而把传统文化的精髓纳入自身的文化图式中，提高学生的人文素养，最终创造出属于这个时代的新文化。

综上，中华优秀传统文化已经成为中华民族的基因，根植在每个中国人的内心，潜移默化地影响着中国人的思维方式与行事准则。在语文教学中，文言文学习内容的确定促进了传统文化的内化与主体性文化心理的形成，让学生在文言文学习中感受美、学习美，进而涵养"中国传统文化圈"的审美气度和格局，从而能够站在我国优秀传统文化的肩膀上，拥有掌握未来的关键能力。

第三节　优秀传统文化教育下中小学生
国家认同建构[①]

　　国家认同是一个国家的成员对所属国家的历史和文化传统、国家主权和制度、政治主张和价值观念等的认可而产生的归属感。其是国家建设和国民整合的重要基础，是国家稳定和繁荣的重要保证。[②] 近年来，我国国家政策高度关注国家认同。2014年教育部印发的《完善中华优秀传统文化教育指导纲要》（以下简称《纲要》）和2017年中共中央办公厅、国务院办公厅印发的《关于实施中华优秀传统文化传承发展工程的意见》（以下简称《意见》）对优秀传统文化教育和传承发展进行了全面规划，其中也涉及对国家认同的相关论述。2019年，中共中央、国务院办公厅印发的《新时代爱国主义教育实施纲要》明确指出，要传承和弘扬中华优秀传统文化，不断增强中华民族的归属感、认同感、尊严感、荣誉感。

　　国家认同也是课程改革关注的核心内容。2016年，《中国学生发展核心素养》总体框架发布，国家认同被列为学生的核心素养之一。2017年全国启用的义务教育统编教材和2020年修订的普通高中各科课程标准，都注重强化社会主义核心价值观教育和中华优秀传统文化、革命文化、社会主义先进文化教育等内容。在国家政策和课程改革的背景下，关于优秀传统文化和国家认同的理论研究和实践探索百花齐放，但从优秀传统文化教育角度系统探究如何促进学生国家认同的研究还非常少见。本书在全球化时代国家认同危机的背景下对此进行研究，以期进一步彰显优秀传统文化的当代价值，促进中小学生国家认同的建构。

一　全球化时代优秀传统文化教育对中小学生国家认同建构的意义
　　在全球化的背景下，国家认同常常面临着危机。在促进国家认同时，

[①] 高维：《基于优秀传统文化教育的中小学生国家认同建构》，《教育科学研究》2021年第4期。

[②] 柴民权、管健：《从个体认同到国家认同：一个社会心理路径》，《南京社会科学》2018年第11期。

文化认同是基础，而优秀传统文化教育则是促进中小学生国家认同建构的重要方式。

(一) 全球化时代的国家认同危机

当前，全球化在深刻地影响着人们的生活和观念。第一，在全球化时代，人员的跨国流动日益频繁，越来越多的人到国外学习、工作、旅游，甚至长时间在国外生活。第二，资本、商品和服务的全球流通使得地球村成为一个大市场，人们甚至可以足不出户就享用自己喜欢的来自国外的商品和服务。第三，信息技术和互联网的飞速发展，使人们可以非常便捷地了解世界各国的价值观念和思想文化。[1] 这些人员、商品和文化等的跨国流动都会对原来相对封闭和稳定的生活状态下的人们的国家认同产生影响。可以说，当前世界各个国家都在不同程度上受到国家认同问题的挑战。

在社会转型期，我国的国家认同问题也日益凸显。如一些人更喜欢阅读国外的经典著作，对中华优秀传统文化却所知甚少；一些人更青睐国外的商品和品牌，对本土的产品却少有问津；一些人对中国的评价不高，对国家的发展信心不足，但对国外一些发达国家却无限向往。由于中小学生身心发展尚未成熟，其容易受到社会大环境的影响。在全球化、信息化和文化多元化的背景下，当前我国一些中小学生的国家认同情况堪忧。

虽然国家认同受到了全球化的侵蚀，但当前国家依然是最具组织能力和权威的共同体。英国学者鲍伯·杰索普（Bob Jessop）指出，在全球化时代，民族国家依然重要，它不是正在消亡，而是正在被重新想象、设计和调整以应对挑战。[2] 因此，国家认同对于国民来说仍应是最基本的认同。为了维护国家安全与稳定，世界各国都在加强国家认同，尤其是通过弘扬传统文化，坚定认同基础，增强国家的凝聚力。

(二) 文化认同是国家认同的基础

文化是民族的"根"和"魂"，是人们的精神家园。每个人自生下来

---

[1] 韩震：《论国家认同、民族认同及文化认同——一种基于历史哲学的分析与思考》，《北京师范大学学报》（社会科学版）2010年第1期。

[2] 鲍伯·杰索普、何子英：《重构国家、重新引导国家权力》，《求是学刊》2007年第4期。

就浸染于特定的文化传统中,文化在无形中塑造着每个人的精神气质,塑造着特定的国民文化心理。① 文化认同体现了国民对自己国家的历史传统、思想文化、价值观念、风俗习惯的认可、接纳和传承。其在塑造公民间"我们感"和对国家"归属感"方面发挥着至关重要的作用。一般认为,国家认同包括身份认同、政治认同、文化认同、历史认同和地理认同。其中,文化认同在国家认同中具有基础性地位。共同的祖先、共同的生活体验、共同的语言和习俗以及共同的价值观是民族凝聚力和国家向心力的根本动力,也是国家认同的深厚基础。

在全球化时代,国家之间的文化交流和交融不断深入,而异质文化之间的交锋碰撞和矛盾冲突也日益增强,这将对民族国家的国家文化安全和国家认同造成威胁。当前,强势的西方文化不断涌入中国,从意识形态到物质产品,从语言文字到宗教信仰,从节日仪式到日常生活,都在猛烈地冲击着中国本土文化。中华文化源远流长、博大精深,是中国人民自信心和自豪感的"源泉",是中华民族在世界文化激荡中站稳脚跟的"根基"。因此,我们必须继承和发展优秀传统文化,像爱护自己的生命一样呵护我们的文化传统。《意见》指出,我们"迫切需要深入挖掘中华优秀传统文化价值内涵,进一步激发中华优秀传统文化的生机与活力""着力构建中华优秀传统文化传承发展体系"。这将有利于提升国家文化软实力、增强民族文化自信,有利于抵御外来文化渗透、维护国家文化安全,也有利于培育公民国家认同、塑造国民价值秩序。②

(三)优秀传统文化教育是促进中小学生国家认同建构的重要途径

美国学者塞纽尔·亨廷顿(Samuel Huntington)指出:"在绝大多数情况下,认同都是建构起来的概念。"③ 中小学生国家认同的建构有赖于优秀传统文化教育。优秀传统文化教育通过促进中小学生的文化认同进

---

① 吴玉军:《论国家认同的基本内涵》,《中国特色社会主义研究》2015 年第 1 期。
② 金德楠:《论中华优秀传统文化认同的建构逻辑》,《湖北民族学院学报》(哲学社会科学版)2018 年第 2 期。
③ [美]塞纽尔·亨廷顿:《我们是谁:美国国家特征面临的挑战》,程克雄译,新华出版社 2005 年版,第 21 页。

而促进其国家认同。《意见》提出，"按照一体化、分学段、有序推进的原则，把中华优秀传统文化全方位融入思想道德教育、文化知识教育、艺术体育教育、社会实践教育各环节"，贯穿于启蒙教育、基础教育、高等教育等各领域。这从宏观上对优秀传统文化教育进行了整体规划，也有利于中小学生的国家认同建构。

与此同时，我们还需认识到，国家认同的建构是复杂的，涉及认知、情感、行为等方面，要更有效地促进中小学生的国家认同，需要对优秀传统文化教育与国家认同的关系进行更有针对性的探讨。如优秀传统文化教育促进中小学生国家认同主要体现在哪些方面，通过国家认同教育促进中小学生国家认同时，应秉持什么样的基本取向，我们可以采取哪些具体路径来基于优秀传统文化教育促进中小学生的国家认同，对这些基本问题的研究有利于明晰相关理论问题，也有利于国家认同融入优秀传统文化教育实践。

二 优秀传统文化教育促进中小学生国家认同的主要表现

思想精华、传统美德和文化符号是优秀传统文化的核心。优秀传统文化教育主要通过思想精华的传承、传统美德的彰显和文化符号的强化来促进中小学生的国家认同。

（一）通过思想精华的传承促进国家认同

中国古代典籍中蕴含着丰富的思想精华，其是中华优秀传统文化的精髓。优秀传统文化教育应将中国古代思想精华作为核心内容。诸如"道法自然""天人合一""民胞物与""慈爱利物"的人与自然关系思想；"民惟邦本，本固邦宁""民为贵，社稷次之，君为轻"的重民贵民思想；"意莫高于爱民""去民之患，如除腹心之疾"的爱民忧民思想；"利天下之民者，莫大于治""治国之道，富民为始"的利民富民思想；"穷则变，变则通，通则久""苟日新，日日新，又日新""不慕古，不留今，与时变，与俗化"的革故鼎新、与时俱进思想。

这些思想精华在历史上引领了人们的思想观念和社会实践，在当前对人们认识和改造世界以及治国理政等仍具有重要的启示意义。如"天人合一"思想主张人与自然不是相互对立的关系,而是相互依存、内在统一的关系,其体现的是人与自然交融和谐的境界。"天人合一"的理念有利于我们反思当前人类无限向自然索取,不断控制和破坏自然以及由此导致的生态危机问题,给予我们正确的世界观和价值观引领。

优秀传统文化教育要分学段由浅入深有序推进优秀传统思想教育,促进学生对传统思想精华的认知和认同。对优秀传统思想精华的传承,不仅有利于学生认识中华民族灿烂的思想文化及其当代价值,感悟中华传统思想智慧在世界思想史上的独特价值和重要地位,也有利于进一步促进学生对中华传统智慧的认同感和自信心,并进一步促进其国家认同。

(二) 通过传统美德的彰显促进国家认同

传统美德是中华民族五千年历史流传下来的优秀道德遗产,对于促进公民道德建设和维护社会稳定具有重要意义。对传统美德的认同也是国家认同的重要诉求。《纲要》提出要"以家国情怀教育、社会关爱教育和人格修养教育为重点,着力完善青少年学生的道德品质,培育理想人格,提升政治素养",这也为基于传统美德促进国家认同指明了方向。

在以上三个方面,优秀传统文化教育要深入挖掘、系统梳理丰富的传统道德资源。如在人格修养方面,"敏而好学,不耻下问"的求学品格,"天行健,君子以自强不息"的自强精神,"路漫漫其修远兮,吾将上下而求索"的执着信念,"三军可夺帅也,匹夫不可夺志也"的坚韧志向,"富贵不能淫,贫贱不能移,威武不能屈"的浩然正气;在社会关爱方面,"己所不欲,勿施于人"的仁爱之心,"礼之用,和为贵"的尚和精神,"言必信,行必果"的诚信态度,"二者不可得兼,舍生而取义者也"的正义追求,"鞠躬尽瘁,死而后已"的奉公意识;在家国情怀方面,"修身齐家治国平天下"的人生理想,"天下兴亡,匹夫有责"的责任担当,"先天下之忧而忧,后天下之乐而乐"的爱国情怀。

这些传统美德是几千年来中华民族人际和谐、社会稳定的道德根基,在当前对于找寻失落的道德传统、树立民族自信、增强国家认同、促进社会稳定繁荣仍具有重要意义。其中,勤劳勇敢、自强不息、贵和尚中、厚德载物、崇德重义、家国情怀、实事求是、与时俱进等构成了伟大的中华民族精神。而爱国主义则是中华民族精神的核心，是把中华民族五千年来始终凝聚在一起形成共同体的伟大精神力量。[①] 优秀传统文化教育尤其要注重对以爱国主义为核心的民族精神的渗透，促进学生对民族精神的认同。

(三) 通过文化符号的强化促进国家认同

德国文化哲学家卡西尔（Ernst Cassirer）提出人是一种文化符号动物，人的独特之处在于能够创造和使用符号。[②] 中华优秀传统文化是中华民族在长期的历史进程中创造的具有鲜明特色的文化符号体系。其中，汉字汉语、中国书法、中国绘画、中国诗词、中华医药、中华武术、中国戏曲、中国节日等具有国家文化符号的特征，是国家意象的具体表现。

中华文化符号凝结着中华优秀传统文化的精华，具有深厚的文化底蕴，是中华民族的重要标识。将具有文化符号意义的中华优秀传统文化系统纳入中小学教育，有利于强化学生的中华民族集体记忆，激发其国家认同。例如，汉字是中华民族宝贵的文化遗产，学生在学习汉字的过程中，不仅可以领略汉字的形态美，而且可以了解汉字构成规律及字源字理蕴含的丰富文化底蕴，进而增强传统文化认同和国家认同。[③] 同时，学生学习毛笔字，不仅能够使其静气凝神、陶冶心性，还能使其了解中华民族多姿多彩的书法艺术以及在审美过程中体验愉悦，感受魅力，唤起文化共鸣，促进国家认同。

而在众多青少年更喜欢过圣诞节、情人节等"洋节"的背景下，优秀传统文化教育凸显传统节日的地位和价值，将春节、元宵节、清明节、端午节、七夕节、中秋节、重阳节等传统节日纳入学校课程，使学生了解这些节日的历史由来、主要习俗和文化内涵，将促进学生对传统节日

---

① 刘晨光：《爱国主义、国家认同与当前中国政治文化建设》，《南京政治学院学报》2017年第3期。

② [德] 卡西尔：《人论》，甘阳译，上海译文出版社1985年版，第34页。

③ 王雨晴、钱加清：《语文课程弘扬中华优秀传统文化探讨》，《语文教学通讯·D刊（学术刊）》2018年第5期。

的深入认知,强化学生的民族文化记忆和心理认同。总之,中华文化符号应是优秀传统文化教育的重要内容,强化中华文化符号是促进国家认同的重要方式。

三 优秀传统文化教育促进中小学生国家认同的基本取向

为促进中小学生的国家认同,优秀传统文化教育应树立正确的价值取向,要处理好传统文化的传统性和现代化的关系、族群认同与国家认同的关系以及国家认同与国际理解的关系。

(一)转换与发展优秀传统文化

中华优秀传统文化产生于古代农业社会,随着时代的变迁,其中的一些内容会出现与当代文化不适应以及现代社会不协调的问题。因此,优秀传统文化教育在注重文化传承的同时,还应注重优秀传统文化的创造性转换和创新性发展。

在优秀传统文化教育中,要注意诠释优秀传统文化并赋予其新的内涵。如古代"不患寡而患不均"思想中蕴含着公平的观念,但其含有小农经济背景下的绝对平均主义意识,这是当前需要扬弃和转化的。在教育中应将其转化发展为社会主义的公正价值观,并将其与人们的权利和义务、地位和贡献结合起来。而我国古代的"贵民"思想虽然是具有进步意义的思想精华,但仍然具有其历史局限性。只有经过继承和批判,将其发展为社会主义核心价值观的"民主"观念,才能更好地保障人民群众的当家作主权利,提升其社会地位。① 这些对传统思想的现代转化和发展,有利于激发学生对传统文化的亲切感和认同感。再如我国古代以姑娘乞巧为主旨的"七夕节"逐渐发展为了现代具有浪漫色彩的情人节。将其纳入传统文化教育可以通过传统文化符号的强化来抵制西方文化的"入侵",从而增强学生的国家认同。

在优秀传统文化教育中,还应注意不复古泥古,赋予传统文化现代

---

① 骆郁廷、王瑞:《论中华优秀传统文化价值观的现代转换》,《江汉论坛》2015年第6期。

表达形式。一方面,要结合现代话语特点,对优秀传统文化的话语风格和表达方式进行转换,使其更能为学生所理解和接受;另一方面,要利用现代信息技术,实现优秀传统文化载体的转型。要充分利用现代网络和新媒体技术的即时性和交互性优势,加快推进优秀传统文化储存和传播的数字化与信息化,拓宽文化传承的渠道与途径,实现对优秀传统文化的广泛传播和深度弘扬。① 表达方式和传播方式的现代化无疑也有利于促进学生对传统文化的认知和认同。

(二) 兼顾族群认同与国家认同

所谓族群认同是指民族成员对自己所属的族群的民族归属感。族群认同主要依赖于族群成员共同的血缘关系、体貌特征、共同记忆以及历史文化传统。作为拥有 56 个民族的历史悠久的多民族国家,我国特别要处理好族群认同与国家认同的关系。

在优秀传统文化教育中,不能仅仅强调国家认同而排斥族群认同,那样可能会引起文化冲突并威胁文化的多样性,更不能过于强调族群认同而忽视国家认同,那样会影响到统一国家的心理基础以及国家的安全和稳定。因此,一方面,要注重文化的多元性,尊重少数民族的文化传统。中华优秀传统文化是 56 个民族的传统文化,当然包括各少数民族的优秀传统文化。开展少数民族优秀传统文化教育,有利于保存各民族文化的多样性,也有利于激发少数民族学生的民族文化认同感。另一方面,要注重文化的主导性,发挥主流文化的引导作用。相比于族群认同,国家认同应该放在首位。只有具有稳固的超越特定族群的国家认同,统一的国家才有存在的心理基础。因此,在强化国家认同的过程中,应当充分发挥共同主流文化的纽带作用和导向作用,通过共同的价值观和文化符号塑造各民族学生多元一体的中华民族共同体意识,把各民族多样化的自我认同凝聚上升到统一的国家认同。②

总之,只有把尊重和传承少数民族优秀传统文化与传承和建设各民

---

① 王增福:《传承创新中华优秀传统文化需正确处理六大关系》,《山东师范大学学报》(人文社会科学版) 2018 年第 3 期。

② 刘社欣、王仕民:《文化认同视域下的国家认同》,《学术研究》2015 年第 2 期。

族共享的中华文化有机结合起来，积极培育中华民族共同体意识，才能达成族群认同和国家认同的平衡，维护国家的统一和稳定。

（三）注重国际理解视野下的国家认同

2016年，《中国学生发展核心素养》发布，国家认同和国际理解都是其中的重要内容。其中，国际理解的重点是：具有全球意识和开放的心态，了解人类文明进程和世界发展动态；能尊重世界多元文化的多样性和差异性，积极参与跨文化交流；关注人类面临的全球性挑战，理解人类命运共同体的内涵与价值等。

优秀传统文化教育在促进学生国家认同的过程中应有国际理解的视野。首先，要使学生认识中华优秀传统文化在世界文化体系中的独特性。优秀传统文化教育应在学生了解人类文明发展历程的基础上，阐明中华优秀传统文化在世界文化体系中的地位、风格和特色以及对世界文化发展的贡献。这将使学生因中华传统文化的独特性而产生对传统文化的自豪感和对国家的认同感。

其次，要使学生认识到中华优秀传统文化的开放性和包容性。中华民族是一个海纳百川、兼容并包的民族，在悠久的发展历程中，不仅输出自身文化，也学习其他民族的文化精华，从不同文明中汲取营养，发展中华文化。[1] 优秀传统文化教育应积极进行世界文化对话交流，主动借鉴国外优秀文化，不断丰富和发展中华优秀传统文化。这将使学生体验到中华优秀传统文化的开放胸襟和时代活力，进而促进其对优秀传统文化的接纳和认同。

最后，要使学生认识到当前中华优秀传统文化的世界价值。中华优秀传统文化蕴含的中国智慧，如道法自然、天人合一、以和为贵、世界大同等，对解决当前世界各国之间的纷争和全球问题具有重要启示价值。在构建人类命运共同体的过程中，中国传统智慧必将获得国际社会越来越多的认同，这也必将增强学生的文化自信和国家认同。

---

[1] 赵景欣、彭耀光、张文新：《中华优秀传统文化传承与学生发展核心素养研究》，《中国教育学刊》2016年第6期。

四 优秀传统文化教育促进中小学生国家认同的具体路径

为全面促进中小学生认知、情感和行为层面的国家认同，亟须构建优秀传统文化课程体系，创新优秀传统文化教学方式，推动优秀传统文化教育走向生活。

（一）通过课程统整以及协同开发与共享，构建优秀传统文化课程体系

基于优秀传统文化促进中小学生国家认同，学生对优秀传统文化的系统认知是基础。因此，亟须构建优秀传统文化课程体系。

首先，基于校本课程统整三级课程。从当前优秀传统文化教育现状来看，课程内容仍缺乏系统性，课程体系有待完善。可喜的是，国家层面对优秀传统文化教育高度重视，尤其是《纲要》对分学段有序推进优秀传统文化教育提出了总体要求，明确了各学段优秀传统文化教育的重点，也为优秀传统文化课程的建构指明了方向。《纲要》还提出在中小学语文、德育、历史等课程标准的修订中，要增加优秀传统文化内容的比重，同时，鼓励各地方和学校利用当地传统文化资源，开设地方课程和校本课程。在此背景下，各地应积极结合地方实际，开设具有地方特色的优秀传统文化课程。在民族地区，尤其要注意处理好地方优秀传统文化和中华优秀传统文化的关系。作为中小学校，应以传统思想精华和传统美德为核心，以具有中华优秀传统文化符号意义的中国书法、中国绘画、中国诗词、中华医药、中华武术等为重点，系统梳理并整合国家课程和地方课程中的优秀传统文化教育内容，建构优秀传统文化课程体系。

其次，联合多方主体协同开发课程。对于许多中小学校来说，由于师资、场地等方面的条件限制，自身独立构建优秀传统文化课程体系有较大难度，因此，可以邀请传统文化名家和非物质文化遗产传承人等参与课程开发，还可以与大学、旅游局、博物馆、图书馆、纪念馆、美术馆及其他中小学校等建立合作机制，共同开发体系化的优秀传统文化课程。

最后，实现优质和特色课程的校际共享。在建设优秀传统文化课程

体系的过程中，不同的学校会形成自己的优质和特色课程，如有的学校形成了特色鲜明的传统美德课程，有的学校建构了独具一格的书法课程，有的学校建设了异彩纷呈的戏剧课程。这些课程在学校之间共享，不仅可以节约学校课程开发的成本，也可以提升优秀传统文化课程体系的整体质量。总之，中小学校应在对分散在各门国家课程及地方课程中的优秀传统文化教育内容进行系统梳理和整合的基础上，基于学校实际和学生特点，通过协同开发和课程共享，建构优秀传统文化课程体系，促进学生对优秀传统文化的系统学习和理性认知，为其国家认同奠定基础。

（二）注重教育的融合性、体验性和开放性，创新优秀传统文化教学方式

优秀传统文化教育促进中小学生的国家认同，关键在于在教学中激发学生对优秀传统文化的学习兴趣和情感归属。只有学生对优秀传统文化给予更多的关注和重视，在情感上亲近、接纳和认同优秀传统文化，促进学生国家认同的目标才能得以实现。在教学方式方面，要避免过于强调知识讲授等问题，应进行方式创新，尊重学生的认知特点，注重时代性和探究性，关注学生的实践和体验。[①] 具体来讲，可以采用以下几种方式。

一是开展优秀传统文化整合教学。如有小学在语文古诗文教学中，注重以图文结合、故事和诗文结合的方式引导学生学习，还将古诗文课与写字课、音乐课、美术课进行整合，开展"手书经典""手绘经典""唱响经典"等活动。[②] 整合教学能够促进传统文化的跨学科融合，能够以学生喜闻乐见的形式激发学生的学习兴趣，促进其对传统文化的喜爱和认同。

二是加强探究教学和体验学习。在系统的传统文化知识学习的基础上，学校应注重探究教学和体验学习，让学生在自主探究和亲身体验的

[①] 李群、王荣珍：《论中小学中华优秀传统文化课程的开发与实施》，《课程·教材·教法》2018年第3期。

[②] 邹一斌：《文以载道 以文化人——上海市中小学语文课程与教学彰显中华优秀传统文化实践综述》，《中国民族教育》2017年第4期。

过程中，感受传统文化的魅力。如有学校在引导学生对故宫有基本了解的基础上，带领学生探访故宫并为其提供了研究主题，包括故宫布局、故宫色彩、故宫雕塑、故宫龙纹等，学生要根据自己的兴趣组建小组并对以上主题或自选主题进行探究学习。[1] 也可以让学生结合自身对世界其他国家文化的了解，探究中华优秀传统文化的独特性及其当前的世界价值。这种教学方式有利于激发学生的求知欲，增强学生的历史记忆、文化自豪感和文化认同。

三是注重"互联网＋"优秀传统文化教学。学校应注重优秀传统文化网络课程开发，借助其他传统文化网络平台及微信、微博等自媒体开展优秀传统文化教学，发挥其开放、便捷、高效的优势，扩展学生学习的空间和时间。这将有助于适应学生的信息化生活环境和学习方式，激发学生的学习兴趣并促进其传统文化认同。

（三）关注学生的生活经验和日常实践，推动优秀传统文化教育走向生活

国家认同不仅关涉人们对待自己国家的方式，也关涉个体的自我建构。个体只有将自己融入国家的现实生活中，树立对国家的忠诚感和归属感，才能获得自己的社会角色归属感，进而确立个体身份认同并实现自身价值。因此，国家认同不仅是一种观念，也是一种生活方式。[2] 这也意味着通过传统文化教育促进国家认同，绝不仅仅是单纯地对学生认知的建构，更重要的在于对学生生活的关照和塑造。

首先，优秀传统文化教育要关照学生的生活经验。传统不是自古至今传下来等待被动接受的思想、道德和习俗，而是根植于人们日常生活并流通在当下的实践样态。优秀传统文化也并不是过去的或逝去的存在，其常常以或显或隐的形式体现在人们的生活中。因此，优秀传统文化教育不能与学生的生活经验相割裂。优秀传统文化教育在加强与学生生活的联系时，应注重传统文化的转化和发展，以更好地与学生当下的生活

---

[1] 田国英：《优秀传统文化综合实践活动课程的构建与实施》，《人民教育》2018 年第 3 期。

[2] 刘铁芳：《国家认同的教育意蕴及其实现》，《探索与争鸣》2018 年第 2 期。

相契合，从而促进其有意义学习。

其次，优秀传统文化教育要促进学生学校生活的建构。学校是学生生活的地方，优秀传统文化教育走向生活首先意味着走向学生的学校生活。在生活环境方面，学校应通过有形物质载体打造充满传统文化气息的校园环境和班级环境，如树立孔子塑像、张贴古代思想家名言以及传统绘画等。在实践活动方面，可以通过经典诵读、节日文化、书画大赛及其他主题实践活动，促进优秀传统文化融入学生学校生活。在精神风貌方面，优秀传统文化教育应着重引导学生养成学而不厌、学思结合、知行合一、崇德向善、见贤思齐等习惯和品质，并将其体现在学校生活中。

最后，优秀传统文化教育要引领学生的日常生活实践。优秀传统文化教育应使学生体验到自身和中华文化的深度关联以及自身的责任和使命，并积极在日常生活中传承和创新优秀传统文化。如果学生都能够认同传统思想精华和传统美德，都热爱汉字汉语、中华传统艺术和节日，都能够掌握或鉴赏1—2项传统技艺，认同自己为中华优秀传统文化传承者和创新者的身份并将其体现在日常生活中，那么学生的自我建构和发展便顺理成章，而中华文化的复兴也将得到有力推动并得以实现。

第四节 优秀传统文化视域中乡土文化教育的条件与路径

乡土文化是优秀传统文化的代表性样态，开展乡土文化教育是推进优秀传统文化进课堂的内在要求。开展乡土文化教育的取向之一在于利用学生熟悉的乡土文化，引导学生体验感悟乡土文化的独特魅力，增进学生的乡土文化自豪感，进而影响并推进乡风文明的发展。开展乡土文化教育离不开特定的条件，当下乡土文化教育仍面临诸多挑战，需要不断探索新的推进路径，进而推动优秀传统文化的传承创新。

一 乡土文化教育是乡风文明发展的基本途径[①]

乡土文化教育是对生活在乡村社区的少年和农民进行的具有本地区文化特征和优秀传统文化特色的教育活动。乡土文化教育在传承优秀传统乡土文化、培养乡土文化人才，促进乡村少年和农民对于乡土文化的认知、激发其乡土文化认同和热爱家乡的情感，提升乡村文明程度等方面具有重要意义。新时代，必须建立健全乡土文化教育体系，推动乡风文明发展。

（一）乡土文化教育促进乡风文明发展的基本取向

现代化、城市化和全球化是当前我国乡风文明建设的时代背景，决定着乡土文化教育促进乡风文明发展的基本取向。

1. 在传统与现代文化的交融中促进乡风文明发展

在乡土文化教育中要有历史视野，在传统与现代文化的交融中促进乡风文明发展。

首先，要对传统乡土文化进行挖掘、梳理和阐释。乡土文化是乡村文明的精神之源，需要薪火相传、代代守护。在乡土文化教育中，要对乡村发展史上以及散落在乡间、隐含在人们观念和行为中的文化进行挖掘和整理，取其精华、去其糟粕，形成具有本地特点的乡土文化体系并发挥优秀传统乡土文化在道德教化中的价值。

其次，要做好乡土文化的创造性转化和创新性发展。在乡土文化教育中，继承和发扬乡土文化以促进现代乡风文明发展，需要使其与当前农村的生产生活状况相适应，推陈出新，赋予其时代内涵和现代表达形式。另外，要促进乡土文化与现代文化的交融。在乡土文化教育中，要挖掘农村传统道德规范、家风家训、村规民约等教育资源，将其与现代社会公德、职业道德、家庭美德、个人品德建设相结合；注重普法教育，提高乡村少年和农民的法治素养，增强他们遵法、学法、守法、用法意识，将传统乡村的德治文化与现代法治文化相结合；注重挖掘乡村具有

[①] 高维：《乡土文化教育：乡风文明发展根基》，《教育研究》2018年第7期。

地方特点的价值观念和伦理道德，充分发挥它在培育和践行社会主义核心价值观中的重要意义。这有利于推进乡土文化与现代文化的融合，激发乡土文化的生命力，促进乡风文明发展。

2. 在城乡文化融合中促进乡风文明发展

在乡土文化教育中要有区域视野，在城乡文化融合中促进乡风文明发展。

首先，明确乡土文化与城市文化的平等地位。在乡土文化教育中，应使人们重新审视乡村和乡土文化的价值。其次，积极吸纳城市文化反哺乡村文化。新时代的乡土文化与现代生活方式不能割裂。乡土文化教育应立足现代乡村人的培养，以乡土文化为基础，积极吸纳城市文化，滋养乡风文明发展。另外，实现乡土文化与城市文化的融合。乡土文化教育要促进乡土文化与城市文化的融合，加快城乡文明一体化进程。在融合过程中，二者的差异会形成文化的张力，乡风文明也会在张力中获得新的生机。

3. 在中西文化会通中促进乡风文明发展

在乡土文化教育中要有国际视野，在中西文化会通中促进乡风文明发展。

首先，坚定乡土文化认同和自信。中华乡土文化绵延着五千年文明传统的精华，并受到社会主义先进文化的滋养，凝结着中国经验和中国智慧。在此背景下，乡土文化教育要促进社会成员对本土文化的认同和自信，使其既具有世界文化视野，又保持本土文化基因，为现代乡风文明建设打下浓重的中国底色。其次，研究和借鉴西方乡风文明。在乡土文化教育中，将西方发达国家的乡土文化和乡风文明建设经验作为重要的内容，为我国乡风文明建设提供借鉴。另外，扩大中国乡风文明的世界影响。中华乡土文化彰显中国传统智慧，其敬畏自然、顺应自然、保护自然、利用自然的和谐生态文明以及无比丰富多彩的习俗和艺术等，具有超越时空的价值。要扩大对外文化交流，推动中华文化走向世界。在乡土文化教育中，要注重扩大中国特色乡风文明的国际影响。

（二）乡土文化教育促进乡风文明发展的基本路径

家庭教育、学校教育和社区教育是农村教育的三种基本形态。建立家庭—学校—社区三位一体的乡土文化教育体系是促进乡风文明发展的基本路径。

1. 加强家庭教育对儿童的乡土文化教育启蒙

家庭是儿童成长的精神空间，儿童在家庭中养成的品格和习惯影响其终身发展。在家庭教育中，要注重给儿童的精神成长打上乡土文化的底色。

首先，注重乡土知识传承。家长要认识到乡土知识在儿童成长中的价值，并将自己从上一辈人继承的以及在乡土生活和实践中获得的乡土历史、风土民情、谚语习俗、自然常识等乡土知识传递给下一代。通过儿童参加乡土文化实践活动，增强其乡土文化认同感。立足现代乡村文明，引导儿童分辨乡土文化中的精华与糟粕，注意将传统乡土文化与现代文化相结合。

其次，躬身遵守和维护乡土价值规范。家长要提升自身修养，积极维护和切身践行传统乡土价值规范，为儿童做好榜样示范。

最后，发挥优良家风对儿童的积极影响。家风是家族世代恪守家训和家规而形成的具有明显家族特征的家庭文化。乡村家庭是乡村社会的细胞，家风直接影响乡风文明建设。家长要注重继承和发扬优良家风，并结合新时代的精神，营造爱国、敬业、诚信、友善的新家风，发挥其对儿童的潜移默化作用。

2. 注重学校乡土文化课程开发和教学模式创新

农村学校是乡风文明的灯塔，需要以乡土文化课程与教学为核心，大力推动乡风文明建设。

首先，应注重乡土文化教育教师队伍建设。为保证乡土文化课程与教学的有效实施，需要加强乡土文化教育教师队伍建设，逐步形成由本校教师和乡土文化能人等构成的专兼职教师队伍，为乡土文化教育提供师资保障。

其次，应加强乡土文化课程开发。在中小学国家课程中融入乡土文化教育，利用地方和校本课程及综合实践活动课程的课时安排集中开展乡土文化教育。注重乡土文化课程开发，建立由本校教师、乡村文化能人以及乡土文化学者等构成的乡土文化课程开发队伍，对本地乡土文化进行系统梳理，并立足乡村文明，吸取城市文明及外来文化，进行创造性转化和创新性发展。

最后，应进行乡土文化教学模式创新。改变传统以知识传授为主的教学模式，更多地开展体验学习、探究学习和网络学习，如带领学生拜访了解乡土文化的老人和乡土文化能人，使他们通过听乡村历史故事、观看民间技艺展示等加深其乡土文化情结；引导学生对乡土文化中的精华与糟粕等重大问题进行调查或探究，提升其分析问题的能力；开展"互联网＋乡土文化"教学，发挥其便捷、开放、高效的优势，扩展学生学习时间和空间。

3. 建立乡村公共文化服务体系和开展乡土文化教育活动

在社区乡土文化教育中，要基于乡村公共文化服务体系开展乡土文化教育活动，发挥农民主体地位，推动乡风文明健康发展。

首先，加强乡村公共文化服务体系建设。加强农村公共文化建设，按照有标准、有网络、有内容、有人才的要求，健全乡村公共文化服务体系，实现乡村两级公共文化服务全覆盖。乡村建立的综合文化站和文化活动室等将为开展乡土文化教育活动提供条件保障。

其次，开展丰富多彩的乡土文化教育活动。开展村史村志、家风家训等乡土文化知识讲座，举办年节和民俗活动，举行仪式和现代娱乐活动，向村民普及乡土文化知识，激发其公共参与意识，并促进其与现代文明相结合。广泛开展现代好儿女、好儿媳、好公婆等评选和寻找最美乡村教师、医生、家庭等活动，并进行表彰，弘扬真善美，助推文明乡风。

最后，培养和引进乡土文化人才和激发农民的创造力。扶植和培养一批现代乡贤、乡村工匠、文化能人、非遗传承人、农业职业经理人和经纪人等乡土文化精英，发挥其在乡风文明发展中的引领作用。积极吸收知识分子尤其是乡土文化学者等投身乡土文化教育和乡风文明建设，为乡风文明注入国际视野和现代活力，不断扩大中国特色乡风文明的世界影响。在乡土文化教育中，要注重激发农民的认同感和创造力，切实尊重农民意愿，维护其根本利益，发挥其主体地位，提升其乡风文明建设意识和能力，推动乡风文明建设的可持续发展。

二 乡土文化教育的条件[①]

乡土文化教育是一种以反映与创生相结合的方式进行乡土文化传承，进而实现文化的育人活动。换言之，乡土文化教育并不是将乡土的事物简单地复制或直接移植至教育领域，而是从文化的视角对乡土事物进行凝练、演绎与诠释，使之在保留价值内核和文化精髓的基础上能够在新时代焕发生机与活力。[②] 其目的在于引导学生认知并充分感受乡土文化的魅力，逐渐实现情感与心理上的归属，然后自觉地对乡土文化进行传承与发展。从这一角度而言，乡土文化教育本身内隐着学生认同的可能。认同亦可称为接受，分为认知状态、情感态度和行为意向三个层次。对乡土文化教育的认同，是基于对乡土文化教育的认知，而后产生获得感和自豪感，最终以实际行动践行乡土文化教育的成效。在多元文化并行的今天，提升对乡土文化教育的认同度，能够不断增强主体的乡土归属感，有助于提升以家国情怀为依托的文化自信。

相关研究表明，认同具有社会制约性和主体依赖性，它受外在环境的影响和制约，其产生与发展依赖于个人内在心理机制的运行与变化，并与个体的主观认知、情感体验与行为表现密切相关。因此，社会影响因素和个体情况成为乡土文化教育认同不可或缺的条件。

（一）社会变迁是乡土文化教育认同的时代前提

教育认同受社会变迁的制约。从一定意义上讲，社会变迁为乡土文化教育提供了必要的时代前提，同时也为学生对乡土文化教育的认同提供了广阔的社会背景。对乡土文化教育的认同往往超出了教育本身的意蕴，而带有深刻的社会印迹。乡土文化教育肇始于1872年的德国，彼时完成统一大业的德国迫切需要国家认同和民族认同，开展乡土文化教育

---

① 纪德奎、张永健：《乡土文化教育认同的条件与路向》，《天津师范大学学报》（社会科学版）2021年第1期。

② 纪德奎：《乡土文化教育认同研究》，中国社会科学出版社2019年版，第89页。

成为其必要选项。① 对乡土文化教育的认同成为德国国家认同、民族认同的基础，是德国教育体系的重要组成部分。

我国的乡土文化教育也深受社会变迁的影响。清末，在国家危亡、民族危机的重大社会境况面前，清政府希望通过世人对乡土文化教育的认同实现其统治的延续。中华人民共和国成立后，新的乡土文化教材大量出现，成为学校课程计划的重要部分。1958年，教育部要求中小学讲授乡土教材，这为乡土文化教育的认同提供了良好的制度保障。

在注重国家认同的背景下，社会结构的每一次大的转向和变革，既为乡土文化教育提供了展现自我的舞台，也为乡土文化教育的认同创设了新的前提，深刻影响着学生对乡土文化教育的认同度。社会变迁会对原有的乡土文化造成不同程度的冲击，加速着乡土文化的流变、转型、式微甚至消亡。乡土文化教育也随着社会的变动调整其内容与方式，因而对乡土文化教育的认同，会随着社会的变迁表现出各种状态。当前，我国已经进入新时代，文化自信成为当下的热点主题，包括乡土文化在内的中华优秀传统文化日益成为全社会关注的焦点，成为提升文化自信、民族自信的重要表征，人们对乡土文化教育的关注度空前高涨。特别是在强调乡村振兴的大背景下，振兴乡土文化教育成为新时代的重要课题。这既为乡土文化教育在国家教育体系中占据一定位置提供了前提和保障，也为人们重新认识乡土文化教育的价值提供了新的机遇。

（二）社会规约是乡土文化教育认同的外在保障

"在绝大多数情况下，认同都是建构起来的概念。人们是在程度不等的压力、诱因和自由选择的情况下，决定自己的认同。"② 美国学者亨廷顿的这一论断表明了社会规约对文化认同、国家认同的重要意义。乡土

---

① 班红娟：《国家意识与地域文化——文化变迁中的河南乡土教材研究》，民族出版社2012年版，第62页。
② ［美］塞纽尔·亨廷顿：《我们是谁：美国国家特征面临的挑战》，程克雄译，新华出版社2005年版，第21页。

文化教育的认同同样离不开外在的社会规约的约束，尤其是教育制度的强制性安排能为乡土文化教育认同提供硬性约束。在巴兹尔·伯恩斯坦看来，"教育认同是植根于一种集体基础的一种生涯的结果……这种生涯的集体基础是由国家制度化和学校加以传递的社会秩序原则所提供的"①。这表明教育认同受社会规约、国家制度安排等强制力量的多重制约，这种制约可为认同感的快速形成提供保证作用。换言之，外部约束对任何一种文化的形成都起到了非常大的作用，没有压力而靠其自然形成，它的速度要慢得多。所以，这种强化认同是乡土文化教育认同过程中非常重要的因素，它的位置应该排在自然认同之前。由于这些外在的制度规约是人们刻意规划的，不但具有明确的目的性，还有一定的威慑力，所以，实施起来比较容易。詹小美说，外在规约通过引导、规范、约束、惩治等手段，不断激活认同的现实语境和场域，并提供实施渠道、媒质、舆论及秩序等条件②，使乡土文化教育承载的信息有效传递给学生，促成学生行为举止的合理规范。国家通过课程设置、奖惩措施、媒体宣传等手段规定乡土文化教育的应有位序与价值，有效引导了学生对乡土文化教育的认同。

（三）思维范式是乡土文化教育认同的内在基础

尽管对某一事物的认同，并不意味着对另一事物的拒斥。但在价值取向上，主体往往存在非此即彼的二元思维，即对某一价值的认同往往意味着对其他价值的否定，这种固定的思维范式在一定程度上成为影响乡土文化教育认同不可忽视的潜在因素。

在乡土文化教育中，其自身蕴含的价值，往往被拿来与其他文化对立，造成学生的认知困惑与两难选择。例如，乡土文化教育与城市文化教育的截然对立，造成学生"离土"与"在土"的情感纠葛、"为农"与"入市"的思想纠缠，影响了学生对乡土文化教育的认可。实际上，乡土文化教育本身的价值并非意味着学生必然是在土、在乡，而是将乡

---

① ［英］巴兹尔·伯恩斯坦：《教育、符号控制与认同》，王小凤、王聪聪、李京、孙宇译，中国人民大学出版社2016年版，第69页。

② 詹小美：《民族文化认同论》，人民出版社2014年版，第71页。

土文化的内在价值融入学生的学习、生活之中，使之成为其内心的文化根脉。无论在乡在土，还是离乡入市，让学生保持对乡土文化的挚爱、依恋，坚守乡土文化的延续情怀，才是多元文化时代乡土文化教育的重要使命。价值多元尽管为乡土文化教育的开展制造了一定的难题，但也正是这些难题更加凸显了乡土文化教育的价值与责任，促使乡土文化教育以更加有效的方式回应现实的挑战。

（四）幸福体验是乡土文化教育认同的关键

乡土文化教育能否被学生接纳，关键在于能否帮助学生获得幸福与尊严。教育关涉人的幸福、尊严、快乐、平等和获得感，它旨在通过教学不断赋予人以"人"的品格。"人只有通过教育才能成为人。除了教育从他身上所造就出的东西外，什么也不是。"[1] 教育通过课堂教学关注学生的内心诉求，关注他们在教学中的获得感、幸福感是否得到满足，完成对人的幸福、尊严、快乐、平等的塑造。这既是教育的应有之义，也是教育活动能够得到学生认可的重要条件。乡土文化教育关照的同样是学生的尊严、幸福、快乐和平等。满足学生幸福、尊严的需求同样是乡土文化教育的应有之义。如果未能让学生感受到幸福和尊严，那么他们对乡土文化教育的认同效果就会降低。因此，有学者呼吁，乡土文化教育应将乡土文化的多样形式坦诚地呈现在学生面前，从视觉、听觉、触觉甚至味觉等多角度、全方位地呈现乡土文化素材，激起学生的审美情绪，[2] 使学生真切感知乡土文化教育的真善美，感受乡土文化教育带来的幸福感和获得感，极大地提升学生对乡土文化教育的认同度。

三 乡土文化教育的困境[3]

当下，乡土文化教育存在诸多问题，这在一定程度上消解了乡土文

---

[1] ［德］伊曼努尔·康德：《论教育学》，赵鹏、何兆武译，上海人民出版社2005年版，第5页。

[2] 卢敦基：《乡土文化教育需从美育入手》，《浙江学刊》2009年第2期。

[3] 纪德奎、张永健：《乡土文化教育认同的条件与路向》，《天津师范大学学报》（社会科学版）2021年第1期。

化教育的内在价值，也造成了乡土文化教育认同的困境。

（一）乡土文化教育的位置失序，导致其认同度降低

教育体系体现的是国家对育人的整体性安排，教育内容是国家意志、社会需求以及个人发展的综合体。不同的教育内容在教育体系中占据的位序体现其在国家中的地位和分量。从历史上看，现代德国的崛起很大程度上得益于其将乡土文化教育置于国家教育的核心位置，在提升人们对教育认同度的同时，加速了民族认同与国家认同。当前，多数国家和地区在推行文化多元化的同时，也更加重视乡土文化教育，出台多项政策和采取多种措施来保障对乡土文化教育的认同。例如，美国通过《双语教育法》《美国土著语言法案》赋予印第安语以主体地位，在学校中开设印第安历史、语言等课程，提升学生对印第安文化教育的认知与认同度。加拿大则利用建设民族学校、出版书籍和发行影片等手段，提高因纽特文化教育在整个教育体系中的地位。同时，加拿大还利用社区等开展教育，吸引当地人对因纽特文化教育的认同。

当前，我国有些地方的乡土文化教育仍缺少必要的支持。无论是之前的教学大纲还是当下的课程标准，乡土文化教育的内容都是以附属内容的形式呈现，课时安排占比相对较少。乡土文化教育或是地方课程的补充，或是校本课程的一部分，其应有之位序在一定程度上被忽视。所以，在一定意义上，这种现象弱化了乡土文化教育的品格，容易造成学生对乡土文化教育的轻视，影响他们对乡土文化教育认同度。

（二）乡土文化教育的社会规约强制性不足，缺乏认同的制度保障

认同需要一定的社会规约，它深受生存境遇变迁等多种因素的影响，又受到隐性制度框架的规约和基础秩序的束缚。[1] 社会规约为文化的承传规定了外在框架，同样为乡土文化教育的认同提供了强制性力量。要使某项认知建构、加深和稳固，外力的作用是很有效的。尤其是对于那些不时尚的事物的认同，对于年轻人来说，单靠其自然形成是不尽如人意的。所以，制度的出台就显得非常重要。比如，我国台湾地区的乡土文

---

[1] 金太军、姚虎：《国家认同：全球化视野下的结构性分析》，《中国社会科学》2014 年第 6 期。

化教育在一定时期内有特定的课时、内容、考核评价要求,同时制定了一系列的诸如成立乡土研究中心之类的保障措施,从权威强制和利益吸引等方面作了有效安排,促成了乡土文化教育的兴盛和学生的教育认同。①

目前,我国乡土文化教育的发展方兴未艾,一些研究乡土文化教育的民间团体介入教材的研发,部分乡土教材成为校本课程的重要组成部分。② 整体而言,我国的乡土文化教育仍旧缺少政策层面的规定,缺少对课时分配、内容选择、方法推介、结果评价等一系列有效的措施,缺少对乡土文化教育执行不力的惩戒,导致对乡土文化教育的执行方式千差万别,出现了课程安排随意、课时量不足、教师素养不够等情况。

(三)乡土文化教育在应对多元文化的冲击时显得很乏力,影响认同效果

随着经济全球化的推进,多元价值理念也随之而来。不同文化秉持的价值理念面临对立、冲突与融合等现象。在多元文化教育的冲击面前,立定乡土意识,树立乡土文化教育的自信心非常重要。

在乡土文化教育中,坚守乡土文化的价值,塑造学生的乡土文化自信,同时对其他文化秉持开放、包容的心态,做到"各美其美,美人之美,美美与共",是乡土文化教育应坚持的原则。但以往的乡土文化教育教学多采用二元对立的思路,或是过分强调乡土文化的价值,对立了他者文化;或是难以张扬自信,自我矮化,附庸他者文化。由此造成了乡土文化教育的碎片化现象,影响学生对乡土文化教育的认同。

(四)学生对乡土文化教育的体验受到漠视,致使认同弱化

对乡土文化教育的高度认同往往来自美好的乡土文化教育体验。乡土文化教育是乡土文化积淀、历史记忆等在教育中的映射,其重要价值在于接续主体的乡土文化体验,激活乡土文化情感。

在现实教育场域中,乡土文化教育成为综合课程的附庸,被异化为

---

① 万明钢:《论台湾的乡土教育》,《西北师大学报》(社会科学版)2001年第6期。
② 李新:《百年中国乡土教材研究》,知识产权出版社2015年版,第163页。

展现学生综合素质的某种手段,或是学校特色发展的某个指标。乡土文化教育在呈现乡土内容时,一定程度上忽视了学生的乡土文化体验,导致乡土美感体验的欠缺。课题组在对天津、山西、河北三地2800余名学生的调研中发现:在乡土文化教育的课堂上,教师多是偶尔关注、询问学生的乡土感受,甚至对学生的乡土体验、情感不闻不问,没有真正激起学生的乡土热情。乡土文化教育成为简单的说教和表演。

四 乡土文化教育的应然路向[①]

乡土文化教育认同的实现,既是增强文化自信的必然诉求,也是塑造现代人精神品质的内在要求。提升对乡土文化教育的认同,应从制度设计、实践活动、整合多元、注重体验等一系列措施入手。

(一)提升位序、做好制度设计,生成乡土文化教育的认同机制

要进一步展示乡土文化教育的内在价值,就应设计相应的制度,从价值定位、增加文化供给、提升文化品质、优化评价等方面着手,以提升乡土文化教育的位序,进而形成乡土文化教育认同机制。

做好四位一体的制度设计:一是制定乡土文化教育课程制度。明确乡土文化教育在人才培育、文化传承、社会进步、国家兴盛中的作用,在国家课程标准中增加一定比例的乡土文化内容,对课时、师资配备和支持条件等做出明确规定,赋予乡土文化教育以主流文化教育的身份,提升其在国家教育体系中的地位。二是建立乡土文化教育供给制度。鼓励地方政府、教育部门编制本区域统一的乡土课程、教材,邀请民俗专家、学者、德高望重者、非物质文化遗产传承人等参与地方课程、校本课程的开发,借助互联网、大数据等信息技术加大乡土文化教育资源的共享力度,为学校教育提供丰富多彩的乡土文化教育供给。三是建立提升乡土文化教育品质的制度。依托高校、科研机构成立乡土文化研究中心,收集、整理民间文化素材,去粗取精,使之转化为具有教育意义的

---

① 纪德奎、张永健:《乡土文化教育认同的条件与路向》,《天津师范大学学报》(社会科学版)2021年第1期。

文化资源，并利用新闻广播等媒介扩大乡土文化资源的传播。四是建立乡土文化教育奖惩制度。在学生评价、教师考评中适当增加乡土文化教育的内容，将乡土文化教育作为学校特色的观测点之一；树立典型示范，对乡土文化教育有突出贡献的个人、单位予以表彰、宣传，对可借鉴的经验进行推广。

（二）开展有效的社会实践，构建乡土文化教育的认同保障体系

乡土文化教育认同的达成离不开社会实践。一方面，社会实践能够检验课堂所学的内容；另一方面，通过体验能够深化学生对乡土文化教育的价值体认和责任担当。2017年，教育部出台的《中小学综合实践活动课程指导纲要》将实践活动划分为考察探究、社会服务、设计制作、职业体验等四类。这样，在开展乡土文化实践活动时就有了依凭，学校应根据该指导纲要在充分考虑学生的身心特点、兴趣爱好和地域文化特色的基础上，开展经典的融乡土文化于一体的实践教育活动。

在开展社会实践时，要注重经典性和系统性。一是要组织学生开展体现乡风乡情、本地特色的考察活动，让他们了解家乡的风土人情、名物特产，激发学生对乡土文化教育的热情。二是定期组织学生参观博物馆、纪念馆、名人故居、科技馆等教育实践基地，让他们认识和感受当地人在人文、科技领域的文明成果，增强乡土文化自豪感，达到乡土文化认同的目的。三是引导学生深入乡土传统技艺制作、传统文娱活动等现场，诸如制陶、剪纸、刺绣、唱地方民歌、演地方戏曲等，在学生体验乡土美学意蕴与精神内涵的同时，引导他们主动承担起保护、传承之责，以提升乡土文化教育认同的社会效果。四是依托传统文化的节日、仪式等，诸如在春节、端午节、中秋节等节日，在校内开展传统礼仪、礼节等教育实践活动，帮助学生感悟蕴含其中的乡土文化情怀和乡土文化教育魅力，逐渐强化他们对乡土文化教育的体认和认同。

（三）转换思维、整合多元文化教育，形成乡土文化教育认同的范式

多元文化并存已是当下社会生活的常态，对于价值取向存在差异的不同文化造成的冲突，需要转换原有的思维模式，整合多元文化教育于一体。这既是社会良性发展的内在要求，也是教育实施应持有的态度。

"教育应当既能满足全球和国家一体化的迫切需要,又能满足农村或城市具有自己文化特定社区的特殊需要。"①

在整合多元文化教育过程中须坚定立场,注意彰显乡土文化教育的独特魅力。一是将乡土文化教育作为学校教育的重要内容,鼓励灵活设计乡土文化教育情境,以消解过分迎合城市文化、域外文化等造成的文化剥夺感和疏离感。二是开展辩证对话,调节多元文化教育的内在张力。通过对话帮助学生辩证地认知不同文化的差异和各自的优点,增强乡土文化教育自信心。三是开放包容。在坚守传承优秀乡土文化教育的同时,以开放的心态接纳包容多元文化教育,实现乡土文化教育与多元文化教育间的动态平衡,促成乡土文化教育的创新和与时俱进。

(四) 注重主体教育体验,促成乡土文化教育的认同自觉

情感体验是主体对外界事物引起的特定情感的主观感受,是保持学生行为的中介环节。积极的情感体验能够维持主体的动机,提升主体的活动效率,促进主体的行为的塑造。② 乡土文化教育认同自觉的形成,需要实践的锤炼,让学生在实际情境中获得真实体验,逐步实现乡土情感的归属和对乡土文化的依恋。因此,可利用四重体验教育的方法增强学生的情感体验。一是创设具身化课堂,抛弃单纯的"书斋式"教学,利用多种形象直观的教具、样本,并综合运用讲述、视频、参观、模仿创造等多种形式进行教学。同时,要营造出实感情境,从视、听、触、味等多角度丰富学生的立体感知,唤醒学生内在的乡土文化认知意识。二是活化乡土文化教育活动,即借助丰富多彩的乡土文化校园活动,引导学生利用戏剧、绘画、舞蹈等形式,开展乡土文化教育技艺比赛,丰富学生对乡土文化教育的感知,促使学生获得积极的情感体验。三是组织专题讲座,即邀请民俗专家、学者、民间艺人等讲述乡土文化故事,利用这些专业的讲解增加学生对乡土文化教育的认知。四是重视研学一体化形式,即打通课堂教学与乡土生活的壁垒,引导学生回归乡土文化的

---

① 李纯、杜尚荣:《教学改革的多元文化审视》,《课程·教材·教法》2018年第5期。
② 宋振韶、金盛华:《情感体验:教育价值及其促进途径》,《教育科学研究》2009年第1期。

现场、"在场"观察、触摸乡土实物、聆听乡土故事，在感同身受中唤醒他们的乡土记忆，构建乡土意象，体会乡土文化教育的快乐，逐渐实现其对乡土文化教育的认同自觉。

乡土文化教育认同是多种因素交互作用的结果，既得益于主体的自省自觉，又离不开社会的规约与引导。在强化制度设计、开展经典实践的基础上，整合多元文化，注重主体体验，增强学生乡土文化教育的认知，激活其内在积极情感，引导他们主动担当传承优秀乡土文化之责，最终实现乡土文化教育的认同自觉。

第五节 优秀传统文化视域中非物质文化遗产传承的师资素养探究[①]

依据中共中央办公厅、国务院办公厅印发的《关于实施中华优秀传统文化传承发展工程的意见》的相关内容，要将民族优秀传统文化融入学校课堂，加强面向全体教师的中华文化教育培训，全面提升师资队伍水平。2018 年，《中共中央国务院关于全面深化新时代教师队伍建设改革的意见》强调教师素质对于兴国强学和文化传承的关键作用。当前，非物质文化遗产试图突破血缘和师徒传承的方式，利用正规学校教育对其进行有序传承。基于优秀传统文化传承视角，作为传承非物质文化遗产关键所在的师资素养被时代赋予了特殊的要求。

一 非物质文化遗产传承的当代属性转变及其师资素养诉求

非物质文化遗产之所以被称作"遗产"，体现为其历史性和价值性，即非物质文化遗产的属性在发生历史性变化之后亦可对现世产生积极影响。非物质文化遗产的属性已经发生变化：在功能上由技艺功能到记忆功能，在内容上由专业领域到全面范畴，在作用上由工具作用到符号作

[①] 张卓、纪德奎：《非物质文化遗产传承的师资素养探究》，《中国教育学刊》2020 年第 8 期。

用,这就在客观上要求与之相匹配的师资素养。

(一)从技艺到记忆:人文素养是灵魂

非物质文化遗产承载的技艺维系了一代人的生产生活,是小农经济时期的重要生存手段,该类技艺在工业化浪潮下逐渐被大机器生产替代。现如今,非物质文化遗产的内涵不仅是技艺内容,更重要的是记忆内容,是精神基因的传递,是对传统民族技艺忠诚与爱的延续,传承非物质文化遗产的师资肩负着塑造灵魂、塑造生命、塑造人的时代重任,因而必须具备人文精神。

非遗师资的人文素养主要包括精神气韵和民族信仰。其一,精神气韵是人之所以区别于其他事物的内在规定性。在机器换人的时代洪流下,人的精神情感是永远无法被替代的,具体到非遗师资的精神素养,其核心命脉就在于教师的德行。非遗师资对传承工作的理解不应拘囿于一招一式的模仿与传递,而应以德服人,传承技艺背后的文化积淀,以身作则,讲述技能背后的匠人匠心。唯有具备以上精神,非遗师资才能真正地传递非物质文化遗产的灵魂与神韵。其二,民族信仰是非物质文化遗产师资区别于其他类型师资的重要特征。非物质文化遗产属于中华传统文化,合格的非遗师资在传承过程中必须为之尽心竭力。物欲与私欲考验着每一位非遗教师的忠诚,是否能守住中华文明的火焰与血脉,谨记复兴民族文化的光荣使命并永葆对民族文化的自信,是能否成为一名合格非遗教师的关键。正如弗里德里希·威廉·尼采(Friedrich Wilhelm Nietzsche)的"必要幻象说"所述,内心的"信仰"正如"保护性大气"[1],非遗师资需要具备这层"保护性大气"的精神支撑,才能免受外界诱惑和干扰并从一而终地传承非遗,该"保护性大气"就表现为上述的人文素养。

(二)从专业到全面:通识素养是基础

在传统时期,非物质文化遗产的匠人依靠绝活技艺,可以实现"一

---

[1] [德]沃夫冈·布雷钦卡:《信仰、道德和教育:规范哲学的考察》,彭正梅、张坤译,华东师范大学出版社2008年版,第85—86页。

招鲜,吃遍天"。随着现代化浪潮的推进,诸多非物质文化遗产已无法适应现代化的发展步伐,非物质文化遗产传承的师资一方面应当夯实固有文化,另一方面应当借鉴当代优秀文化,通过提升通识素养来扩充非物质文化遗产的外延,更好地在当代传承非遗。

通识素养包括纵向的传统文化和横向的普世文化。其一,非遗师资需要立足传统、博古通今。我国古代并没有实施严格的分科教学,而是重视综合素质的养成,非遗教师需要打破学科壁垒,不拘泥于技艺本身的传授,积极探索工艺的来龙去脉并努力加深学生对非物质文化遗产外延的理解,充实非物质文化遗产的内涵。正如德国教育家沃夫冈·布雷钦卡(Wolfgung Brezinka)所提出的"均衡教养"原则,塑造人格教育中的均衡性、和谐性和完满性。[①] 其二,非遗师资需要中外会通,具有普世文化视野。在传承非物质文化遗产的过程中非遗教师应紧跟同类技艺的发展步伐,了解同领域的国内外先进技术并与之进行对比分析,在保留传统工艺的同时对细节或形式加以改良修正,让世人更加容易接受我国非物质文化遗产,推进我国优秀传统文化发扬光大、走向世界。因此,传承非物质文化遗产的师资要均衡了解古今和中外文化,具备通识素养,让非物质文化遗产传承在传统与现代的张力中获得发展与重生。

(三)从工具到符号:操作素养是关键

非物质文化遗产大多产生于农耕时代,孕育于乡土环境,随着工业化和现代化的推进,非物质文化遗产的工具性作用不再显著,取而代之的是其符号性作用。例如,传统手工印染技艺基本退出日常生活,但手工印染的工艺品、纪念品已经作为一种文化符号和历史象征焕发出新的光彩。这种转变要求传承非物质文化遗产的师资尽力维护整个操作过程的本真性,详细了解每一个工艺步骤。

师资的操作素养主要体现在技能技艺的掌握和在原本技艺基础上的开拓创新。其一,原生态地掌握技能技艺是操作素养的前提,非物质文化遗

[①] 杨明亮:《均衡教养原则与价值观教育》,《北京交通大学学报》(社会科学版) 2015年第2期。

产技艺是我国的文化符号,其不可替代性就在于非物质文化遗产工艺的本真性、历史性和艺术性,由人工来把握工艺品的样式和程度,是现代机械无法替代的独到之处,教师对于技能技艺的原生态掌握是为人师表的根本。其二,对非物质文化遗产的开拓创新是活态传承的关键。非遗已经由文化资源转化为文化资本,绝对原生态传承的方式对于非物质文化遗产的发展是有限的,非遗师资应在保证本真性的基础上对其进行重新定位,以整合重组的形式实现创新开发。同时,非遗师资需要进一步了解文化产业的需求与动向,注重文化产品的制造,着力打造中国的手工艺奢侈品。"教育从本质上说是一种符号活动,它不但具有人类特有的符号传递功能,还具有符号的生成功能。"[1] 文化产品的产物是其符号内涵,而非工艺品的使用价值,技能技艺保证了符号的传递,开拓创新意味着符号的生成。

二 非物质文化遗产传承的师资素养内在逻辑

非物质文化遗产传承的师资需要具备人文素养、通识素养和操作素养,同时还要着力把握三者之间的内在逻辑联系。目前该类师资各方面素养未形成逻辑主体角度的联合和平衡,主要表现为没能在社会的工业化发展中找到技能与精神之间的平衡,没能在文化的历时性演变中找到保护与发展之间的平衡,没能在文明的共时性冲突中找到个性与共性之间的平衡。[2] 教师是文化的传递者和生成者,需要拥有文化批判和文化创新意识,深入剖析文化传统与现实发展之间的理性关联,挖掘非物质文化遗产与教学实践之间的耦合关系,演绎"器"与"道"之间的内容逻辑、"传统"与"创新"之间的发展逻辑、"民族"与"普世"之间的时空逻辑(见图7-1)。

---

[1] 刘燕楠:《教育是怎样一种符号活动——皮尔士对于教育内涵、外延的符号学揭示》,《上海教育科研》2014年第11期。

[2] 宋俊华、王开桃:《非物质文化遗产保护研究》,中山大学出版社2013年版,第37—38页。

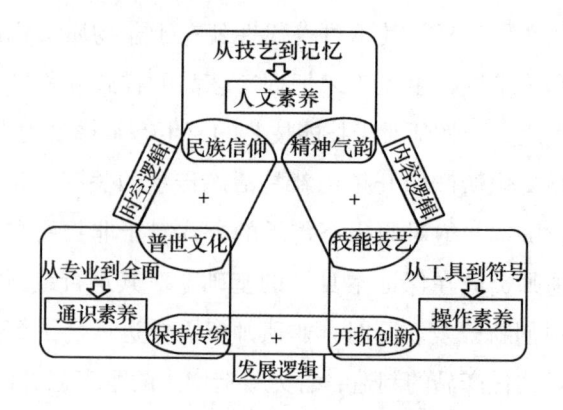

图 7-1 师资素养的内在逻辑

(一)内容逻辑:技能技艺与精神气韵并重

非物质文化遗产传承的师资队伍必须同时具备技能技艺和精神修养,在掌握传统技艺的同时兼顾工匠精神的培养,德艺双馨,回归文化化人的要求与教育育人的本质。德国思想家马克斯·韦伯(Max Weber)认为在非物质文化遗产传承的过程中,工具理性解决了传承的技术问题,价值理性归正了传承的精神状态,两者作为非遗传承的一体两面,相互作用且不可分割。

1. 技能技艺:实践理性的应然表达

市场需求倒逼学校育人模式的异化倾向,人的工具性被夸大,本体性越来越被忽视,人类的进步似乎被等同于使物质力量具有理性生命,而人的实践理性却愈加淡漠。非物质文化遗产作为操作性较强的教育内容,对实践要求较高,但非遗教师不能只是机械地传递程序性技术,更应该引导学生在实践中思考,在思考中实践,培养生成性学习能力。尤其是在传承非物质文化遗产的背景下,需要把握非遗这类带有情感和温度的载体,提倡教师实践的情境性、多元性、变化性和复杂性,使教师在传授技能的同时注重生成性实践和内隐性反思,使实践既不被理论束缚,也不被功利绑架,切实做到培育人、引导人和发展人,让学生在批判中前行、在主动探索中建构自己的实践体系。

2. 精神气韵：大国工匠的感性认知

"形而上者谓之道，形而下者谓之器"，前者指超越形体的思维和精神，后者指有形的器物，非物质文化遗产就是"道"与"器"的统一体，"道"即工匠精神。思维和情怀是人工智能无法替代的，简单技能的堆砌无法带来真正繁荣，带着情怀去思考才能使个体真正融入技术工作并进行建构性的输出。非物质文化遗产传承最主要的目的就是精神情怀的传承，其精神意义超过了使用价值。致力于非物质文化遗产传承的师资要具有大国工匠的秉性，将非物质文化遗产传承看作民族赋予自己的使命，对技艺要求严格，对事业保持敬重，少次品多精品，少功利多专注，培育大国工匠意识，使技艺和器物成为传统与现代精神对话的桥梁。

（二）发展逻辑：保持传统与开拓创新并重

现代化进程不断加快，现代文明和西方文化的双重刺激要求我们不断发展创新，对于非物质文化遗产传承的创新并非意图抛弃传统，而是推进非物质文化遗产与现代元素有机结合，"从而使中华民族最基本的文化基因与当代文化相适应、与现代社会相协调"[①]。马克思主义发展观要求我们用发展的眼光看问题，非物质文化遗产传承的师资队伍既要做非遗的守护者，又要做非遗的开拓者。

1. 保持传统：本真性传承的价值诉求

"传"指传递，"统"表示一种连续关系之链，顾名思义"传统"是古人文化的延续和价值的传承。非物质文化遗产师资必须谨记文化传承的原生性和本真性，深化学生对传统的理解，提升文化认同感。非物质文化遗产可以穿过岁月的长河流传至今，必然有其优越性，文化创新不能平地而起，非遗教师必须在传统文化的正确根基上搞创作，否则就会成为经不起风雨的空中楼阁。在把握传统、做合格文化守护者的前提下，才不会迷失方向并能找到适合非物质文化遗产发展的道路。

2. 开拓创新：活态性发展的必由之路

"流水不腐，户枢不蠹"，非遗师资如果摒弃传统，就会造成价值观

---

① 艾文礼：《深入把握和坚持文化自信》，《红旗文稿》2015 年第 5 期。

的解体和民族自信的贬损，但一味盲从传统亦不可取，会造成文化停滞不前并与现实生活隔离。非物质文化遗产的活态性一方面表现在不断传承，另一方面表现在不断演进，如果说本生态是非遗的存在根据与基础，那么衍生态则是非遗的发展与创新。非遗师资应在立足传统的基础上发挥主观能动性，重视实践性演进、衍生性发展和生产性保护，改革传承形式并丰富传承内容，利用先进教育技术普及和宣传非遗，推进非遗以文化产品的形式呈现，使其走上世界舞台。

（三）时空逻辑：民族信仰与普世文化并重

在现代化和全球化的浪潮下，非物质文化遗产日渐式微，在其传承过程中既要警惕民族虚无主义和全盘西化，也要重视不同文明之间的对话。约翰·贝利（John W. Berry）的文化适应理论介绍了文化在全球化进程中的存在状态，非物质文化遗产在传承过程中应保持和而不同的文化状态，实现不同文明间的交流而不交锋，在求同存异中得到发展和推广。

1. 民族信仰：中华文明的立身之本

"民族的才是世界的"，习近平总书记在党的十九大报告中强调了文化自信对国家发展与稳定的重要意义，非物质文化遗产作为我国文化成就和历史功勋的重要符号，在历史演进和民族融合中起到重要作用，是民族的文化根基。作为非物质文化遗产传承的教师，要具备民族信仰，充分认识到传承非物质文化遗产是饱含民族使命的工作，在充分了解我国秦汉以来形成的文化模式的前提下，开展具有民族特性的非遗传承教育。教育是育人的过程，文化是化人的过程，只有非遗师资热爱民族文化、了解民族文化，才能将五千多年文明所孕育的中华优秀传统文化发扬光大，承担起中华民族文化复兴的重任。

2. 普世文化：与时俱进的价值参照

非物质文化遗产的传承也正如学者张岱年所说："必须参照、借鉴西方近代文明，对中国传统文化加以分析、考察，必须突破传统的局限。"[1]

---

[1] 张岱年、刘仲林：《铸造新精神 建设新文化——千年之交新文化瞻望》，《天津师范大学学报》（社会科学版）2000年第1期。

我国非物质文化遗产要想走向世界，就要使其师资具有世界视野，符合时代宽度。知己知彼，百战不殆，文化自卑导致文化保守和文化傲慢，文化自信激发文化包容与开放，应以开放性和全局性的眼光看待文化。非物质文化遗产传承的师资须改变保守姿态，培养学生主动了解其他文明并积极输出中华文明的意识，适应当代文化发展趋势，助力沉淀千年的非物质文化遗产走上世界的舞台，以"一带一路"倡议为载体，发展文化产品贸易，实现我国精神文化的输出。

三　非物质文化遗产传承的师资素养之培养路径

非物质文化遗产传承的师资素养建设需要构建以政府为主导、企业为抓手、学校为主体的培养联合体，综合官、产、学三方的力量，学校作为落地执行方，得到来自政策层面与市场层面的协同支持。

（一）落实"官学合作"的师资组建渠道和培训机制

政府有着组织和发展教育、提高国家文化软实力的文化职能。政府应发挥组织与主导作用，从顶层设计的角度，在政策与体制上为非物质文化遗产传承的师资队伍组建渠道和培训机制提供保障。

在师资组建渠道方面，非物质文化遗产源于民间，许多能工巧匠都隐修于山林，学校难以与其建立联系，更无法得到技艺支持。这需要政府在制度层面，为学校与非遗的潜在师资搭建合作与沟通的桥梁。具体来说，政府应为学校与非遗传承人的对接和合作，提供畅通渠道和激励制度：一是组建全国性的非遗传承人信息平台，实现非遗传承人作为兼职教师的供给与院校师资的需求之间的精准匹配；二是将院校非物质文化遗产传承纳入财政计划，为非遗师资的队伍组建提供组织与经费保障；三是将非物质文化遗产传承纳入各地院校规划，为传承人的传承工作提供平台和场地。

在师资培训机制方面，我国目前对非遗师资的针对性培训机制还不完善。这需要政府在政策层面，推动集中培训的开展、院校之间的交流、行业组织的发展，"以点带面，从线到面"地完善师资培训机制。首先，以开展集中研修等方式，借助各大艺术高校的力量，通过规范化的培训夯实传承人的技艺功底并使其与当代文化发展接轨，从"点"的层次上提升每位非遗传承人的素养。其次，鼓励院校在非遗传承领域的相互交流，使得全国非遗传承院校形成一条条关系紧密的"线"，包括重点院校定向帮扶资源匮乏地区院校、院校间的学术交流与交换授课等。最后，设立体系完整、作用互补的非遗传承行业组织系统，打造共同繁荣的"面"。

（二）践行"工学结合"的师资发展理念和培养模式

非物质文化遗产传承的师资素养培训不能脱离实践与社会，"工学结合"的非遗师资发展理念秉承着"边实践、边探索"的原则，以非物质文化遗产传承的实践性诉求作为逻辑起点，通过理论与实践的互动培养，提升非遗教师的实践创新能力、锻造非遗教师的工匠精神。

学校和企业的合作为非遗师资提供与时俱进的培训条件，在二者的合作博弈过程中实现共同利益最大化。一方面，非遗教师通过企业了解市场需求，进而开展非物质文化遗产的再创造，拓展非遗的外延；另一方面，企业通过对非遗教师创作、生产的支持，开发文化产业布局，将工匠精神、创新理念融入企业文化中。具体而言，"工学结合"的落实是学校和企业不断深化交流与合作的过程：首先，政策层面应进一步鼓励"校企合作"模式在非遗传承中的落实，对模式创新、落实迅速、效果卓著的实践行为给予奖励，同时通过地方政府、社会组织的激励制度，帮助"工学结合"迈出第一步；其次，使非遗教师从学校"走出去"——"融学于工"，企业应为非遗教师设立专门的实践岗位，同时院校应为非遗教师制定"企业访学"制度，真正让非遗教师参与到市场中，实现文化成果转换；最后，将非遗教师在企业的实践经验"带回来"——"融工于学"，在学校组建"名师工作室"或"非遗大师工坊"，结合访学的经验与成果，使非遗教师在日常科研教学中，更加自主地将理论与实践结合，并不断创新。

（三）营造"传、帮、带"的校本培训氛围

"传、帮、带"是师徒传承时期最常见的非遗传承形式，主要依托"老带新、长带幼"的方式，实现群体技艺水平的提升，并在相互技艺切磋和心得交流的过程中碰撞出创新火花。当前，非遗教师的素养参差不齐，青年教师与资深教师、专职教师与兼职教师所擅长的领域也差异显著，"传、帮、带"的培训氛围对提高非遗师资素养十分必要。

制度设立是"传、帮、带"开展的基础，一方面，学校应确立保障机制，为教师间的互助培训提供时间、场所，打造轮转交流体系，同时建立教师能力评价机制，明确每位教师的优势与短板；另一方面，设置激励机制，对活动积极、成果显著的教师给予奖励，不断提升"传、帮、带"的组织活力。内容丰满是"传、帮、带"开展的价值源泉：其一是"老带新"，通过茶话会、主题研讨会等形式，阅历深厚的教师将自己学习非遗的历程讲述给年轻教师并引发共情，在正态精神氛围中互相交换对非遗传承的理解，帮助新晋教师提升精神素养、文化情怀；其二是"新帮老"，年轻教师通过集中讲座、兴趣小组等形式，将多媒体课堂、流行文化等具有较强时代性的知识，共享给资深教师；其三是"兼专互传"，兼职教师与专职教师实现优势互补，非遗的兼职教师大多是民间传统艺人，技能水平毋庸置疑，但对于教学技巧和师生交流方面的能力有所欠缺，专职教师可利用微格课堂对兼职教师进行教育教学技巧、师生交流方式等方面的指导，并对其进行教育学、心理学、教育发展理论等方面的培训，兼职教师则可以帮助专职教师提升实践技艺，通过演示最正统的非遗技能，深化专职教师对非遗操作步骤的认识与理解，激发非遗教师深入探讨非遗创意的热情。

参考文献

费孝通：《文化的生与死》，上海人民出版社2009年版。

顾明远：《世界教育大系：英国教育》，吉林教育出版社2000年版。

金一鸣：《教育社会学》，江苏教育出版社2000年版。

王天一、夏之莲、朱美玉：《外国教育史（下册）》，北京师范大学出版社1994年版。

[美]戴维·H.乔纳森：《学习环境的理论基础》，郑太年、任友群译，上海华东师范大学2002年版。

[英]约翰·洛克：《教育漫话》，杨汉麟译，人民教育出版社2012年版。

安家瑗：《因纽特人的艺术品》，《文物世界》2006年第2期。

陈邵桂：《论中国近代化进程与文化传播的基本规律》，《求索》2007年第5期。

陈兴贵：《多元文化教育与少数民族文化的传承》，《云南民族大学学报》（哲学社会科学版）2005年第5期。

丁朝蓬：《教材评价指标体系的建立》，《课程·教材·教法》1998年第7期。

范涌峰：《校本课程与特色学校关系的断裂与重构》，《中国教育学刊》2018年第5期。

顾维琳：《澳大利亚土著文化与艺术》，《南通大学学报》（社会科学版）2011年第5期。

纪德奎、张丽姣：《优秀传统文化教育的课程化行动选择》，《当代教育科学》2020年第6期。

纪德奎、张永健：《优秀传统文化教学的意蕴、困境与转向》，《课程·教材·教法》2019 年第 10 期。

李晶：《新西兰土著毛利人的历史与现状》，《世界民族》2006 年第 5 期。

秦玉友：《特色学校：内涵、定位与基限》，《教育理论与实践》2014 年第 19 期。

盛群力、褚献华：《布卢姆认知目标分类修订的二维框架》，《课程·教材·教法》2004 年第 9 期。

宋晓乐、吕立杰：《传统文化校本课程学生满意度调查研究》，《教育理论与实践》2019 年第 35 期。

孙杰远：《少数民族学生国家认同和文化融合研究》，《教育科学研究》2017 年第 10 期。

谭光鼎：《原住民语言文化复兴——毛利人幼儿养护所经验的探讨》，《内蒙古师范大学学报》（教育科学版）2004 年第 10 期。

王璐、尤铮：《英国传统文化教育研究》，《比较教育研究》2014 年第 6 期。

温儒敏：《"部编版"语文教材的编写理念、特色与使用建议》，《课程·教材·教法》2016 年第 11 期。

邬志辉：《学校改进的"本土化"与内生模式探索——大学与中小学合作伙伴关系的维度》，《教育发展研究》2010 年第 4 期。

吴金光：《加拿大的因纽特人（上）古代的因纽特人》，《民族译丛》1993 年第 2 期。

肖菊梅、李如密：《从"离身"到"具身"：课堂学习环境的新构建》，《教育理论与实践》2018 年第 1 期。

杨艳、肖云南：《北极原住民教育政策历史演变及启示——以加拿大因纽特语言教育为例》，《大学教育科学》2013 年第 2 期。

邹顺康：《论中国传统文化的特征》，《西南师范大学学报》（人文社会科学版）2002 年第 2 期。

中共中央办公厅、国务院办公厅：《国家中长期教育改革和发展规划纲要（2010—2020 年）》，2010 年 7 月 29 日。

中华人民共和国教育部：《完善中华优秀传统文化教育指导纲要》（教社科〔2014〕3号），2014年4月1日。

Allestree, Richard, attrib, *The Gentleman's Calling*, London, 1724.

Armitage, A., *Comparing the Policy of Aboriginal Assimilation: Australia, Canada, and NewZealan*, Vancouver: UBC Press. 1995.

Cordon, P. et al, *Education and Policy In England in the twentieth Century*, The Woburn Press, 1991.

Duffy, R. Q, *The Road to Nunavut*, Kingston and Montreal, Mc Gill – Queen's University Press, 1988.

GWalford, *British Private Schools: Research on Policy and Practice*, Woburn Press, 1984.

Jonathan Gathorne – Hardy, *The Public School Phenomenon*, Hodder and Stoughton, London, 1977.

Wotherspoon T., *The Legacy of School for Aborig – inal People: Education, Oppression and Emancipation*, don Mills: Oxford University press. 2003.

Adcock, C. J., "Maori and English: New Zealand's Bilingual Problem", *Language Problems and Language Planning*, Vol. 11, 1987, pp. 208 – 213.

Barbara Harrison, Rahui Papa, "The Development of an Indigenous Knowledge Program in a New Zealand Maori – Language Immersion School", *Anthropology and Education Quarterly*, Mar 2005; 36, 1; ProQuest Education Journals.

Fife. S, "The Impact of Education on the Canadian Aboriginal Experience", *The CAP Journal*, No. 2, Dec 2004.

Gloria J. Snively, Lorna B. Williams, "'Coming To Know': Weaving Aboriginal and Western Science Knowledge, Language, and Literacy into the Science Classroom", *Educational Studies in Language and Literature*, No. 1, 2008.

Johnson, B., Johnson, K. A., "Preschool Immersion Education for Indigenous

Languages: A Survey of Resources", *Canadian Journal of Native Education*, Vol. 2, 2002.

Ledoux, Jacqueline. "Integrating Aboriginal Perspectives into Curricula: A Literature Review", *The Canadian Journal of Native Studies*, Vol. 26, No. 2, 2006.

Petten. C, "Long Way to go to Meet Student Needs", Windspeaker, 2004.

Sarkadi, L, "Nunavut: Carving Out a New Territory in the North", Calgary Herald, January 1992.

"The National Indigenous English Literacy and Numeracy Strategy 2000 – 2004", An Initiative of the Commonwealth Government of Australia, March 2000.

Ezeife, Anthony N., "Mathematics as a Cultural Role Player in School Development: Perspectives From the East and West/Les mathématiques comme acteur culturelde rôle dans le développement scolaire: Perspectives de l'Est et de l'Ouest", *Comparative and International Education*, Vol. 45, Iss. 1, 2016.

后　　记

　　中华优秀传统文化是中华民族的根脉，积淀着中华民族最深沉的精神追求，是新时代建设文化强国和民族复兴的基石。党和国家高度重视优秀传统文化在学校教育中的传承和创新问题。2014年，教育部印发《完善中华优秀传统文化教育指导纲要》，强调分学段开展优秀传统文化教育；2017年，中共中央办公厅、国务院办公厅印发《关于实施中华优秀传统文化传承发展工程的意见》，提出一体化、分学段、有序推进优秀传统文化全方位融入教育全过程。学校课堂是传承优秀传统文化的主阵地，让优秀传统文化进入中小学课堂既是提升优秀传统文化传承与发展的重要途径，也是让青少年认同与创新优秀传统文化的必然选择。在天津市教委的支持下，"优秀传统文化进入中小学课堂路径研究"成功立项为天津市教委社会科学重大项目，相关研究成果或以论文形式在不同刊物发表，或以专题研究成果形式呈现，汇成本书的主要内容。

　　本书是集体研究的结晶，各章节的作者分别为：第一章第一节由郭文良撰写，第二节由纪德奎、张丽姣撰写，第三节由纪德奎、席嘉阳撰写，第四节由郭子超撰写；第二章由王莹撰写；第三章由张丽姣撰写；第四章由樊智慧撰写；第五章由席嘉阳撰写；第六章第一节由贾一思撰写，张永健修改；第二节由樊智慧撰写，罗英修改；第三节由郝琳玉撰写，李垚修改；第四节由席嘉阳撰写，陈璐瑶修改；第七章第一节由纪德奎、张永健撰写，第二节由郭子超撰写，第三节由高维撰写，第四节由纪德奎、张永健、高维撰写，第五节由张卓、纪德奎撰写；全书由纪德奎设计与统稿。

在研究过程和本书撰写过程中，得到了各方的支持与帮助。感谢天津市教委和天津师范大学各级领导的指导与关心，感谢学界同仁、调研学校领导与师生的支持与帮助，感谢课题组成员的付出和奉献，感谢中国社会科学出版社审稿老师的指导与帮助！

纪德奎

2021 年 6 月